Schalom Ben-Chorin:
Bruder Jesus
Der Nazarener in jüdischer Sicht

Deutscher
Taschenbuch
Verlag

dtv

Von Schalom Ben-Chorin
sind im Deutschen Taschenbuch Verlag erschienen:
Bruder Jesus (1253)
Paulus (1550)
Mutter Mirjam (1784)
Die Heimkehr; Kassettenausgabe der drei obengenannten Bände (5996)
Jugend an der Isar (10937)
Ich lebe in Jerusalem (10938)
Zwischen neuen und verlorenen Orten (10982)

Ungekürzte Ausgabe
Mit einem Nachwort zur Taschenbuchausgabe
1. Auflage März 1977
11. Auflage September 1988: 67. bis 72. Tausend
Deutscher Taschenbuch Verlag GmbH & Co. KG, München

Umschlaggestaltung: Celestino Piatti
Gesamtherstellung: C. H. Beck'sche Buchdruckerei, Nördlingen
Printed in Germany · ISBN 3-423-01253-6

Das Buch

Unsere Zeit hat das christliche Selbstverständnis in Frage gestellt. Neue Zugänge zum Glauben und zu interkonfessioneller Verständigung werden gesucht. So wie die Jesus-People – skeptisch einem Nur-Rationalismus, einer technologischen Gesellschaft gegenüberstehend – in Jesus ihren Bruder sehen, so ist auch für Ben-Chorin Jesus der Bruder, nicht Messias. Ein Revolutionär des Herzens, der das Gesetz nicht aufheben, sondern zeigen wollte, wie Gesetz und Liebe im Glauben vereint werden können: das ist Jesus in der Sicht dieses in Israel lebenden Autors. »Was Schalom Ben-Chorin bietet, ist eine der abgewogensten Bestandsaufnahmen dessen, was wir heute über Jesus wissen können, und als Gesamtbild zugleich eine der nobelsten Darstellungen, die es von diesem Thema gibt.« (Stuttgarter Zeitung) Zusammen mit ›Paulus‹ und ›Mutter Mirjam‹ gehört ›Bruder Jesus‹ zu Ben-Chorins Trilogie, die er ›Die Heimkehr‹ genannt hat, und mit der der Autor die tragenden Gestalten des Neuen Testaments sozusagen ins Judentum heimholen und damit einen Beitrag zum »Abbau der Fremdheit zwischen Juden und Christen durch den lebendigen Dialog« leisten will.

Der Autor

Schalom Ben-Chorin wurde 1913 in München geboren und studierte dort Literaturgeschichte und vergleichende Religionswissenschaft. Nach mehrfachen Verhaftungen durch die Gestapo emigrierte er 1935 nach Jerusalem. Als Dichter und theologischer Denker gehört Ben-Chorin zu den maßgebenden Vorkämpfern eines besseren Verhältnisses zwischen Juden und Christen, zwischen Israelis und Deutschen. Für sein Wirken im Dienste der Wissenschaft und der Völkerverständigung wurden ihm viele hohe Auszeichnungen verliehen, unter anderem der Leo-Baeck-Preis (1959), die Buber-Rosenzweig-Medaille (1982), das Große Bundesverdienstkreuz (1983) und der Bayerische Verdienstorden (1986). Die Landesregierung von Baden-Württemberg verlieh Schalom Ben-Chorin 1986 den Professorentitel, und 1988 erhielt er von der Universität München die Ehrendoktorwürde.

Inhalt

Die Gestalt Jesu

Das Johannes-Evangelium schließt mit einer persönlichen Notiz des Verfassers, die man über jeden neuen Versuch eines Lebens Jesu setzen könnte. »Es sind auch viele andere Dinge, die Jesus getan hat. Wenn sie aber sollten eins nach dem andern geschrieben werden, achte ich, die Welt würde die Bücher nicht fassen, die zu schreiben wären.«

Seit diese Notiz niedergeschrieben wurde, sind tatsächlich ungezählte Bücher über Jesus von Nazareth geschrieben worden, beginnend mit den Evangelienharmonien, die versuchen, die Widersprüche zwischen den Synoptikern und Johannes auszugleichen, bis zu den Rekonstruktionen eines quasi historischen Jesus-Bildes im 19. Jahrhundert.

Christen aller Denominationen, Katholiken und Protestanten, aber auch Marxisten und andere Gegner des Christentums haben versucht, Jesus darzustellen. Erst relativ spät setzte der Versuch ein, auch von jüdischer Seite die Gestalt Jesu wieder in den Blick zu bekommen. Der Grund hierfür ist ja leicht verständlich. Solange die kirchliche Zensur jede Darstellung Jesu, die vom Dogma abwich, in furchtbarer Weise bedrohte, war es jüdischen Forschern ganz unmöglich, ihrer Sicht Raum zu gewähren. Erst als im 19. Jahrhundert durch den liberalen Protestantismus hier eine Befreiung der Theologie von den Fesseln der Inquisition einerseits und der protestantischen Orthodoxie andererseits einsetzte, begann der jüdische Beitrag, wenn zunächst auch erst zögernd, zur Leben-Jesu-Forschung. Diese Versuche waren weithin apologetisch beeinflußt. Es ging den jüdischen Autoren meist darum, nachzuweisen, daß die Juden am Tode Jesu nicht schuldig sind. Tendenzen dieser Art reichen bis in unsere Zeit hinein und haben jüngst ihren Ausdruck etwa in dem Buche von Paul Winter: ›On the Trial of Jesus‹ (1961) gefunden.

Wenn das 19. Jahrhundert viel Fleiß und Gelehrsamkeit an den historischen Jesus wandte, hat heute diesbezüglich eine tiefe Ernüchterung Platz gegriffen. Einer der besten Kenner dieser Materie, der Tübinger Neutestamentler Ernst Käsemann, bemerkte hierzu: »Bei einem Leben Jesu kann man schlechterdings nicht auf äußere und innere Entwicklung verzichten. Von der letzten wissen wir jedoch gar nichts, von der ersten fast gar nichts außer dem Wege, der von Galiläa nach Jerusalem, von der Predigt des nahen Gottes in den Haß des offiziellen Judentums und die Hinrichtung durch die Römer führte. Nur PHANTASIE kann sich zutrauen, aus diesen kümmerlichen Anhaltspunkten das Geflecht einer auch im einzelnen nach Ursache und Wirkung bestimmbaren Historie herauszuspinnen.«

Wenn Käsemann und andere Bultmann-Schüler auch ihre Resignation wiederum einschränken, so bleibt für sie letzten Endes doch nicht mehr der historische Jesus Gegenstand der Forschung und Darstellung, sondern der im Kerygma der Urgemeinde verkündigte Herr, den die Predigt des Evangeliums bezeugt. Der »Sitz im Leben« ist für diese Schule die Predigt, nicht das tatsächliche Geschehen, das als nicht mehr rekonstruierbar gilt. Dabei gehen diese Forscher von der unbestreitbaren Erkenntnis aus, daß die Evangelien keinen historischen Bericht darstellen, sondern den Auferstandenen, den Heiland Israels und der Welt, missionarisch bezeugen wollen. Aus Missionsschriften dieser Art können, so wird heute von vielen Kathedern gelehrt, keine geschichtlichen Bilder rekonstruiert werden. Die Elemente für ein derartiges Bild fehlen naturgemäß, da es nicht die Intention der neutestamentlichen Autoren war, einen historischen Bericht zu liefern. Was sich außerhalb des Neuen Testamentes an Quellen darbietet, ist für eine historische Auswertung fast noch weniger zu gebrauchen.

Den apokryphen Evangelien kommt gewiß kein historischer Wert zu, wenngleich auch hier zuweilen ein Wort Jesu aufbewahrt sein mag, dem ein authentischer Klang anhaftet. Die wenigen auf Jesus bezüglichen oder beziehbaren Stellen in Talmud und Midrasch, die in neuerer Zeit Joseph Klausner mustergültig zusammengestellt hat, sind historisch ebenfalls nicht hoch anzuschlagen, da sie aus der Polemik mit der frühchristlichen Gemeinde erwachsen sind. Hier sei als Beispiel eines der wenigen Talmud-Zitate (Aboda-sara 11b) angeführt, in dem Jesus mit vollem Namen genannt wird: »Erst dann ging er (Onkelos) hin, rief durch Beschwörung Jesum herauf und fragte ihn: Was ist das Wichtigste in dieser Welt? Er sprach zu ihm: Israel. Er fragte: Und wenn ich mich ihnen anschließe? Sprach er zu ihm: Suche ihr Wohl, nicht suche ihr Böses; wer sie antastet, tut dasselbe, als taste er seinen (Gottes) Augapfel an. Er fragte ihn: Und welches ist seine Strafe? Sprach er zu ihm: Siedender Kot.« Wie eine Baraita sagt: »Wer über die Worte der Weisen spottet, wird mit siedendem Kot bestraft. – Komm und sieh, wie unterschieden sind die Frevler Israels von den Propheten der Völker der Welt.«

Diese Probe zeigt, daß hier Aussagen über Jesus gemacht wurden, denen nicht der geringste historische Wert zukommt. Es gibt auch Aussagen im Talmud über Jesus, die von apologetischer Absicht getragen sind, etwa der Hinweis darauf, daß vierzig Tage nach der Verurteilung Jesu ein Herold vor ihm herging und jedermann aufforderte, etwas zu seiner Verteidigung vorzubringen, jedoch fand sich kein Entlastungszeuge (b. Sanhedrin 43 a). Vielleicht mag hier etwas vom Verrat des Petrus und der anderen Jünger an ihrem Herrn nachklingen, aber offenbar ist auch hier keine brauchbare historische Notiz überliefert, denn ein solches Entlastungsverfahren ist anderwärts nicht bezeugt.

Bleibt es also dabei, daß nur die reine Phantasie ein Leben Jesu erdichten kann, wie es in zahlreichen Jesus-Romanen, auch von jüdischen Autoren, versucht wurde?

Das würde ich radikal ablehnen, denn »ein losgelassenes Fabulieren in solch reiner Sphäre hasse ich als eine Unzucht, und jede poetische Freiheit ohne strenge Begründung erschiene mir als unkünstlerischer und verletzender Leichtsinn. Denn um was für Menschen geht es, um welchen Ernst, um welche ewige Tragkraft des Geschehens!« Es war ein großer jüdischer Dichter, Franz Werfel, der dieses Bekenntnis seinem Drama ›Paulus unter den Juden‹ (1925) nachschickte. Das Phantastische wäre hier völlig illegitim.

Es gab in neuerer Zeit mehrere Versuche dieser Art, so etwa das Buch des französischen Juden Robert Aron: ›Die verborgenen Jahre Jesu‹ (1962), das Kindheits- und Jugendgeschichte Jesu buchstäblich aus dem Nichts kreiert. Aber auch das vieldiskutierte Buch von Joel Carmichael: ›Leben und Tod des Jesus von Nazareth‹ (1965) ist von dem Vorwurf der Phantasterei nicht freizusprechen, wenn es aus Jesus von Nazareth einen Bandenführer des jüdischen Aufstandes macht, eine These, die schon Jahrzehnte vorher der Wiener jüdische Historiker Robert Eisler vertreten hat. (Wenn man Carmichael für originell hält, so ist das nur der Vergeßlichkeit des Publikums zu verdanken.) Bare Phantasterei ist auch in ›König Jesus‹ von Robert Ranke-Graves (1956) anzutreffen, der aus Jesus einen Sohn des Herodes macht. »Thesen« dieser Art machen zwar immer wieder Sensation, aber sie sind nicht dazu angetan, uns ein wirkliches Bild Jesu zu enthüllen.

Nach einem Worte Jesu werden alle Sünden vergeben, nur nicht die gegen den heiligen Geist (Matth. 12, 31; Mark. 3, 29). Dieses Wort, wie viele Worte Jesu, ist mannigfacher Deutung zugänglich. Mir scheint der einfache, schlichte Wortsinn der zu sein, daß jede WILLKÜRLICHKEIT und Umdeutung heiliger Überlieferung als Sünde gegen den Geist aufzufassen ist, eine Sünde, die nicht vergeben werden kann.

Das Neue Testament ist für mich gewiß nicht heilige Schrift im kanonischen Sinne, aber ich sehe in ihm, mit Rabbiner Leo Baeck, eine Urkunde der jüdischen Glaubensgeschichte. In dieser Urkunde ist viel vom Heilsgute Israels aufbewahrt und tradiert worden. Es scheint mir daher ebenso illegitim, die Gestalt Jesu willkürlich zu verändern, wie es mir unzulässig scheint, aus Mose einen Ägypter zu machen, wie dies Sigmund Freud in seinem Alterswerk: ›Der Mann Moses und die monotheistische Religion‹ (1939) tat.

Was einem Genie wie Freud aber noch verziehen werden mag, das bleibt für viele andere Autoren, die allzu leichtfertig mit biblischen Gestalten umspringen, unverzeihlich. Das gilt für jüdische Autoren ebenso wie für nichtjüdische. Man denke etwa an Ethelbert Stauffer, der seinen marcionistischen Affekt gegen das Judentum in die Gestalt Jesu hineinprojiziert.

Was bleibt nun zwischen einer ungesicherten historischen Position einerseits und einer theologisch-literarischen Phantasterei andererseits? DIE INTUITION.

Intuition und Phantasie sind nicht identisch. Die Intuition, so wie sie hier verstanden wird, erwächst aus einer lebenslangen Vertrautheit mit dem Text, der hier subjektiv interpretiert wird. Gewiß, subjektiv, aber das heißt nicht zügellos.

Diese Interpretation erfolgt aus dem Gefühl einer tiefen Verwandtschaft mit der Gestalt Jesu und der jüdischen Welt, in der er lebte, lehrte und litt.

Der getreue Mitarbeiter Theodor Herzls in der zionistischen Frühzeit, Max Nordau, schrieb im Jahre 1899 an Pater Hyacinthus Loyson: »Jesus ist die Seele unserer Seele, wie er das Fleisch unseres Fleisches ist. Wer möchte ihn also ausscheiden aus dem jüdischen Volk! Der hlg. Petrus wird der einzige Jude bleiben, der von diesem Abkömmling Davids gesagt hat: ›Ich kenne nicht diesen Mann‹ ...«

Martin Buber hat in seinem Werk ›Zwei Glaubensweisen‹ (1950) das berühmte Wort vom BRUDER JESUS gesprochen: »Jesus habe ich von Jugend auf als meinen großen Bruder empfunden. Daß die Christenheit ihn als Gott und Erlöser angesehen hat und ansieht, ist mir immer als eine Tatsache von höchstem Ernst erschienen, die ich um seinet- und um meinetwillen zu begreifen suchen muß ... Mein eigenes brüderlich aufgeschlossenes Verhältnis zu ihm ist immer stärker und reiner geworden, und ich sehe ihn heute mit stärkerem und reinerem Blick als je. Gewisser als je ist es mir, daß ihm ein großer Platz in der Glaubensgeschichte Israels zukommt und daß dieser Platz durch keine der üblichen Kategorien umschrieben werden kann.«

Mit diesem Bekenntnis Bubers ist auch meine eigene Position abgesteckt. Jesus ist für mich der ewige Bruder, nicht nur der Menschenbruder, sondern mein JÜDISCHER BRUDER. Ich spüre seine brüderliche Hand, die mich faßt, damit ich ihm nachfolge. Es ist NICHT die Hand des Messias, diese mit den Wundmalen gezeichnete Hand. Es ist bestimmt KEINE GÖTTLICHE, sondern eine MENSCHLICHE Hand, in deren Linien das tiefste Leid eingegraben ist.

Das unterscheidet mich, den Juden, vom Christen, und doch ist es dieselbe Hand, von der wir uns angerührt wissen. Es ist die Hand eines großen Glaubenszeugen in Israel. Sein Glaube, sein bedingungsloser Glaube, das schlechthinnige Vertrauen auf Gott, den Vater, die Bereitschaft, sich ganz unter den Willen Gottes zu demütigen, das ist die Haltung, die uns in Jesus vorgelebt wird und die uns – Juden und Christen – verbinden kann: Der Glaube Jesu einigt uns, habe ich andernorts gesagt, aber der Glaube an Jesus trennt uns.

Der Glaube Jesu, wie er in der Bergpredigt zum Ausdruck kommt, in seinen Gleichnissen von der Vaterschaft Gottes und seinem Reiche und in dem Gebete, das Jesus seine Jünger lehrt, dem »Unser Vater ...«.

Der Glaube an Jesus als den Messias, als die zweite Person einer nirgends im Neuen Testament bezeugten Trinität, als den EINZIGEN Gerechten, der ein stellvertretendes Sühneleiden auf sich nimmt – all das trennt uns notwendig, und all das kommt in der hier versuchten JÜDISCHEN INNENSICHT Jesu bewußt nicht zum Ausdruck. Freilich gibt es heute wesentliche Strömungen in der modernen evangelischen Theologie, die sich mehr und mehr dieser Sicht Jesu annähern, die hier aus jüdischer Perspektive gewonnen wird. Ich möchte hier nur den Mainzer Neutestamentler Herbert Braun erwähnen, der die Nachfolge Christi darin sieht, daß man versucht, mit Jesus zu glauben und wie er, nicht primär an ihn.

Nach Jahrhunderten einer Christologie, die die menschliche Seite Jesu mehr und mehr seiner »göttlichen Natur« opferte, versucht man heute (trotz aller kerygmatischen Vorbehalte) den

MENSCHEN JESUS zu sehen. Eine »Theologie nach dem Tode Gottes« (Dorothee Sölle) meint, daß heute nur via Jesus stellvertretend geglaubt werden kann. Jesus wird hier wieder zum Mittler, wenn auch nicht in einem sakramentalen Sinne. Auch hier wird Jesus seiner Leiblichkeit entkleidet, auch hier wird vor allem der JUDE JESUS, dieser Ur- und Nur-Jude, nicht realistisch gesehen, dem eine Stellvertretung im Glauben völlig wesensfremd war.

Das Verhältnis des jüdischen Menschen zu Jesus muß wesensmäßig ein anderes sein als das des Christen aus den Völkern. Jesus tritt uns in einer unmittelbaren Nähe gegenüber, die freilich erst erkannt werden kann, wenn wir die Züge des jüdischen Mannes aus Nazareth von der Übermalung der christlichen Ikonologie gereinigt haben. Schicht um Schicht, die die Kirchengeschichte hier hinterlassen hat, muß abgehoben werden, damit man zum ursprünglichen Antlitz Jesu vordringt. Dieses Antlitz und diese Gestalt stehen aber dann nicht in einem leeren Raum, sondern müssen eingefügt erkannt werden in das ihnen zeitgenössische palästinensische Judentum. Jede andere Sicht muß dem Wesen Jesu fremd bleiben.

Mein eigener Weg hat mich nun mehr und mehr in die Nähe Jesu geführt, wobei ich selbst diese Befreiung des Jesus-Bildes von der christlichen Übermalung vornehmen mußte. Aus dem katholischen Bayern, wo mir in Kirchen und Kapellen, auf Feldkreuzen und im Herrgottswinkel der Bauernstuben das Bild des Gekreuzigten begegnete und sich dem jüdischen Kinde schmerzlich einprägte, führte mein Weg in das Land Jesu, das Land Israel, und in die Stadt seiner Passion, die Stadt Jerusalem, in der ich seit über dreißig Jahren ansässig bin. So vieles in diesem Lande und in dieser Stadt und so vieles im Judentum auch noch unserer Tage verlieh den Berichten des Evangeliums eine brennende Aktualität, die mich nicht mehr losgelassen hat. Jesus ist sicher eine zentrale Gestalt der jüdischen Geschichte und Glaubensgeschichte, aber er ist zugleich ein Stück unserer Gegenwart und Zukunft, nicht anders als die Propheten der hebräischen Bibel, die wir ja auch nicht nur im Lichte der Vergangenheit zu sehen vermögen.

Diese Sicht verbindet mich wiederum mit vielen Christen, für die Jesus der »Gekommene« ist, zugleich aber auch die Mitte ihres Lebens und letztlich der Kommende. Das Neue Testament schließt mit den Worten des »Maran ata«: Ja, komm, Herr Jesus. Dieser Kommende im Sinne einer messianischen Erwartung ist

Jesus für mich, den Juden, NICHT. Ich glaube allerdings auch, daß sich Jesus selbst nicht als Messias empfunden hat, wenngleich ihm hier und dort eine Ahnung messianischer Berufung als ungelöste Frage seiner eigenen Existenz aufgebrochen sein mag.

Die Nähe, aus der hier die Gestalt Jesu gesehen wird, läßt die Messiasfrage als FRAGE BESTEHEN; eine Vergöttlichung Jesu aber liegt völlig außerhalb der hier angeschnittenen und gebotenen Sicht. Hier weiß ich mich eins mit Goethe, der im achten Buch Suleika im ›Westöstlichen Divan‹ bekennt:

»Jesus fühlte rein und dachte
Nur den EINEN Gott im Stillen;
Wer ihn selbst zum Gotte machte,
Kränkte seinen heil'gen Willen.«

Die Frage der Göttlichkeit Jesu kann für den Historiker und für den Juden nicht bestehen. Auch die Frage der Messianität Jesu ist hier auszuklammern, da sie sich historischer Erkenntnis und jüdischem Glauben entzieht.

Anders steht es um die Frage des messianischen SELBSTVERSTÄNDNISSES Jesu. Hierzu bemerkt E. Käsemann, den wir noch einmal als Repräsentanten des heutigen Standes der Wissenschaft im Sinne einer kritischen Theologie anführen wollen: »Hat Jesus sich also als Messias verstanden? ... Ich bin davon überzeugt, daß es keinerlei Beweismöglichkeit für die Bejahung der Frage gibt. Alle Stellen, in denen irgendein Messiasprädikat erscheint, halte ich für Gemeinde-Kerygma.« Ich habe dem nichts hinzuzufügen, denn auch mir ist es klargeworden, daß von einem messianischen Selbstzeugnis Jesu nicht zuverlässig geredet werden kann. Es gibt ein MESSIASGEHEIMNIS Jesu, und dieses deutet darauf hin, daß er sich zeitweilig wohl einer messianischen Sendung bewußt wurde, aber er verbietet seinen Jüngern, Proklamationen dieser Art zu verlautbaren, und wartet wohl auf seine Stunde, in der ihm selbst, seinen Jüngern und der Welt sein wahres Wesen offenbart wird.

Jesus kann also nicht als Messias angesprochen werden, wenngleich messianische Züge in dem uns überlieferten Jesusbilde klar hervortreten, doch handelt es sich eben um kerygmatische Korrekturen von späterer Hand.

Eine liberale Theologie, auch im Judentum, hat seit dem 19. Jahrhundert Jesus gerne als PROPHETEN bezeichnet. Auch diese Definition scheint mir unzulässig. Jesus war KEIN PROPHET im Sinne der alttestamentlichen Prophetie. Was zeichnet den

Propheten, den Nabi, aus? Es ist sein Künder-Amt. Er ist der Bringer des Gottesspruches. (Vielleicht ist das Wort Nabi sogar in einen etymologischen Zusammenhang mit diesem Bringertum zu setzen.) Der Nabi verkündigt das Erlauten Jahwes. Er wird zum Mund der Gottheit. Am deutlichsten wird dieser Charakter wohl in der Geschichte vom heidnischen Seher Bileam, der nur sagen kann, was Gott ihm in den Mund gelegt hat, und der so Israel segnen muß, obwohl er mit der Absicht auszieht, das Volk zu verfluchen.

Prophetische Rede beginnt meist mit Wendungen wie: »So spricht der Herr« oder: »Höret des Herrn Wort« oder als Auftrag an den Propheten: »Sprich zu den Kindern Israel« oder als Selbstaussage wie: »Und des Herrn Wort geschah zu mir und sprach ...«

Prolegomena dieser Art sind den Reden Jesu völlig fremd. Er spricht aus eigener Vollmacht, ohne Gottessprüche zu vermitteln und zu verkündigen.

Zum Wesen des Propheten gehört ferner das Sehertum, das sich in Visionen besonderer Art dokumentiert, etwa in der Vision des Jesaja, der den Herrn im Tempel thronen sieht, oder in der Schau des Jeremia, zu dem Gott aus dem blühenden Mandelzweig spricht (hierfür könnte es vielleicht eine Parallele im Jesus-Gleichnis vom Feigenbaum geben), oder in der Thronwagen-Vision des Exilspropheten Ezechiel. Visionen dieser Art sind ebenfalls bei Jesus nicht bezeugt.

Bei den ältesten Propheten, Elia und Elisa, finden sich Totenerweckungen, wie sie auch von Jesus berichtet werden, wobei aber von den Evangelisten der rangmäßige Unterschied deutlich betont wird. Während die alten Propheten bei ihren Totenerweckungen beten, befiehlt Jesus dem Lazarus einfach, aus dem Grabe hervorzukommen, oder der Tochter des Jairus, aufzustehen und zu wandeln.

Die prophetischen Züge im alttestamentlichen Sinne fehlen bei Jesus. Jesus scheint mir vielmehr auf der Linie der Gesetzeslehrer seiner Zeit, der Tanaiten, zu stehen. Das tanaitische Element dokumentiert sich darin, daß Jesus, wie seine Zeitgenossen, die Schriftgelehrten, in zwei für diese Epoche typischen Weisen lehrt: durch AUSLEGUNG vorgegebener kanonischer Texte und durch MESCHALIM (Gleichnisse). Damit bleibt er ganz auf der Linie der Schriftgelehrten seiner Zeit.

Freilich ist es richtig, daß er »gewaltig« lehrte, offenbar in einer stärkeren Vollmacht interpretierte, als andere das gewagt haben.

Interpretationen mit dem Leitworte: »Ich aber sage euch ...« geben seiner Exegese die besondere Note und Nuance, aber es scheint mir abwegig, hier einen Bruch mit der Tradition des Judentums sehen zu wollen, wie es christliche Theologen bis auf den heutigen Tag taten und tun, in dem offenbaren Bestreben, die Gestalt Jesu zu isolieren, um dadurch doch wieder zum Begriff des »erhöhten Herrn« zu gelangen.

Das pharisäische Judentum zur Zeit Jesu wird durch die zwei großen Schulen des Hillel und des Schammai gekennzeichnet. Die Bildung der Halacha, des Religionsgesetzes, das aus der Interpretation des Alten Testamentes, inbesondere der Gebote des Pentateuch, geboren wird, hat durch diese beiden Schulen ihre entscheidende Formung erlebt. Während die Schule Hillels der milden Interpretation huldigte (und sich daher praktisch durchsetzte), ging die Schule Schammais den Weg der schrofferen Interpretation, jedoch galten die Auslegungen beider Schulen als »Worte des lebendigen Gottes«.

Ich stehe nicht an zu erklären, daß ich in Jesus von Nazareth eine DRITTE AUTORITÄT sehe, die neben die Auffassungen von Hillel und Schammai zu stellen ist. Es wird dabei nicht ganz leicht sein, die jesuanische Interpretation des Gesetzes zu kennzeichnen. Jesus interpretiert das Gesetz zuweilen milde wie Hillel und andererseits wieder schroff wie Schammai. Und doch meine ich, daß sich in der Interpretation Jesu eine deutliche Tendenz erkennen läßt: die VERINNERLICHUNG DES GESETZES, wobei die LIEBE das entscheidende und motorische Element bildet.

Vor allem in der Schule Hillels, der wir die Goldene Regel verdanken, die sich ja auch wiederum im Neuen Testament findet (Matth. 7, 12), ist die NÄCHSTENLIEBE zentral. Die Haggada, die talmudische Legende, berichtet, daß ein Heide in das Judentum eingeführt werden wollte in der Spanne Zeit, in der man auf einem Fuße stehen kann. Der zornmütige Schammai jagte diesen Fragesteller aus dem Hause, während der langmütige Hillel ihm das Gebot der Nächstenliebe vortrug und dazu bemerkte, daß alles übrige nur Kommentar sei und er nun hingehen möge, um zu lernen.

Dieses Wort könnte auch von Jesus stammen, jedoch wird das Liebesgebot bei ihm in noch radikalerer Weise vorgetragen als bei Hillel. Die Radikalität dieser Liebe schlägt auch oft in einen radikalen Haß um, vor allem in einen Selbsthaß: »Wer sein Leben auf dieser Welt haßt, der wird's erhalten zum ewigen Leben«

(Joh. 12, 25), der mir in dieser Form für die Lehrweise Jesu allein typisch erscheint.

Über einen Lehrer Jesu ist uns nichts bekannt, im Gegensatz etwa zu Paulus, von dem es heißt, daß er ein Schüler des Rabban Gamliel war. Es mag aber wohl die Absicht der neutestamentlichen Autoren gewesen sein, Jesus als den Inspirierten darzustellen, der keines irdischen Lehrers bedurfte. Andererseits liegt die Vermutung nahe, daß Jesus kein Talmid Chacham, kein Gelehrtenschüler war, sondern nur die hebräische Bibel kannte und selbst auf seine Weise interpretierte.

Es gibt allerdings eine talmudische Tradition, der gemäß Jehoschua Ben-Perachja als Lehrer Jesu angeführt wird (b. Sota, 47a / vergl. J. Klausner, ›Jesus von Nazareth‹, 1930, S. 25/26). Die geschichtliche Zuverlässigkeit der Hinweise auf den angeblichen Lehrer Jehoschua Ben-Perachja im Talmud und in einer Baraita, einer Quelle, die nicht in den Talmud selbst aufgenommen ist, wurde von den Historikern aber nie ernst genommen. Es gibt jedoch in diesem Zusammenhang eine Äußerung, die nachdenklich stimmen mag, nämlich jene Baraita, in der es heißt: »Möge die Linke verstoßen, die Rechte aber anziehen; nicht wie Elisa, der den Gehasi mit beiden Händen verstieß, und nicht wie Rabbi Jehoschua Ben-Perachja, der Jesus (den Nazarener) mit beiden Händen verstieß.«

Man könnte hier einen Anklang finden an Matth. 6, 3: »Lasse deine linke Hand nicht wissen, was die rechte tut.« Sollte es sich hier um eine Antwort Jesu an seinen Lehrer Jehoschua Ben-Perachja handeln? – Weitere Stellen im Talmud (b.Sanhedrin 107b und jer. Chagiga 2, 2) sprechen davon, daß Jesus zusammen mit seinem Lehrer Jehoschua Ben-Perachja nach Ägypten geflohen sei, was mit der Flucht nach Ägypten (Matth. 2, 13–15) in Verbindung zu bringen wäre, jedoch verlegt die talmudische Quelle diese Flucht in die Zeit des Königs Alexander Jannai, der von 103–76 vor Christi Geburt gelebt hat. Hier liegt offenbar eine Verwechslung von Alexander Jannai und Herodes vor. Die Gründe des angeblichen Zerwürfnisses zwischen Jesus und seinem Lehrer werden aus der Legendenüberlieferung nicht klar. Offenbar wollte eine spätere Überarbeitung zeigen, daß sich Jesus der Magie verschrieben hatte (negative Interpretation der Wunder Jesu), und deshalb habe sein Lehrer mit ihm gebrochen.

Die Angaben sind so unzuverlässig, daß wir weiterhin sagen müssen: Über Lehrer und Bildungsgang Jesu wissen wir nichts.

In diesem Zusammenhang erhebt sich auch die Frage, ob Jesus einer der bestehenden Richtungen, Gruppen oder Parteien seiner Zeit zuzurechnen ist. Diese Gruppierungen tragen zwar unverkennbar (auch) politischen Charakter, sind aber ihrem Ursprung nach doch wohl zunächst als Schulen im weiteren Sinne aufzufassen.

Die bestehenden Richtungen waren in den beiden einander befehdenden Hauptparteien gruppiert: PHARISÄER und SADDUZÄER. Die Pharisäer bildeten die Partei der Schriftgelehrten. Im Neuen Testament wechselt die Bezeichnung Pharisäer und Schriftgelehrte, obwohl praktisch damit wohl dasselbe gemeint ist. Diese Partei trug gleichsam demokratischen Charakter, und auf sie ist die Institution der Synagoge zurückzuführen, die einen demokratischen Ausdruck des Kultes darstellt, im Gegensatz und in Ergänzung zum Tempelkult, der sakramentalen Charakter trug und von zwei Kasten, den Priestern (Kohanim) und Leviten, getragen wurde.

Die Pharisäer, die den Typus des Talmid Chacham, des Schriftgelehrten, eigentlich hervorbrachten und geistesgeschichtlich von Esra, dem Reformator der Epoche der Rückkehr aus dem babylonischen Exil, abgeleitet werden können, erscheinen im Neuen Testament im Zerrspiegel der Kontroverse mit Jesus und seinen Jüngern. (In dieser Kontroverse spiegelt sich das spätere Streitgespräch zwischen der Urgemeinde und der Synagoge.)

Die Situation, aus der die Autoren des Neuen Testamentes schrieben, ließ eine objektive Darstellung der Pharisäer gar nicht zu; so haben sie gewissermaßen eine »schlechte Presse«. Tatsächlich aber haben die Pharisäer durchaus auch positive Züge aufzuweisen, die im Neuen Testament polemisch überlagert sind. Ihr Streben war die Einheiligung des ganzen Lebens, das in Gesetz und Brauch dem geoffenbarten Willen Gottes unterstellt werden sollte. Nichts lag außerhalb dieser einzuheiligenden Sphäre: Essen und Trinken, Arbeit und Ruhe, Geschlechtsleben und Hygiene, Kleidung und Haartracht, und nichts war zu gering, um nicht mit letztem Ernst in den Dienst Gottes mit hineingenommen zu werden. Damit wurden die Pharisäer, deren hohe ethische Begriffe uns in der Spruchsammlung »Pirkej-Aboth« (Väter-Sprüche) erhalten sind, zu den geistigen Vätern der späteren jüdischen Orthodoxie. Wir können an der Realität und Problematik der heutigen jüdischen Orthodoxie die Pharisäer des Neuen Testamentes wie in einem Spiegel erkennen. Tiefer Ernst, bedingungslose Hingabe an das Gesetz Gottes, minutiöse Pflichttreue gegenüber diesem Gesetz zeichnen die Enkel der Pharisäer noch heute aus. Andererseits sehen wir bei ihnen die Gefahren einer Entartung, von der das Neue Testament fast ausschließlich spricht. Diese Entartung besteht darin, daß der Gläubige in einen Panzer von 613 Geboten und Verboten eingeschnürt wird, so daß der Regung des lebendigen Glaubens oft nicht mehr der nötige Raum gegeben ist. Die Welt der Pharisäer und die Welt der heutigen jüdischen Orthodoxie ist ein geschlossenes System, das in sich durch lückenlose Logik nahtlos gefügt bleibt.

Der Glaube aber stellt ein Wagnis dar, das jenseits aller Sicherungen in der Freiheit der Liebe bewährt werden muß. Hier liegt wohl der Antagonismus zwischen Jesus und den Pharisäern. Es gibt allerdings auch innerhalb der pharisäischen Schule die Richtung des bedingungslosen Glaubens, der in dem schönen Satz zum Ausdruck kommt: »Seid nicht wie die Knechte, die um des Lohnes willen dienen, sondern wie die, die aus Liebe dienen« (Aboth I, 3). Überspitzt kommt das in einer Haggada zum Ausdruck, die sich an den Ketzer Elischa Ben Abuja knüpft, der am Problem der Theodizee zum Leugner der göttlichen Gerechtigkeit geworden ist. Ihm erklingt die himmlische Stimme: »Allen Geschöpfen wird vergeben, nur nicht Elischa Ben Abuja.« Darauf antwortet ihm Rabbi Akiba: »Heil dir, Ben Abuja! Alle Geschöpfe dienen um des Lohnes willen, du aber kannst nun aus Liebe dienen!«

Wirft man den Pharisäern, im Lichte des Neuen Testamentes, Werkgerechtigkeit vor, so ist hier an ein weiteres Wort des Akiba zu erinnern, das uns im Talmud (b. Kidduschin 40b) aufbewahrt ist: »Rabbi Tarphon und die Ältesten waren in der Oberstube des Hauses Nitesa zu Lod versammelt. Da wurde die Frage aufgeworfen: Was ist wichtiger, die Lehre oder die Tat? Rabbi Akiba antwortete darauf: Die Lehre. Und alle bekannten einhellig: Die Lehre geht vor, denn die Lehre führt zur Tat.«

Lehre meint hier: Thora. So gesehen, ist die Religion der Tat, die sicher ein Wesensmerkmal der Pharisäer bildet, in ihrer echten Relation erkennbar.

Die Pharisäer waren von Selbstkritik nicht frei. So überliefert uns der jerusalemische Talmud (Berachoth IX, 14b): »Sieben Pharisäer (peruschim) gibt es: den Schulter-Pharisäer, der vor aller Welt seine Frömmigkeit zur Schau trägt, den Nachlese-Pharisäer, der immer noch ein Gebot erfüllen zu müssen meint, den

Ausgleich-Pharisäer, der gute und böse Handlungen verrechnet, indem er Sünden begeht und danach Gebote erfüllt, den Sparsamkeits-Pharisäer, der damit prahlt, sich alles abzusparen, um gute Werke zu verrichten, den Schuld-Pharisäer, der die Leute auffordert, ihm die von ihm begangenen Sünden anzugeben; aber dann den Pharisäer, der das Gute in der Furcht vor Gott tut, wie Hiob, und der Pharisäer, der das Gute aus Liebe zu Gott tut, wie Abraham.«

Die fünf hier erwähnten negativen Typen kommen im Neuen Testament deutlich zum Ausdruck, während die beiden positiven Pharisäertypen aus der Nachfolge Hiobs und Abrahams im Evangelium kaum sichtbar werden.

Der gefährlichste Typus des Pharisäers aber – und auf ihn fällt das Licht des Evangeliums – ist der des »gefärbten« Pharisäers. Damit werden die Heuchler bezeichnet, vor denen im Talmud (b. Sota 22b) gewarnt wird: »Fürchte dich nicht vor den Pharisäern und nicht vor denen, die nicht Pharisäer sind, sondern nur vor den Gefärbten, die den Pharisäern gleich scheinen, die die Werke Simris tun und den Lohn des Pinchas fordern.« (Diese Stelle bezieht sich auf Num. 25, 6–15, wo von dem Israeliten Simri die Rede ist, der mit der Midianiterin Kosbi Unzucht treibt und dafür von dem Eiferer Pinchas getötet wird.) Die Kritik an den Gefärbten soll also sagen, daß sie als SCHEINHEILIGE MORALISTEN auftreten, nach außen eifern und nach innen ein zügelloses Leben führen.

Aus dem Kreise der Pharisäer selbst sind Worte der Kritik laut geworden, die von der Kritik des Evangeliums kaum mehr zu überbieten sind. So etwa sagte Rabbi Josua (Mischna Sota III, 4): »Ein törichter Frommer, ein kluger Gottloser, ein pharisäisches Weib und die Kasteiungen der Pharisäer verderben die Welt.« Und das hat ein Pharisäer gesagt!

So gesehen, gehen wir wohl nicht fehl, wenn wir Jesus selbst zu den Pharisäern rechnen, freilich zu einer inneren Opposition innerhalb dieser größten Gruppe in dem ihm zeitgenössischen Judentum. Jesus lehrte selbst wie ein pharisäischer Rabbi, freilich aus einer größeren Vollmacht, deren Überbetonung aber wohl als kerygmatische Tradition aufzufassen ist. Man darf aber auch die Vollmacht, die sich die Pharisäer zusprachen, nicht unterschätzen. Hierin unterscheiden sie sich ja von ihren Gegnern, den Sadduzäern, die nur an der schriftlichen Thora, dem Pentateuch, und wohl noch an einigen anderen Teilen des späteren Alten Testamentes festhielten. Typisch für das Vollmachtsbewußtsein der Pharisäer ist eine Legende, die berichtet, daß die Schriftgelehrten eine Entscheidung GEGEN eine himmlische Stimme trafen und sich dabei auf das Wort beriefen: »Nicht im Himmel ist sie« (die Thora) (Deut. 30, 12). Die himmlische Stimme antwortet darauf: »Meine Kinder haben mich besiegt.«

Man kann diese Haltung der Pharisäer als theologischen Hochmut ablehnen, man kann aber auch in ihr die »Freiheit der Kinder Gottes« sehen, von der im Neuen Testament die Rede ist. Jedenfalls wird uns klar, daß die Schriftgelehrten der Pharisäer ebenfalls aus einer Vollmacht lehrten, die sich darauf gründete, daß sie im Bewußtsein der auf Mose zurückgehenden Sukzession bevollmächtigte Träger der Offenbarung sind.

Weit ferner steht Jesus der Gruppe der Sadduzäer, die im Neuen Testament auch als »die Hohenpriester« bezeichnet werden. Diese Klassifizierung ist an sich falsch, denn es gab jeweils nur einen amtierenden Hohenpriester. (Kohen gadol, wörtlich: Großpriester.) »Die Hohenpriester« meint wohl die Partei des Hohenpriesters, seiner Dynastie und seines engeren Klüngels. Dieser stellte die Führungsschicht der Sadduzäer dar, deren Name Zeddukim vom Namen der herrschenden Dynastie des Hauses Zaddok abgeleitet wurde. Im Neuen Testament und im Talmud wird auch ein Hauptunterschied zwischen Pharisäern und Sadduzäern darin gesehen, daß die letzteren die Auferstehung der Toten leugneten. Damit zeigt sich ihre zentralisierte Bezogenheit auf die schriftliche Thora im engeren Sinne, die fünf Bücher Mose, die tatsächlich nirgends von einer Auferstehung der Toten sprechen. Diese Vorstellung ist viel später, vermutlich exilisch oder nach-exilisch, und ist im Alten Testament nur sehr spärlich bezeugt (Jes. 25, 8; 26, 19; Ps. 48, 15; 49, 16; Dan. 12, 2). Schon die berühmteste Auferstehungs-Stelle (Ezechiel 37) bezieht sich auf die nationale Auferstehung Israels, nicht auf die individuelle Auferstehung der Toten.

Die Sadduzäer legten den Hauptwert auf den korrekten Tempeldienst und lehnten so eigentlich das laizistische Element ab, auf das der Akzent der Pharisäer gelegt wurde. Sozial gesehen bildeten die Sadduzäer die aristokratische Oberschicht, so daß Jesus, der aus kleinen Verhältnissen stammte, auch in einem klassenmäßigen Gegensatz zu ihnen stand. Über die Sadduzäer wissen wir weit weniger als über die Pharisäer, da die jüdische Traditionsliteratur durch die Redaktion der Pharisäer gegangen ist und wir die Sadduzäer daher eigentlich nur im Spiegel ihrer

Gegner sehen, der sicher ein Zerrspiegel ist. Erst in neuerer Zeit, durch die Entdeckungen Salomon Schechters, der um die Jahrhundertwende in der Geniza (Synagogen-Archiv) zu Fostat (Kairo) die sogenannte Damaskusschrift fand, erhielten wir ein Selbstzeugnis der Sadduzäer. (Vielleicht ist auch ein Teil der Rollenfunde von Qumran der sadduzäischen Tradition zuzuschreiben.) Mit den Sadduzäern hat Jesus nichts gemein. Er bringt sie leichter zum Schweigen (Matth. 22, 34) als die ihm näherstehenden Pharisäer.

Über die Essener wußten wir bisher noch weit weniger. Durch die Rollenfunde von Qumran, WENN sie der essenischen Sekte zuzuzählen sind, wird das Bild dieser monastischen Gemeinschaft der Zeit Jesu aufgehellt. Man neigte im 19. Jahrhundert dazu, Jesus den Essenern zuzuzählen, aber das scheint schon deshalb unzulässig, weil er die Abstinenz der Essener nicht teilte und den Weingenuß keineswegs ablehnte. (Hierüber Näheres in dem Kapitel über die Hochzeit zu Kana.)

Den Essenern verwandt dürften Gruppen wie die der Ebionim oder der Anawim, der Armen, gewesen sein, mit denen Jesus vieles verbindet, wie vor allem aus seinem Gespräch mit dem reichen Jüngling hervorgeht und aus dem scharfen Paradox: »Eher geht ein Seil (nicht: ein Kamel) durch ein Nadelöhr als ein Reicher ins Himmelreich ein.« Auch die Seligpreisung der Armen in der Bergpredigt gehört hierher, wie wir noch sehen werden. Wieweit die Chassidim, die besonders Gottesfürchtigen, und nunmehr auch die Sekte von Qumran als eigene Parteien anzusprechen sind, kann heute noch nicht entschieden werden. Es mag sich hier um Strömungen und Splittergruppen innerhalb größerer Gruppierungen gehandelt haben.

Eine klar erkennbare Gruppe hingegen bilden die Zeloten, auch Sikarier (letzteres nach ihren kurzen Dolchen) genannt, die politischen und messianischen Aktivisten, die »das Ende bedrängten«. Sie bereiteten den bewaffneten Widerstand gegen Rom vor, und es mag durchaus sein, daß sich im Jüngerkreise Vertreter dieser jüdischen Untergrundbewegung fanden – vor allem der dunkle Jünger Judas –, die Jesus zum messianischen Prätendenten ihres Aktivismus machen wollten. Soweit ich sehe, ist aber nur EIN Wort Jesu bezeugt (Luk. 22, 36), das ihn in die Nähe der Aktivisten rückt: »Aber nun, wer einen Beutel hat, der nehme ihn, desgleichen auch die Tasche, und wer's nicht hat, verkaufe seinen Mantel und kaufe ein Schwert.« Allerdings wird dieser Bericht zwei Verse weiter entscheidend abgeschwächt:

»Sie sprachen aber: Herr, siehe, hier sind zwei Schwerter. Er aber sprach zu ihnen: Es ist genug.«

Wir wissen andererseits, daß Jesus den Petrus verwarnt und ihm sagt, daß, wer das Schwert zückt, durch das Schwert umkommen wird, ein Wort, das ganz auf der Linie Hillels liegt, der betonte, daß der Würger erwürgt wird und jede Gewalttat weiter Gewalttat auslöst. Wenn Jesus sich mit den zwei vorhandenen Schwertern begnügt, so ist es schwer verständlich, daß Autoren wie Robert Eisler und später Joel Carmichael ihn selbst zum zelotischen Aktivisten umdeuten wollten. Wahr bleibt, daß sich im Neuen Testament keine Polemik gegen die Zeloten findet, aber auch nicht gegen ihre Antipoden, die sanften Essener.

Zusammenfassend läßt sich sagen, daß Jesus wohl keiner der uns bekannten Gruppen ganz zuzurechnen ist, obwohl ihn mit den Pharisäern, so befremdlich das klingen mag, am meisten verbindet.

Er muß den ihm vorgeschriebenen Weg allein gehen und ruft einzelne zur Nachfolge auf. Dabei kann ich der These von Käsemann nicht zustimmen, daß wir keine innere Entwicklung Jesu erkennen können. Schon Albert Schweitzer hat auf diese innere Entwicklung hingewiesen, die aus der Immanenz der Persönlichkeit Jesu und aus der Situation seiner kurzen Wirksamkeit (vom 30. bis zum 31. oder 33. Lebensjahr) erkennbar wird.

Wir haben dabei drei Stadien zu unterscheiden, Stadien tragischer Enttäuschung:

Eschatologie, Introversion und Passion.

ESCHATOLOGIE: Die erste Phase im Leben Jesu steht im Zeichen des unmittelbar erwarteten Anbruchs des Gottesreiches. Jesus sendet die Jünger aus und versichert ihnen: »Noch ehe ihr mit den Städten Israels fertig seid (ihnen das Evangelium zu verkündigen), wird der Menschensohn kommen« (Matth. 10, 23). Die Jünger kehren zurück, aber es hat sich nichts verändert. Jesus muß also seine Botschaft einer Revision unterziehen.

INTROVERSION: Was zunächst als Ereignis der Geschichte erwartet wurde, der Anbruch eines neuen Äons, wird nun als bereits vollzogenes seelisches Faktum gedeutet: »Das Reich Gottes ist inwendig in euch« (Luk. 17, 21). (Neuere Exegeten wollen diese Stelle allerdings dahin auffassen, daß Jesus auf sich selbst als die leibhaftige Verkörperung des Reiches, mitten unter den Schülern, hinweist.) Aber auch das verinnerlichte Reich Gottes genügt nicht, da die äußere Drangsal auch durch eine bereits im Jüngerkreis etablierte Reich-Gottes-Gemeinde nicht überwunden werden kann. So wird Jesus zu der letzten, äußersten Anstrengung angespornt, die im freiwillig gewählten, von den jüdischen und römischen Behörden provozierten Opfergang besteht.

PASSION: Dieser Opfergang endet mit der Kreuzigung und dem Verzweiflungsschrei des sterbenden Jesus: »Eli, Eli, lama asabthani?« (Auch die Lesart »sabachthani« ist möglich.) (Matth. 27, 46; Mk. 15, 34. Gemäß Ps. 22, 2.) Es spricht alles dafür, daß dieser Verzweiflungsschrei »Mein Gott, mein Gott, warum hast du mich verlassen?« das WAHRE letzte Wort Jesu darstellt. Der Gemarterte gibt seinen Geist auf in dem furchtbaren Gefühl, auch in der dritten und letzten Station seines Dornenweges zum Reiche Gottes von Gott verlassen worden zu sein.

So endet also Jesus in jüdisch-historischer Sicht als ein tragisch Scheiternder. Das aber tut seiner Größe keinen Abbruch, auch und gerade nicht für das jüdische Geschichtsverständnis. Auch Rabbi Akiba, der Bar-Kochba für den Messias hielt, irrte tragisch und endete als Blutzeuge seines Glaubens. Sein tragischer Irrtum raubte ihm nichts von seiner Größe im jüdischen Volksbewußtsein. Vielmehr erklärt die jüdische Tradition solches Irren mit der Begründung: »Aus Liebe zu Israel verblendet Gott zuweilen die Augen der Weisen.«

Auch Jesus von Nazareth ist ein tragisch Irrender, dessen Augen aus Liebe zu Israel verblendet wurden.

Die Gestalt Jesu, die sich uns durch Exegese und Intuition (die einander nicht ausschließen, sondern bedingen) erschließt, ist eine historische Gestalt, obwohl nicht alle Details als historisch gesichert anzusehen sind. Aber bei welcher Persönlichkeit, die vor rund zweitausend Jahren gelebt hat, wäre das der Fall? Die Schule, die die Ungeschichtlichkeit Jesu vertrat, die in ihm einen Astralmythos und dergleichen mehr sehen wollte, gehört nun doch rettungslos der Vergangenheit an. Hätte Jesus nie gelebt, sagte Rousseau, so wären die Erfinder der Evangelien so groß wie Jesus. (Emil Ludwig zitierte dieses tiefe Wort Rousseaus 1927 in seinem Jesus-Buch ›Der Menschensohn‹.) Die Autoren der Evangelien sprechen aber von einer wirklichen Gestalt, sie beziehen sich auf das Zeugnis derer, »die Jesum im Fleische kannten«. Es gibt so viele einander widersprechende Züge und Details in den Berichten der Evangelien, daß schon daraus geschlossen werden muß, daß hier nicht eine didaktische Abstraktion, ein messianischer Mythos erfunden wurde, sondern die Erinnerung an einen

Menschensohn, an einen Menschen wach geblieben ist, wenn sich auch die Aureole der Apotheose um ihn schloß.

Deutsche Historiker und Theologen im 19. Jahrhundert verfielen oft der Suggestion eines berühmten Wortes von Friedrich Schiller in seinem Lied ›An die Freunde‹:

»Alles wiederholt sich nur im Leben,
Ewig jung ist nur die Phantasie;
Was sich nie und nirgends hat begeben,
Das allein veraltet nie!«

Die Tatsache, daß die Botschaft, die frohe und die tragische Botschaft vom Leben Jesu, durch fast zwei Jahrtausende nicht veraltet ist, darf aber nicht zu der Annahme führen, daß in ihr nur Phantasie ist. Von den vier Zeilen Schillers soll man die erste nicht vergessen: »Alles wiederholt sich nur im Leben.« Im Leben Jesu ist so vieles vorgezeichnet, was sich im Leben seiner Nachfolger wiederholt hat. Phantasie und Glaube haben vieles aus diesem Leben erhöht, es aus der Sphäre der Geschichte in die höhere der Heilsgeschichte transponiert, aber »der Sitz im Leben« dieser Episoden aus der Geschichte Jesu ist gerade aus der jüdischen Perspektive unverkennbar.

Jesus von Nazareth hat gelebt – er lebt fort, nicht nur in seiner Kirche, die sich auf ihn bezieht (realistischer gesagt: in den vielen Kirchen und Sekten, die ihn in Anspruch nehmen), sondern auch in seinem Volke, dessen Martyrium er verkörpert. Ist der leidende und am Kreuz verhöhnt sterbende Jesus nicht ein Gleichnis für sein ganzes Volk geworden, das, blutiggegeißelt, immer wieder am Kreuze des Judenhasses hing? Und ist die Osterbotschaft seiner Auferstehung nicht wiederum ein Gleichnis für das heute wieder auferstandene Israel geworden, das sich aus der tiefsten Erniedrigung und Schändung der dunkelsten zwölf Jahre seiner Geschichte zu neuer Gestalt erhebt?

Die Geburt Jesu liegt im Dunkel. Ein Licht fällt nur auf die Stunde seiner Wiedergeburt: die Jordan-Taufe durch Johannes. Das ist kein Zufall, sondern entspricht der Auffassung Jesu, von der wir einen Nachklang in dem Gespräch mit dem Pharisäer Nikodemus besitzen: »Keiner kann das Reich Gottes sehen, er werde denn wiedergeboren« (Joh. 3, 3).

Der Gedanke der Wiedergeburt ist im Judentum der Zeit Jesu offensichtlich Volksglaube. Johannes der Täufer wird als der wiedergekommene Elia bezeichnet, und auch in Jesus vermutet man Elia. Nun muß man allerdings die Gestalt des Elia besonders betrachten, da er nach der biblischen Legende nicht gestorben ist, sondern im feurigen Wagen entrückt wurde (2. Kön. 2, 11), so daß schon der Prophet Maleachi (Mal. 3, 23) mit der Wiederkunft des Elia rechnete, ein Motiv, das in der späteren Haggada immer wiederkehrt. Elia und Henoch (Gen. 5, 24) sind die einzigen Gestalten des Alten Testaments, die als nicht gestorben gelten und mit deren Wiederkunft man daher rechnete.

Indessen ist der Gedanke der Wiedergeburt auch in bezug auf Verstorbene anzutreffen. So hielten die Leute Jesus für einen der alten Propheten, der wiedergekommen ist (Luk. 9, 8 u. 19). Im Talmud finden sich oft merkwürdige Notizen, die auf einen Seelenwanderungs- oder Wiedergeburtsglauben schließen lassen, wie etwa die Bemerkung: »Mordechai, das ist Samuel.« Hier will gesagt sein, daß der Jude Mordechai, der Onkel der Königin Esther, eine Wiedergeburt des Propheten Samuel war. Die Lehre von der Seelenwanderung, die mit dem Gedanken der Wiedergeburt organisch zusammenhängt, wird in der jüdischen Mystik, der Kabbala, weiterentwickelt und geht später in den chassidischen Volksglauben ein. Nach dieser Vorstellung wird der Mensch mehrfach wiedergeboren, macht einen »Gilgul-Neschama« (Seelenwanderung) durch oder heftet sich einer anderen Seele an (Ibbur-Neschama, Dibbuk) und wird so lange wiedergeboren, bis er seinen »Tikkun«, seine Erlösung, gefunden hat.

Es bleibe hier unerörtert, wie alt diese Vorstellungen im Judentum sind. Nach der Tradition gehen sie freilich auf die Urtage der Menschheit zurück und wurden vorwiegend durch Rabbi Simon Bar-Jochai, einen Zeitgenossen des Rabbi Akiba, in dem ihm zugeschriebenen Buch Sohar offenbart. Wir wissen heute freilich, daß der Sohar ein mittelalterliches Werk darstellt, aber das schließt nicht aus, daß hier alte Traditionen literarisch verarbeitet und im pseudepigraphischen Stil einer verehrungswürdigen Gestalt der Antike zugeschrieben wurden. Jedenfalls gibt es zur Zeit Jesu, nach dem Zeugnis des Neuen Testaments, den Glauben an die Wiedergeburt. Inwieweit hier fernöstliche Einflüsse zu verzeichnen sind, bleibe dahingestellt. Unmittelbare Beweise gibt es hierfür vorerst nicht, so daß man eher geneigt sein mag, hier von archetypischen Vorstellungen der Seele zu sprechen, die bei verschiedenen Völkern und in voneinander mehr oder minder unabhängigen Kulturen auftreten können.

Der jüdische Volksglaube zur Zeit Jesu und später spricht von Wiedergeburt im Zusammenhang mit Seelenwanderung, während bei Jesus selbst oder zumindest in der ihm zugeschriebenen Lehrmeinung eine vertiefte Umdeutung dieses Begriffes vorliegt. (Das ist typisch für die Lehrweise Jesu, der allgemein bekannte Begriffe aufnimmt und sie neu interpretiert, nicht aber eigentlich neue Begriffe schafft.) Das Wort »Wiedergeburt« findet sich im Neuen Testament nur zweimal (Matth. 19, 28; Titus, 3, 5), wo es im Sinne eines messianischen Äons gebraucht wird: Die Bürger des kommenden Gottesreiches sind Wiedergeborene. Am tiefsten führt aber das Gespräch mit Nikodemus (Joh. 3), wenn es auch späteres Kerygma sein mag, in die Gedankenwelt der Wiedergeburt im Sinne Jesu ein. In diesem Dialog fragt Nikodemus naiv: »Wie kann ein Mensch geboren werden, wenn er alt ist? Kann er wiederum in seiner Mutter Leib gehen und geboren werden?« Die Antwort Jesu darauf ist NICHT, daß der Mensch stirbt und dann wiedergeboren wird, was der Vorstellung von der Seelenwanderung entsprechen würde, sondern er antwortet, daß der Mensch aus Wasser und Geist wiedergeboren werden kann, wobei der Geist freilich wehe, wo er will. Der so Wiedergeborene erst kann ein Bürger des Gottesreiches werden.

Aus Wasser und Geist! Geist müssen wir hier in der Doppelbedeutung des hebräischen Wortes »Ruach« und des griechischen Wortes »Pneuma« verstehen. Ruach-Pneuma ist im biblischen Sinne Wind und Geist zugleich. (Martin Buber hat in seiner Bibelübersetzung dieses entscheidende Wort mit »Braus« wiedergegeben.)

Wenn Jesus im Gespräch mit Nikodemus die Wiedergeburt aus Wasser und Geist lehrt, dann will damit klar das (spätere) Sakrament der Taufe legitimiert werden. Die Taufe ist aber keineswegs eine Stiftung Jesu. Er selbst hat nicht getauft, ließ sich aber durch Johannes taufen. Diese Taufe des Johannes stellt kein Novum im Judentum dar, sondern ein damals geübtes und bis heute bei den Juden praktiziertes Ritual. Das Wort »Taufe« ist allerdings durch die spätere kirchliche Entwicklung mißverständlich geworden, und wir sollten besser von »Tvila«, Tauchbad, sprechen. In der Tat nimmt Jesus ja ein Tauchbad im Jordan, nicht anders als Hunderte oder vielleicht Tausende seiner Zeitgenossen, die an den Jordan hinabzogen, um dort das rituelle Reinigungsbad zu vollziehen. Das Gesetz der Thora schreibt für zahlreiche Fälle kultischer Verunreinigungen, vor allem nach der Berührung mit Leichen oder Gebein, das Tauchbad vor. Die Essener und die Sekte von Qumran haben das Tauchbad mehr und mehr als geistiges Reinigungsmittel aufgefaßt im Sinne einer Katharsis. Noch weiter ging Rabbi Akiba in seinem berühmten Wortspiel am Ende des Mischna-Traktates Joma: »Heil euch, Israel! Wer ist es, vor dem ihr euch reinigt, wer ist es, der euch reinigt? Es ist euer Vater im Himmel, wie es heißt: Und ich werde reines Wasser über euch sprengen, daß ihr rein werdet« (Ez. 36, 25). Ferner heißt es: »Die Hoffnung Israels ist der Herr« (Jer. 17, 13); »Wenn das Tauchbad die Unreinen reinigt, so reinigt der Heilige, gepriesen sei er, Israel.« Das hier im Text gebrauchte Wort »Mikwe« hat beide Bedeutungen: Tauchbad und Hoffnung.

Die sogenannte Taufe des Johannes, die auch Jesus nimmt und dic wir als den Akt seiner Wiedergeburt und den Beginn seiner öffentlichen Wirksamkeit ansprechen können, ist in dieser jüdischen Traditionsreihe zu sehen.

Nun betont Jesus aber, daß der Geist zum Wasser (des Tauchbades) hinzugehört. Hier wird offensichtlich angespielt auf Gen. 1, 2: »Der Geist Gottes schwebte über den Wassern.« Der klassische rabbinische Exeget Rabbi Salomo Ben Jizchak, genannt Raschi (Südfrankreich, 1040 bis 1105), führt zu dieser Stelle einen Midrasch an: »Der Geist Gottes schwebte, wie eine Taube, die über ihrem Neste schwebt.« In diesem Midrasch haben wir die Vorstellung des Geistes Gottes, der in Gestalt einer Taube bei der Wiedergeburt Jesu in der Stunde der Jordan-Taufe durch Johannes über dem Wasser schwebt. Das in der Genesis gebrauchte Wort »merachepheth« bedeutet schweben oder brüten und findet sich im Moselied (Deut. 32, 11) wieder, wo von einem brütenden Adler die Rede ist.

Jesus von Nazareth mag ungefähr dreißig Jahre alt gewesen sein, als er an den Jordan kam, um wie andere seiner Zeitgenossen das Reinigungsritual unter der Leitung des Johannes zu vollziehen. Offenbar ist ihm im Akt dieser Zeremonie sein eigenes Sendungsbewußtsein erwacht. Erst von diesem Augenblick an wird er uns daher sichtbar. Die Tvila, das Untertauchen, stellt tatsächlich den Akt der Wiedergeburt dar, denn der Untertauchende wird von den Wellen begraben, er geht symbolisch unter, um dann als neuer Mensch, gereinigt von seinen Sünden, wieder aufzuerstehen. Diese Vorstellung ist in der Gemeinde Jesu lebendig geblieben.

Die eigentliche Geburt Jesu, so sagten wir, liegt im Dunkeln. Matthäus 1, 1–17 und Lukas 3, 23–38 geben je einen Stammbaum Jesu, aber diese Stammbäume stimmen bekanntlich nicht überein. Matthäus führt den Stammbaum von Abraham bis Jesus in drei Gruppen von je vierzehn (14 = 2 × 7, die heilige Zahl) durch: Abraham bis David = 14; David bis zum babylonischen Exil = 14; babylonisches Exil bis Jesus = 14; also insgesamt 42 Generationen.

Nach Matthäus ist Joseph, der Mann der Maria, der Mutter Jesu, ein Sohn Jakobs. Nach Lukas ist derselbe Joseph ein Sohn Elis.

Das Dunkel, das über der leiblichen Herkunft Jesu liegt, hat seine Gegner zu dem naheliegenden Schluß einer unehelichen Geburt geführt. Wir haben im Talmud die sogenannte Pandera- oder Panthera-Tradition. Nach dieser hat ein römischer Offizier Pandera oder Panthera eine Mirjam, die Verlobte des Joseph, verführt und geschwängert, und die Frucht dieser Sünde soll Jesus gewesen sein.

In dem zumindest distanzierten Verhältnis Jesu zu seiner Mutter, die er nie anders als »Weib« anredet, worauf wir noch im Kapitel über die Hochzeit zu Kana zu sprechen kommen werden, mag sich etwas von dem peinlichen Bewußtsein einer illegitimen Abkunft spiegeln. Jesus ehrt seine Mutter nicht und negiert seinen leiblichen Vater, da er offenbar um seine uneheliche und fremde (nichtjüdische) Herkunft wußte.

Im Evangelium wird dieses Dunkel vom Lichte des Wunders überstrahlt. Jesus wird hier als der Sohn Gottes, gezeugt vom Heiligen Geist, proklamiert. Das Matthäus-Evangelium (1, 21) knüpft an die Verkündigung dieser wunderbaren Geburt ein Wortspiel: »Und sie wird einen Sohn gebären, des Namen sollst du Jesus heißen, denn er wird sein Volk selig machen von seinen Sünden.« Dieses Wortspiel ist nur hebräisch verständlich: Sein Name sei Jeschua, denn er wird sein Volk (die Juden) joschia (selig machen) von seinen Sünden. Daß in diesem Zusammenhang die Stelle Jes. 7, 14 herangezogen wurde, ist an sich unbegründet. Hier wird nämlich nur davon gesprochen, daß eine junge Frau (Alma) schwanger werden soll, keine Jungfrau, einen Sohn gebären wird und ihn Immanuel nennt, keineswegs Jeschua. Daß hier junge Frau und Jungfrau miteinander gleichgesetzt wurden, geht auf die griechische Bibelübersetzung, die Septuaginta, zurück, in der das Wort »Alma«, junge Frau, mit »parthenos«, Jungfrau, übersetzt wurde. Wenn der hebräische Text von einer Jungfrau hätte sprechen wollen, hätte er den Ausdruck »Betula« verwenden müssen, was nicht der Fall ist.

Während das judenchristliche Evangelium des Matthäus das Wortspiel »Jeschua-joschia« bringt, fällt dies bei Lukas (1, 31) weg, da dieser nichtjüdische Arzt an einen gewissen Theophilus schreibt, der vermutlich ein Patrizier in Antiochia war und das hebräische Wortspiel nicht verstanden hätte, das auch dem Lukas selbst fernlag.

Die gesamte Geburtsgeschichte Jesu ist von typischen Sagenmotiven durchsetzt: Die weisen Magier aus dem Morgenlande sind in den Bereich der Märchen zu verweisen. Der Mythos von der Geburt des Helden, wie er im Weihnachts-Evangelium anklingt, hat viele Parallelen in anderen Sagen, die sich an berühmte Persönlichkeiten des Altertums knüpfen. Die Angst des Königs Herodes vor dem erwählten König, der ihm den Thron streitig machen wird, findet sich etwa in der Angst des Königs Laios von Theben vorgegeben, der seinen Sohn Ödipus bei der Geburt verstümmelt und verstößt. Der Vater des Theseus, König Ägeus von Athen, hält die Geburt seines Sohnes geheim; vor allem aber müssen wir an den Mythos um die Geburt des Mose erinnern. Hier haben wir das Vorbild vom Kindermord zu Bethlehem, der niemals stattgefunden hat. Auch vor der Geburt des Mose werden alle neugeborenen Knaben durch den grausamen Pharao ermordet, in den Nil geworfen, und nur der Erwählte wird wunderbar gerettet. Der Kindermord von Bethlehem wird exegetisch an die Klage der Rahel um ihre Kinder (Jer. 31, 15) angelehnt, da man das Grab Rahels in Bethlehem lokalisierte.

Daß Bethlehem überhaupt als Geburtsort Jesu, der offensichtlich aus Nazareth stammte, erwähnt wird, geht auf eine Weissagung im Propheten Micha 5, 1 zurück: »Und du, Bethlehem-Ephrata, die du klein bist unter den Tausenden Judas, aus dir soll mir der Herrscher in Israel hervorgehen, dessen Ursprung von Urzeit und Ewigkeitstagen her besteht.«

Wie sehr die Bethlehem-Tradition sagenhafte Züge trägt, zeigt die Verwechslung von zwei Orten dieses Namens. Gemeint ist als Geburtsort Bethlehem bei Jerusalem, der Stadt Davids. Herangezogen wird aber Bethlehem-Ephrata, das uns als Sterbeort der Stammutter Rahel (Gen. 35, 19) bekannt ist. Auch das Grab Rahels wurde später in dem Bethlehem bei Jerusalem verehrt.

Für die späteren Heiden-Christen mag für den Geburtsmythos hinzugekommen sein, daß in Bethlehem bei Jerusalem eine Adonis-Grotte verehrt wurde, was bereits der Kirchenvater Hieronymus erwähnt, der selbst in diesem Bethlehem lebte und dort die Bibel ins Lateinische übersetzte.

An den Geburtsmythos schließt sich die ebenso mythische Kindheitsgeschichte Jesu an mit der ganz schattenhaft bleibenden Flucht nach Ägypten, die wiederum auf eine Prophetenstelle zurückgeht (Hosea 11, 1): »Aus Ägypten habe ich meinen Sohn gerufen.« Dieser Sohn ist bei Hosea allerdings das ganze Volk Israel. Der Prophet spielt hier auf den Auszug aus Ägypten an, aber die Jesus-Tradition macht daraus eine Weissagung, die sich erst im Leben Jesu erfüllt haben soll. Die Kindheitsgeschichte bleibt so sehr ins Dunkel gehüllt, daß nur die apokryphen Evangelien über die Kindheit Jesu Näheres berichten: das Protoevangelium des Jakobus, der Pseudo-Matthäus usw. Es gibt ein armenisches und ein arabisches Kindheits-Evangelium, auch die neuerlichen Funde aus Nag Hammadi haben solche Kindheits-Evangelien zutage gefördert; sie alle tragen rein märchenhafte Züge. Jesus wird hier als Wunderkind geschildert. Er wirft z.B. mit seinen Kameraden mit Steinen nach Tontauben und erweckt die zertrümmerten Figuren zum Leben. (Taube als Symbol des Geistes?)

Diesen Erzählungen kommt natürlich keinerlei biographischer Wert zu, ja die Kirche hat sich sogar geweigert, sie in den neutestamentlichen Kanon aufzunehmen.

Ebenso müssen wir in das Gebiet der Sage die Disputation des zwölfjährigen Jesus im Tempel (Luk. 2, 41–52) mit Schriftgelehrten verweisen. Hier soll uns nur gesagt werden, daß Jesus kein Gelehrtenschüler war, der sein Wissen von einem Lehrer bezogen hat. Er tritt vielmehr als der von Gott selbst Inspirierte auf, der schon als Knabe den Schriftgelehrten überlegen ist. Es ist Absicht, daß Jesus hier als Zwölfjähriger eingeführt wird, da nach einer noch heute heiligen jüdischen Auffassung erst ein Dreizehnjähriger ein Barmizwa, ein Sohn des Gesetzes, ist (Aboth V, 25). Nun will uns diese Erzählung zeigen, daß Jesus bereits vor seiner religiösen Mündigkeit den Schriftgelehrten in der Thora überlegen ist.

Alles weist darauf hin, daß Jesus aus Nazareth stammt. Hier wird allerdings auch ein gewaltsamer Versuch unternommen, diese Herkunft an eine Bibelstelle anzulehnen (Jesaja 11, 1), die Vision vom kommenden Friedensreich: »Ein Reis wird hervorgehen aus dem Stumpf Isais und ein Schoß aus seinen Wurzeln Frucht tragen.« Dieser Schoß oder Schößling heißt hebräisch »Nezer« und wird mit Nazareth in Verbindung gebracht (Matth. 12, 18).

Eine derartige Anlehnung nennt man in der hebräischen Traditionsliteratur eine Asmachta. Einer Asmachta kommt kein unmittelbarer exegetischer Wert zu, sie trägt homiletischen Charakter, ist ein Wesenselement des Midrasch, der legendären Auslegung der Schrift.

Während wir aber bei der Bethlehem-Tradition sehen können, daß hier, ebenso wie bei der Flucht nach Ägypten, nur der Wunsch vorliegt, den den Juden gepredigten Jesus als den bei den Propheten verheißenen Messias darzustellen, sein Leben als Erfüllung der Weissagungen in deren Licht zu rücken, sehen wir bei der Nazareth-Tradition das Gegenteil. Hier ist eine fast peinliche Tatsache gegeben: »Was kann Gutes aus Nazareth kommen?« (Joh. 1, 46.) Der Messias mußte in Bethlehem geboren sein oder in der heiligen Stadt Jerusalem, er kommt aber aus dem völlig unberühmten Nazareth, das im Alten Testament überhaupt nicht erwähnt wird. Infolgedessen muß auf dem Wege des »Drasch«, der homiletischen Auslegung, irgendeine Anknüpfung an einen Bibeltext, möglichst an eine messianische Weissagung, gefunden werden.

Herkunft und Geburt, Kindheit und Lehrjahre versinken aber ins Wesenlose in der Stunde der Wiedergeburt. Nur so ist es zu erklären, daß wir über Kindheit und Lehrjahre Jesu nichts wissen. Wenn allgemein angenommen wird, daß er das Zimmermannshandwerk bei seinem Vater oder Ziehvater Joseph erlernt hat, so bleibt auch das eine Mutmaßung. Wenn man annimmt, daß er völlig ungelehrt war, wie dies neuerdings Erich Zehren in seinem Buch ›Der gehenkte Gott‹ (Berlin 1959) tut, so ist das auch zurückzuweisen, denn er liest ja den Propheten-Abschnitt, die Haphtara, in der Synagoge von Nazareth vor, was kein Am-Haarez, kein völlig Unwissender, könnte. Wir haben allen Grund anzunehmen, daß Jesus die hebräische Bibel gründlich kannte, er lebte in ihr und mit ihr, vor allem mit der Thora und den

Propheten. Die Lehrweise der Tanaiten, seiner schriftgelehrten Zeitgenossen, war ihm vertraut, ohne daß er deshalb selbst ein Schüler eines berühmten Meisters gewesen sein muß. Die Tatsache, daß er als Rabbi angeredet wird, läßt darauf schließen, daß er seiner Umwelt als ein Mann erschien, der durchaus im Gesetz bewandert war. Auch seine Gegner werfen ihm im Prozeß nicht Unwissenheit vor oder führen sie als mildernden Umstand an. Nur Jesus selbst sagt von seinen Feinden, daß sie nicht wissen, was sie tun. In einem apokryphen Evangelium sieht Jesus einen Mann, der am Sabbath sein Feld bestellt, und er sagt ihm das paradoxe Wort: »Selig bist du, wenn du weißt, was du tust, aber verflucht bist du, wenn du nicht weißt, was du tust.«* Das liegt ganz auf der Linie des Hillel-Wortes, daß kein Ungelehrter fromm sein könne. Jede Tat muß vom Gesetz her durchdacht sein. Wir dürfen uns Jesus also vermutlich als einen Autodidakten vorstellen, der in seinem Städtchen Nazareth zwar elementare Bibelkenntnisse erwarb, dann aber selbst weiterforschte und zu umwälzenden Erkenntnissen gelangte.

All das aber versinkt, wie gesagt, in den Wellen des Jordan, im Augenblick des Tauchbades, das zur Wiedergeburt führt. Es ist der Auferstandene, der aus dem Wellengrabe Auferstandene, der in die Geschichte eindringt. Der Mann, der die geistige Geburtshilfe leistet, der so als eigentlicher Vater Jesu angesprochen werden kann, sein Vater im Geiste, ist Johannes der Täufer. – Wer war Johannes?

Nach Lukas 1, 5–25 war Johannes der Sohn eines frommen Priesterehepaares, des Secharija (Zacharias) aus der Ordnung der Priesterdynastie Abija (1. Chron. 24, 10) und seiner Frau Elischeva (Elisabeth), die lange Zeit unfruchtbar blieb.

Der Engel Gabriel, derselbe, der auch die Geburt Jesu der Maria verkündigt, kündete dem Priester Secharija im Tempel während des Dienstes die Geburt des Johannes an. In dem Geburtsmythos des Johannes sind zahlreiche Elemente aus dem Alten Testament mit verwoben. Secharija und Elischeva gleichen in Alter und Unfruchtbarkeit Abraham und Sara. Die Ankündigung der wunderbaren Geburt des Johannes gleicht der Verkündigung der Geburt des Richters Simson, und gleich diesem soll Johannes – Jochanan – ein Nasir, ein Nasiräer, werden (Richt. 13, 4 und 5), der sich des Weines und berauschender Getränke enthält (Luk. 1, 15; vom Verbot des Haareschneidens

* Codex Bezae zu Luk 6, 4.

ist bei Johannes nicht die Rede, obwohl auch das zum Wesen des Nasirates gehört). Die Institution des Nasirates, also einer Gruppe von Menschen, die für eine bestimmte Zeit oder auf Lebensdauer das Gelübde der alkoholischen Abstinenz einhalten sowie das Haar lang tragen und dadurch als gottgeweihte Männer gelten, ist im Gesetz der Nasiräer (Num. 6, 1–21) angelegt und wurde zur Zeit des Johannes so stark beachtet, daß die Mischna einen eigenen Traktat dieser Institution widmete. Der Traktat trägt auch den Namen »Nasir«.

Das Nasirat trägt gewisse kulturfeindliche Züge, die ja jeder Askese anhaften, und wurde daher mit der Gruppe der Rechabiter (1. Chr. 2, 55; Jer. 35) in Verbindung gebracht, die sich ebenfalls des Alkohols enthielten und zusätzlich in der Wüste in Zelten lebten und auf feste Häuser verzichteten. Eine Notiz (Luk. 1, 80) rückt den Knaben Johannes in die Nähe der Rechabiter, was bei einem Priestersohn erstaunlich ist: »Und das Kindlein wuchs und ward stark im Geiste, und er blieb in der Wüste, bis daß er sollte hervortreten vor das Volk Israel.« Neuerdings neigt man dazu, hier eine mögliche Verbindung zwischen Johannes und Qumran zu sehen. Das Kindlein kann ja nicht allein in der Wüste geblieben sein, sondern ist wohl in der klösterlichen Gemeinschaft von Qumran im Geiste dieser Sekte erzogen worden, von der wir erst seit knapp zwei Jahrzehnten eine Ahnung durch die Rollenfunde vom Toten Meer haben. Man könnte sich vorstellen, daß Johannes in der Sekte und im Geiste von Qumran erzogen wurde und später die Botschaft von Qumran von der Wüste ins Volk trug. In der Verkündigung der Geburt des Johannes wird das Elia-Motiv schon angeschlagen im Sinne der Verkündigung des Maleachi, der die Wiederkunft des Elia, des Versöhners der Generationen, prophezeit. Johannes wird über seinen gewaltsamen Tod hinaus (Mark. 6, 29) als Verkörperung des Elia gesehen, der ja seinerseits mit der Wüste aufs engste verbunden ist.

Nach der ganz sagenhaften Geschichte der Visitation (Luk. 1, 39–44) mußten Jesus und Johannes ungefähr gleichaltrig sein; Johannes nur um wenige Monate älter, denn die beiden Mütter, Maria und Elisabeth, waren gleichzeitig schwanger. Die Überlieferung ist aber offenbar so unsicher gewesen, daß als Ort der Begegnung beider Frauen nur »eine Stadt im Gebirge Juda« angegeben werden konnte, die später mit dem nahe bei Jerusalem gelegenen Ort Ein Karem identifiziert wurde. Wenn dieser Notiz auch kein historischer Wert zukommt, so ist doch ihre kerygmatische Bedeutung offenbar. Johannes muß wenigstens um einige Monate älter sein als Jesus, um als dessen »Vorläufer« SINNFÄLLIG in Erscheinung zu treten. Und die beiden begnadeten Mütter müssen einander begegnen, um so den Heilsplan Gottes sichtbar zu machen. Die Legende wird uns aber transparent. Man kann unschwer erkennen, daß eine ältere Tradition der Johannes-Jünger die Geburt ihres Meisters wunderbar verklärte. Die Jünger Jesu konnten diese Tradition nicht mehr völlig streichen, aber sie überboten sie durch einen noch wunderbareren Geburtsmythos. Es ist auffällig, daß wir von keinem Jünger oder Apostel auch nur eine Geburtsnotiz haben, aber eine so ausführliche Geburtslegende des Johannes. Das erklärt sich eben nur aus einer eigenständigen Tradition des Johannes-Kreises, der vermutlich eine Art Dritter Orden von Qumran war.

Zu beachten ist beim Geburtsmythos des Johannes auch die zeitweilige Stummheit, mit der sein Vater Zacharias geschlagen war. Sie ist als Strafe dargestellt für den Zweifel, mit dem Zacharias die Ankündigung der Geburt des nicht mehr erwarteten Kindes aufnimmt. Aber in einer tieferen Schicht klingt hier ein ganz anderes Motiv an. Die großen Verkündiger sind mit zeitweiliger Stummheit oder einem Sprachfehler behaftet, was in der Sprache des Mythos die Schwere von Gottes Wort im Menschenmunde symbolisieren soll. Mose ist ein Mann schwerer Lippe und Zunge, und die Lippe des Jesaja muß erst durch eine Altarkohle von einem Engel reingeglüht werden.

Johannes wird als der Rufer in der Wüste eingeführt. Diesem Ruf muß eine Sprachhinderung vorausgehen, die hier allerdings auf den Vater übertragen wird.

Der Name, der dem Johannes bei der Beschneidung gegeben wird, soll ursprünglich nach dem Namen des Vaters, Secharja (Zacharias), lauten. An sich ist dieser Brauch bei den Juden sehr selten, daß man ein Kind nach dem Vater benennt, jedenfalls ist es nicht eine Selbstverständlichkeit, wie der Heidenchrist Lukas annimmt, obwohl uns Fälle dieser Art bekannt sind, etwa aus dem Buch Tobias, wo Vater und Sohn »Tovija« (Tobias) heißen. Auch im Talmud sind einige wenige Fälle bekannt, wo Vater und Sohn denselben Namen tragen. Heute wird in jüdischen Kreisen dem Sohn meist nur dann der Name des Vaters gegeben, wenn das Kind nach dem Tode des Vaters geboren wird. Mutter und Vater wünschen aber, daß das Kind Jochanan (Johannes) heißen soll, was das Befremden der Bekannten auslöst, da niemand in der Familie diesen Namen gehabt haben soll.

Diese Notiz ist unwahrscheinlich, denn der Name Johannes (Jochanan) war außerordentlich verbreitet, wie wir aus dem Neuen Testament selbst ersehen. Der Lieblingsjünger Jesu führt diesen Namen; wir haben drei Johannes-Briefe, ein Johannes-Evangelium und die Apokalypse des Johannes von Patmos, wobei wir keineswegs annehmen dürfen, daß es sich hier immer um dieselbe Person handelt. Die Gestalt des Rabbi Jochanan (Johannes) ist uns aus dem Talmud bekannt. Verwunderlich ist, daß keine Erklärung des Namens »Jochanan« in der Geburtsgeschichte des Johannes gegeben wird; offenbar war dem Heidenchristen Lukas die Bedeutung dieses Namens: »Gott begnadet« nicht verständlich.

Über wenige Gestalten des Neuen Testamentes haben wir so exakte Angaben wie über Johannes den Täufer. Der Vermerk (Luk. 3, 1–2) bringt sogar eine Doppeldatierung: »Im fünfzehnten Jahr der Regentschaft des Kaisers Tiberius, da Pontius Pilatus Landpfleger in Judäa war und Herodes Tetrarch in Galiläa und sein Bruder Philippus Tetrarch in Ituräa und in der Gegend Trachonitis, und Lysanias Tetrarch in Abilene, da Hannas und Kaiphas Hohepriester waren: da geschah der Befehl Gottes zu Jochanan Ben Secharja, in der Wüste.«

Wir haben hier eine Doppeldatierung, in der die weltliche und die geistliche Obrigkeit genannt sind. Man könnte sogar von einer dreifachen Datierung sprechen: nach der Rechnung des Imperium Romanum, nach der Regentschaft der Vasallen und nach der Amtszeit der Hohenpriester.

Auch eine exakte Angabe über Jesus selbst finden wir im Zusammenhang mit Johannes: »Und Jesus war, da er anfing, ungefähr dreißig Jahre alt und ward gehalten für einen Sohn Josephs, welcher war ein Sohn Elis« (Luk. 3, 23).

Trotz dieser scheinbaren Genauigkeit bleibt die Gestalt des Johannes aber ins Dunkel gehüllt, besser gesagt, wird sie schwer erkenntlich dadurch, daß das Bild des Täufers durch spätere Übermalung entstellt wurde.

Kerygmatisch gesehen und dogmatisch weiterentwickelt, wurde Johannes der letzte Prophet des Alten Bundes und der erste Prophet des Neuen Bundes, gleichsam der »erste Exeget Jesu« (Claus Westermann). Ein späteres kirchliches Verständnis rückte Johannes den Täufer in die Nachbarschaft der Maria, der Mutter Jesu, die er wahrscheinlich nie gekannt hat. Vor allem aber wird Johannes als der Vorläufer Jesu gesehen, der im selben Maße abnehmen mußte, wie Jesus an Bedeutung zunahm.

Von all diesen christlichen Vorstellungen muß man sich frei machen, wenn man die Gestalt des Johannes in den Blick bekommen will.

Johannes oder Jochanan, wie er sich wohl nannte, wird von Josephus richtig als einer der erfolgreichsten Bußprediger seiner Zeit, keine vereinzelte Erscheinung, gesehen. Er hatte seinen eigenen Jüngerkreis, der wohl größer war als der Jesu; so wird uns in der Apostelgeschichte (18, 24–28) von einem alexandrinischen Juden mit dem rein griechischen Namen Apollos berichtet, der nach Ephesus kam und dort die Tradition des Johannes, seine Taufpraxis, fortsetzte. Dieser Apollos ist offenbar ein Diaspora-Jude, der sich der Gruppe oder Sekte des Johannes angeschlossen hatte und dann zur jesuanischen Gemeinde überging. Wir wissen aber nicht, wie viele Jünger des Johannes im In- und Ausland diesen Schritt *nicht* vollzogen haben. Sieht man Johannes nur in der Relation zu Jesus, so wird die Perspektive verkürzt. Zunächst muß man Johannes in einer anderen Perspektive sehen, nämlich in der der Bußbewegung seiner Zeit, in welcher es zahlreiche Erweckungsprediger seiner Art gab.

Die römische Fremdherrschaft im Lande und das Gewaltregime des Herodes Antipas wurden, wie so oft bei Notzeiten in der jüdischen Geschichte, als messianische Geburtswehen aufgefaßt.

Am Schluß des Mischna-Traktates Sota (Eiferwasser) wird die der messianischen Zeit unmittelbar vorangehende Phase in den drastischsten Farben geschildert: »Das Antlitz dieser Generation wird wie das Gesicht des Hundes sein, und der Sohn wird sich nicht vor dem Vater schämen.« Mit der letzteren Bemerkung ist eine Anspielung auf Amos (2, 7) gemacht, der davon spricht, daß Vater und Sohn zur selben Dirne gehen. Mit dem Hundegleichnis wird wohl auf die Hierodulen der männlichen Tempelprostitution angespielt. Spätere Erklärer fassen das Hundegleichnis noch anders auf: So wie der Hund vor seinem Herrn herläuft, aber nicht die Richtung bestimmt, sondern sich jeweils nach dem Herrn umwendet, so auch diese Generation und ihre Führung. Das könnte im Sinne eines messianischen Vorläufers interpretiert werden.

Der angeführte Mischna-Text schildert Verhältnisse, wie sie auch in der eschatologischen Predigt des Neuen Testamentes immer wiederkehren, die Entzweiung der Familien, der Mann, der im eigenen Hause von seinen Feinden umgeben ist (Micha 7, 6 und Matth. 10, 35), die Lösung aller guten Bindungen. In dieser chaotischen Zeit, von der Johannes der Täufer sagt: »Schon aber ist die Axt den Bäumen an die Wurzel gelegt«, gibt es nur noch eine Zuflucht: Gott selbst, wie der Traktat Sota nun bekennt: »Auf wen können wir uns stützen (in den Wirrnissen solcher Unzeit)? Auf unseren Vater im Himmel.«

Die Predigt des Johannes steht im Zeichen der unmittelbaren Naherwartung des großen und furchtbaren Tages, von dem der Prophet Maleachi sprach. Im Lichte dieses Maleachi-Wortes: »Siehe, ich sende euch den Propheten Elia, bevor der große und furchtbare Tag des Herrn anbricht« (Mal. 3, 23), wurde auch Johannes von seinen Zeitgenossen als der wiederverkörperte Elia gesehen. Er wählt die Wüste Juda am Jordan zum Schauplatz seiner Tätigkeit. Wenn er in diesem Zusammenhang allerdings als die Stimme eines Predigers in der Wüste bezeichnet wird (Matth. 3, 2; Luk. 3, 4), so liegt hier wiederum ein Übersetzungsfehler vor, der auf die Septuaginta zurückgeht. Johannes soll hier als die Erfüllung von Jes. 40, 3 erscheinen, dem ersten Kapitel der Trostschrift aus dem babylonischen Exil. Diesen Text müssen wir aber sinngemäß (und entsprechend der Interpunktion der Kantilenen des masoretischen Textes) folgendermaßen lesen:

> Stimme eines Rufers:
> In der Wüste bahnt
> dem Herrn einen Weg,
> ebnet in der Steppe
> eine Straße für unseren Gott!

Hier ist nicht von der Stimme eines Rufers in der Wüste die Rede, sondern eine Stimme ruft, und der Inhalt dieses Rufes, der auch außerhalb der Wüste, ja vermutlich in der Großstadt Babylon ertönt, ist es, im Sinne des alten Nomaden-Ideals der Rechabiter, in die Wüste zurückzugehen, in das »Unschuldsland Israels«, in der es seinem Gott noch getreulich nachgefolgt ist; ein Motiv, das wir bei den Propheten öfter finden.

Johannes ist nicht die Personifikation der »Stimme eines Rufers in der Wüste«, wenngleich auch sein Ruf aus der Wüste nach Jerusalem, in das ganze Land und offenbar auch in die Diaspora dringt.

Man hat in letzter Zeit die Frage gestellt: War Johannes Qumraner? Diese Frage kann heute noch nicht schlüssig beantwortet werden. Jedenfalls ist es richtig, was Hans Wildberger in diesem Zusammenhang bemerkt: »Ohne genaue Kenntnis der Begriffswelt und der Theologie der Qumran-Schriften wird fortan das Neue Testament nicht mehr wissenschaftlich erforscht werden können ... Wie Johannes der Täufer sind tatsächlich auch die Leute von Qumran, wenn auch anders ... Wegbereiter des Herrn gewesen.« Ich möchte hier einschränkend sagen: Wegbereiter einer messianischen Bewegung.

Wir wissen von der Lebensweise des Johannes, daß er sich in ein Gewand aus Kamelhaar kleidete, einen ledernen Gürtel trug und sich von wildem Honig und Heuschrecken ernährte. Der Genuß von Heuschrecken war keine Übertretung der Speisegesetze, denn bestimmte Heuschreckenarten sind durch die Thora (Lev. 11, 23) ausdrücklich genehmigt, und die Mischna erläutert später besondere Kennzeichen der zum Genuß gestatteten Heuschrecken. Der Genuß der Heuschrecken hat aber hier wohl auch noch eine symbolische Bedeutung im Sinne der Symbolhandlungen der Propheten, wie sie etwa bei Hosea und Ezechiel, aber auch bei Jeremia bezeugt sind. Die Heuschrecken sind ein Zeichen des Gerichts beim Propheten Joel und treten im Rahmen der zehn Plagen in Ägypten als Gericht Gottes auf. In Palästina sind vierzig Arten von Heuschrecken nachweisbar; im allgemeinen werden nur die roten genossen. Als Jerusalem im Jahre 1947 von einer Heuschreckenplage heimgesucht wurde, aßen z. B. die Jemeniten diese Schädlinge.

Im Gegensatz zu den Männern von Qumran lebte aber Johannes offenbar allein. (Damit wurde er das Vorbild für spätere christliche Eremiten in der Wüste.) Dieser Umstand muß aber nicht dahin interpretiert werden, daß zwischen Johannes und Qumran nicht ein enger Zusammenhang besteht, vielmehr können wir Johannes als eine Art »Schaliach«, als einen Apostel der Sekte von Qumran sehen, der im Außendienst einer inneren Mission eingesetzt war. Während die Qumran-Leute unter sich eine heilige Bruderschaft bildeten, geht Johannes hinaus in die Wüste, in der die Qumran-Leute selbst ihr Zentrum haben; er ruft die Masse des Volkes zur Buße und zum Tauchbad in die Wüste. Diese Wüste muß man sich als eine STEINWÜSTE vorstellen, und daher wählt Johannes auch sein berühmtes Gleichnis von der Erweckung der neuen Abrahamskinder aus diesen Steinen der Wüste. Man geht wohl nicht fehl, wenn man hier eine Anspielung auf die Legende von der Frau Lots sieht, die in dieser Wüste aus Ungehorsam zu Stein wurde (die sogenannte Salzsäule ist ja ein Fels). Ungehorsam führt zur Versteinerung des Herzens, und das will diese Legende in Symbolsprache ausdrücken.

Macht nun also Gottes Gericht aus Menschen Steine, so kann Gottes Gnade aus Steinen Menschen machen, ein Bild, das wir auch bei den Propheten finden, in Form der Umwandlung des steinernen Herzens in ein Herz von Fleisch.

Das Tauchbad oder Taufritual des Johannes stellt kein Sondergut seiner Zeit dar, sondern ist bei den Essenern häufig bezeugt, so häufig, daß ein später Spötter wie Adolf von Harnack meinte, die Leutchen seien nie mehr aus der Badewanne herausgekommen.

Allerdings ist dieses Tauchbad bei den alten Propheten in dieser Form nicht bekannt gewesen. Ezechiel spricht nur von einer Besprengung mit reinem Wasser, was wohl nicht genau dasselbe ist, sondern an das Reinigungsritual des Wassers erinnert, in welchem die Asche einer roten Kuh (Num. 19, 17ff.) aufgelöst war.

Das Wasser ist als Element des Johannes bekannt, aber unverkennbar ist auch das Feuer das Element dieses Eiferers gewesen. Aus den wenigen Worten des Johannes, die uns überliefert sind, lodert es hervor: »Jeder Baum nun, der keine Frucht bringt, wird abgehauen und ins FEUER geworfen«, und nach dieser Drohung die Verheißung: »Ich taufe euch mit Wasser; es kommt aber ein Stärkerer nach mir ... der wird euch mit dem heiligen Geist und mit FEUER taufen, und er hat seine Wurfschaufel in der Hand; ... und wird die Spreu mit unauslöschlichem FEUER verbrennen.« Bei Matthäus stehen diese drei Sätze unmittelbar nacheinander (3, 10–12).

Das Wasser des Tauchbades im Jordan geht dem Feuer der Offenbarung (heiliger Geist) und des Gerichtes voraus, so wie im Alten Testament das Wasser der Sintflut dem Feuer der Offenbarung (am Dornbusch und auf dem Sinai) vorausgeht.

Unter den zahlreichen Juden, die sich dem Tauchbad-Ritual des Johannes unterziehen, befindet sich auch Jesus von Nazareth. Natürlich mußte es für eine spätere Zeit geradezu anstößig wirken, daß Jesus sich von Johannes taufen ließ oder, besser gesagt, unter seiner Leitung das rituelle Tauchbad nahm. Der Sinn dieses Untertauchens war ja die Reinigung von den Sünden. Dem Jüngerkreis Jesu erschien der verklärte Meister später aber als sündlos, so daß die Reinigung durch Johannes als sinnlos erscheint. Deshalb berichtet eine spätere Fassung in den Evangelien, daß Johannes sich zunächst weigerte und betonte, daß ER einer Taufe durch Jesus bedürfe und nicht umgekehrt. Jesus befiehlt ihm aber, das Ritual an ihm zu vollziehen, und der aus den Wellen des Jordan emporsteigende Jesus wird dann durch eine himmlische Stimme als der Sohn Gottes proklamiert.

Diese Proklamation steht in einem ähnlichen Zusammenhang mit der Trostschrift im zweiten Teil des Jesaja-Buches wie die Definition des Johannes selbst als Stimme des »Predigers in der Wüste«. Hier wird auf Jes. 42, 1 angespielt, den Knecht Gottes, auf dem die »Ruach«, der Geist Gottes, ruht.

Daß es sich bei dieser Geschichte um einen späteren Einschub handelt, ist offenbar, denn wenn Johannes wirklich davon überzeugt gewesen wäre, daß Jesus der erwartete Messias war, wenn Johannes wirklich Zeuge dieser Bath-Kol, dieser himmlischen Stimme, geworden wäre, wenn er tatsächlich gesagt hätte, daß er nicht wert sei, Jesus die Schuhe abzunehmen, dann wäre die spätere Frage des Johannes, die er aus seinem Gefängnis in der Festung Machärus an Jesus richtet, nicht verständlich.

Herodes Antipas hatte den Erweckungsprediger Johannes verhaften und später hinrichten lassen. Aus dem Gefängnis nun ließ Johannes bei Jesus anfragen, ob dieser der erwartete Messias sei oder ob man noch eines anderen harren müsse.

Wir können hier deutlich erkennen, daß Jesus offenbar ein Jünger des Johannes war, aber nach der Verhaftung des Meisters von einem bestimmten Kreise als Haupt und vielleicht sogar bereits als messianischer Prätendent anerkannt wurde; ja, man hielt ihn sogar für die Wiederverkörperung des Johannes.

Das führte zu einer Lösung von Johannes und seinen Jüngern, vor allem als Jesus offensichtlich mit den asketischen Idealen und Praktiken des Johannes brach. Die Evangelien berichten, daß das Fasten, das die Pharisäer und der Kreis des Johannes einhielten (es handelt sich dabei vermutlich um ein zweimaliges Fasten in der Woche, am Montag und am Donnerstag, ein frommer Brauch, der bis heute in asketischen Kreisen des Judentums geübt wird), von Jesus und seinen Jüngern nicht übernommen wurde. Das ist offenbar nur ein Detail, das darauf hinweisen will, daß die Haltung Jesu und seiner Jünger mehr im Sinne des Psalmwortes: »Dienet dem Herrn mit Freuden« zu verstehen war. Zunächst bleibt Jesus aber noch ganz der Gefolgsmann des Johannes. Nach seiner »Wiedergeburt« im Jordan, von der wir ausgegangen sind, begibt sich Jesus, wie sein Meister Johannes, ALLEIN in die WÜSTE. Hier tritt er offenbar die NACHFOLGE DES JOHANNES an. So nur können wir das Wort verstehen, daß Jesus nach seiner Taufe vom Geiste in die Wüste geführt, getrieben wurde. Und nun wird im Neuen Testament dieser Gang in die Wüste dahin interpretiert, daß der Sinn dieses Aufenthalts in der Wüste die Versuchung durch den Satan war. Das Verweilen in der Wüste rückt ihn natürlich in die Nähe des Mose und des Elia, die ihre Offenbarungen in der Einsamkeit der Wüste erfahren, aber auch unmittelbar in die Nachfolge des Johannes, der selbst ein Wüstenheiliger war.

Jesus verweilt vierzig Tage in der Wüste. Diese vierzig Tage bilden offenbar eine Parallele zu den vierzig Tagen, die Mose auf dem Berge Sinai verbringt, und zu den vierzig Jahren der Wüstenwanderung Israels, aber auch zu den vierzig Tagen des Elia, die er durch die Wüste zum Gottesberg Horeb geht. Die Zahl vierzig meint im biblischen Sprachgebrauch eine lange Zeit, ohne daß hier auf zahlenmäßige Genauigkeit Wert zu legen wäre.

Die erste Versuchung des Satans lautet: »Bist du Gottes Sohn, so sprich, daß diese Steine Brot werden.« Ist hier nicht im Unterton eine Absage an Johannes enthalten? Nach Johannes kann Gott dem Abraham Kinder aus Steinen erwecken, ein Motiv, das ja auch im Römerbrief und im Johannes-Evangelium wieder anklingt. Hier nun ist es der SATAN, der von Jesus eine Verwandlung der Steine in Brot fordert, wobei wahrscheinlich das Brot und die echten Kinder Abrahams in eine innere Beziehung zueinander gesetzt sind, denn Jesus bezeichnet sich ja später selbst in der kerygmatischen Abendmahlstradition als »Brot des Lebens«. Jedenfalls wird hier ein von Johannes angezeigtes Wunder vom Satan in abgewandelter Form von Jesus gefordert. Noch in dem späteren Worte Jesu, daß ein Vater, dessen Kind ihn um Brot bittet, ihm keinen Stein reichen wird, klingt dieses Motiv an. In der Ablehnung der Steinverwandlung kann man einen ersten Bruch mit der Vorstellungswelt des Täufers durch Jesus erkennen.

Nach der Versuchung in der Wüste, nach einer Zeit der Meditation und Selbstversenkung, würden wir sagen, löst sich Jesus innerlich von Johannes, und so fährt der Text (Matth. 4, 12; Mark. 1, 14; Luk. 4, 14 und 15) fort: »Da nun Jesus hörte, daß Johannes gefangengelegt war, zog er nach Galiläa und verließ die Stadt Nazareth, kam und wohnte zu Kapernaum (Kphar-Nachum) am See (Genezareth) im Lande (der Stämme) Sebulun und Naphtali.« Hier sehen wir deutlich, daß Jesus erst, nachdem er von der Gefangennahme des Johannes hört, die Wüste verläßt, d.h. die Lebensweise und Tradition seines Meisters, und nun selbst ganz andere Wege einschlägt.

Die Jordantaufe war die Wiedergeburt Jesu. Hier tritt er in das

Licht der Geschichte ein. Aber noch steht er im Schatten des Johannes, bis er sich in den »vierzig Tagen« der Einsamkeit innerlich auch von Johannes löst und, nachdem dieser gefangengesetzt worden ist, nun die Führung der Kreise übernimmt, die durch Johannes in eine eschatologische Aufbruchsstimmung versetzt worden waren.

Nun ist Jesus erst er selbst, der Prozeß der Individuation scheint abgeschlossen. Es ist nur natürlich, daß Jesus nach längerem Aufenthalt in der Wüste zunächst in seinen Heimatort Nazareth zurückkehrt, vermutlich, um sich von den Strapazen dieses Wüstenaufenthaltes zu erholen. (Das mag vielleicht banal erscheinen, aber wir wollen hier versuchen, die menschliche Gestalt dieses jungen Erweckten so klar wie möglich zu sehen.) Es ist naheliegend, daß er in Nazareth selbst nicht sofort als der Gewandelte und Wiedergeborene auftreten kann. Wir wissen, daß er in Nazareth keine Wunder tun konnte, denn der Prophet gilt nichts in seiner Vaterstadt, wie das hebräische Sprichwort ursprünglich lautet: »Ein Nabi be'iro«, aber er wählt die nähere Umgebung seiner Heimatstadt, um seine öffentliche Wirksamkeit zu beginnen, nun seinerseits den Ruf vom nahe herbeigekommenen Reich Gottes anzustimmen.

Es ist dabei nicht zu übersehen, daß Johannes, der Asket, diesen Ruf in der glühenden Steinwüste Judas erklingen ließ, Jesus ihn aber in der sanfteren, lieblichen Landschaft am Kinnereth-See, der anmutigsten des ganzen Landes, anstimmt. Zunächst ist der Ruf Jesu genau derselbe wie der des Johannes: »Tut Buße, denn das Reich der Himmel (die Gottesherrschaft auf Erden) ist nahe herbeigekommen.« Wenn hier im griechischen Text das Wort »Metánoia« steht, Sinnesänderung, so müssen wir doch hinter den Text zurück gleichsam in den hebräischen Begriff der THESCHUBA vordringen, der hier gemeint ist. Dieser hebräische Begriff meint sowohl Umkehr wie Antwort und gehört zu den Zentralbegriffen der rabbinischen Ethik. Die Tore der Umkehr sind allezeit geöffnet, und eine Stunde der vollen Umkehr ist besser als das Leben in der zukünftigen Welt. Die Rabbinen überbieten sich im Lobpreis der Umkehr, die die größte Möglichkeit des Menschen ist, immer wieder die verfehlte Wegrichtung zu korrigieren und zum Ursprung, zu Gott, zurückzukehren. Das Wort meint aber im einfachen Sprachsinn auch »Antwort« und ist auch von daher zu verstehen. Die Umkehr, die Theschuba, ist die Antwort auf den Anruf Gottes an den Menschen, auf sein »Wo bist du?«, das schon an Adam ergeht. Der Mensch in der Umkehr antwortet dann wie Abraham: »Hineni, hier bin ich.«

Johannes ist nicht der erste und nicht der einzige, der den Ruf zur Theschuba erschallen läßt, es ist dies ja ein Grundmotiv des Judentums, und sein Nachfolger Jesus ist nicht der letzte, der diesen Bußruf zur Umkehr an Israel richtet. Und doch will es mir scheinen, daß derselbe Ruf bei Johannes, der selbst Bußfertige sofort mit Scheltworten wie »Otterngezücht« anfährt, einen rauheren Klang hat als bei Jesus, dessen Wort: »Kommet her zu mir alle, die ihr mühselig und beladen seid, ich will euch erquicken. Nehmt auf euch mein Joch und lernt von mir, denn ich bin sanftmütig und von Herzen demütig, so werdet ihr Ruhe finden für eure Seelen, denn MEIN JOCH IST SANFT UND MEINE LAST IST LEICHT« (Matth. 11, 28–30) im Munde des Johannes nicht denkbar wäre.

Hier scheint mir ein Unterschied gegeben wie zwischen der Schule des schroffen Schammai und der des sanftmütigen Hillel. Derselbe psychische Gegensatz ist zwischen Johannes und Jesus zu erkennen.

Nach der Tradition aller Evangelien nimmt Jesus seine Lehrtätigkeit zunächst in seiner engeren Heimat Galiläa auf. Er findet sich am Sabbath in der Synagoge in Nazareth ein, der Text vermerkt ausdrücklich »nach seiner Gewohnheit«. Das muß dahingehend aufgefaßt werden, daß Jesus von Jugend an am Gottesdienst der Synagoge am Sabbath teilzunehmen pflegte.

Der synagogale Gottesdienst war zur Zeit Jesu bereits ausgeprägt und stellte eine wichtige Ergänzung des sakramentalen Gottesdienstes im Tempel zu Jerusalem dar, ohne ihn zunächst zu ersetzen, wie das erst nach der Zerstörung des Tempels der Fall wurde. Die Synagoge hatte sich bereits als Haus der Versammlung – das meint ja das hebräische Wort »Beth-Haknesseth« –, als Ort »der Anbetung im Geiste und in der Wahrheit«, als Stätte der Verkündigung von Gottes Wort so sehr durchgesetzt, daß es sogar im Tempel von Jerusalem eine Synagoge gab.

Während der Tempel Schauplatz eines hierarchisch-sakralen Gottesdienstes war, der von Priestern und Leviten zelebriert wurde, stellt die Synagoge das demokratische Element im Judentum dar. Hier wurde und wird der Gottesdienst von den Laien getragen, Laien im Gegensatz zu den aaronidischen Priestern und den ihnen stammverwandten Leviten; hier regierten die Schriftgelehrten, die Vorläufer der Rabbinen. Bildete im Tempel das blutige Tieropfer den Mittelpunkt der heiligen Handlungen, umwölkt von Weihrauchdüften (Ketoreth) und unter den Tempelgesängen, vorwiegend Psalmen, die mit zahlreichen Musikinstrumenten begleitet wurden, so trug der Gottesdienst der Synagoge von vornherein einen weit schlichteren Charakter und war seinem Wesen nach ganz auf das WORT abgestellt.

Jesus war mit dem Ritus seiner heimatlichen Synagoge offensichtlich kindvertraut. Er muß auch in seiner Heimatgemeinde als nicht ungelehrt gegolten haben, denn sonst wäre ihm nicht die Verlesung der Haphtara, des Prophetenabschnittes, zugedacht worden.

Das Jahr der Synagoge ist in Sabbathe aufgeteilt, die jeweils eine bestimmte Perikope aus dem Pentateuch, den fünf Büchern Mose, als Lesung haben. Hierzu wird ein Abschnitt aus den Propheten gelesen, der sich motivisch an die Lesung aus der Thora anschließt. Man unterschied zur Zeit Jesu wohl bereits zwischen dem babylonischen und dem im Lande Israel üblichen Zyklus. Der babylonische Zyklus bewältigt die Vorlesung der fünf Bücher Mose innerhalb eines Jahres. Der palästinensische Zyklus umfaßt drei Jahre. Wir dürfen annehmen, daß in der Synagoge von Nazareth in Galiläa der palästinensische Zyklus im Gebrauch war.

Die Lesung der Perikope aus dem Pentateuch erfolgte aus einer Thora-Rolle, wie das auch heute noch der Fall ist, während die Propheten-Abschnitte in verschiedenen Rollen aufbewahrt wurden. Eine merkwürdige talmudische Vorschrift vermerkt in diesem Zusammenhang, daß das Berühren der Rollen der heiligen Schriften die Hände verunreinigen würde und man sich nach dem Gebrauch der Rollen die Hände waschen müsse.* Sie wurden wohl als »tabu« betrachtet.

Wann und wie die Verlesung der Perikopen entstand, ist nicht klar. Die jüdische Tradition führt die Verlesung der Thora-Abschnitte am Sabbath auf Mose selbst zurück, die Verlesung kürzerer Abschnitte an den Markttagen, dem Montag und Donnerstag, auf den Schriftgelehrten Esra, also auf die Zeit der Rückkehr aus dem babylonischen Exil, jedoch können diese Angaben nicht als historisch zuverlässig angesehen werden. Noch unklarer ist die Frage der Verlesung der Propheten-Perikopen. Eine geschichtlich völlig ungesicherte Tradition führt diese Einrichtung auf die Zeit der makkabäischen Verfolgungen zurück, in welcher der syrische Diadochen-König Antiochus Epiphanes die Vorlesung aus der Thora verboten hat. An die Stelle derselben sollen nun Vorlesungen aus den Propheten getreten sein. Es ist natürlich nicht anzunehmen, daß die Inquisition des Antiochus Epiphanes so fein zwischen dem »Gesetz« und den Propheten unterschieden hat, sondern offenbar war die Verbreitung des Heilsgutes Israels verboten, ebenso wie später zur Zeit der hadrianischen Verfolgungen.

Aus der Immanenz des pharisäischen Judentums läßt sich aber mit Leichtigkeit verstehen, daß die Vorlesungen aus den fünf Büchern Mose durch entsprechende Perikopen aus den Propheten ergänzt werden sollten, da die Pharisäer, im Gegensatz zu den Sadduzäern, den hohen Rang der prophetischen Schriften betonten.

* Näheres hierüber findet sich in der Mischna: Traktat Jadajim (Hände) III und im Talmud b. Schabb. 14a. Ausführlich kommentiert Gerhard Lisowski, Die Mischna, Jadajim (VI/11), Berlin 1956, S. 50ff., den religionsgeschichtlichen Hintergrund.

Jesus wird nun offenbar als Maphtir, als Letzter und Beschließender in der Reihe der Aufgerufenen, zur Thora gebeten, und nach Beendigung der Verlesung reicht man ihm die Prophetenrolle zur Vorlesung der Haphtara. Er liest den Abschnitt Jesaja 61, 1 und 2: »Der Geist Gottes des Herrn ist über mir, darum daß mich der Herr gesalbt hat. Er hat mich gesandt, den Elenden zu predigen, die zerbrochenen Herzen zu verbinden, zu verkündigen den Gefangenen die Freiheit, den Gebundenen, daß ihnen geöffnet werde, zu verkündigen ein gnädiges Jahr des Herrn und einen Tag der Rache unsres Gottes, zu trösten alle Traurigen«, eine Stelle, die von der Berufung des Gottesknechtes spricht. Sodann gibt er die Rolle dem Schamasch, dem Synagogendiener, zurück.

Wir können mit einiger Sicherheit annehmen, daß dieses erste Auftreten Jesu in seiner Heimatsynagoge nach seiner Wiedergeburt durch das Tauchbad im Jordan unter Leitung des Johannes im Sommer erfolgte, denn das zitierte Jesaja-Kapitel 61 schließt sich an die Thora-Abschnitte »Ki tavo« und »Nizzawim« an, Deut. 26–29. Es handelt sich dabei um den 50. und 51. Wochenabschnitt, die immer in den Sommer fallen.

Bis zur Beendigung der Propheten-Lesung verläuft der Auftritt Jesu in der Synagoge ohne besondere Zwischenfälle, aber man hat bereits von ihm gehört und ist gespannt, was er nun sagen wird. An die Vorlesung aus dem Gesetz und den Propheten schloß sich und schließt sich noch heute die »Drascha«, die schrifterklärende Predigt an, deren klassischer Niederschlag uns in der großen Literatur des Midrasch erhalten geblieben ist. Jesus bezieht nun die Weissagungen des Deuterojesaja auf sich selbst. Merkwürdigerweise bleibt diese Andeutung seiner messianischen Sendung – mehr als eine Andeutung ist es nicht – zunächst unwidersprochen. So wie Jesus bereits vorher in kleineren Orten in Galiläa als Prediger offensichtlich Beifall gefunden hat, so ist man auch hier in Nazareth von seiner Schriftauslegung tief beeindruckt. Man wundert sich, daß der Sohn des Joseph, den man von Kind an kannte und dessen Mutter Mirjam (Maria) vielleicht im Frauenhof der Synagoge anwesend war, wie ein gelehrter Rabbi zu predigen vermag. Matthäus 13, 54ff. führt nun hier noch die ganze Familie Jesu an, seine Brüder Jakob, Joses (Jossi), Simon und Judas (Jehuda) und seine Schwestern, wobei typischerweise deren Zahl und Namen nicht genannt werden, da Mädchen und Frauen im Gemeindeleben nicht in Erscheinung traten.

Der Judenchrist Matthäus vermerkt allerdings, daß die Gemeinde von Schrecken befallen wurde über die ihnen anmaßend erscheinende Autorität, mit der der junge Mann seine Lehrmeinungen vortrug. Dem Heidenchristen Lukas ist dieser psychologische Vorgang offensichtlich nicht aufgegangen, und er verlegt daher den Grund für das Skandalon, das Ärgernis, das Jesu Predigt auslöst, in ein ganz anderes Motiv. Nach Lukas wird der Ärger dadurch ausgelöst, daß Jesus das Erwählungsbewußtsein der Gemeinde verletzt, indem er auf Stellen im ersten und zweiten Buch der Könige hinweist, die zeigen, daß der Gott Israels sich auch und gerade der Fremden annimmt, die nicht zu seinem Eigentumsvolke gehören.

Der Hinweis auf die Witwe im sidonischen Sarepta, an der der Prophet Elia sein Ölwunder wirkte, und auf den Syrer Naeman, den der Prophet Elischa vom Aussatz heilte, steht in einem gewissen Gegensatz zu der schroffen Haltung, die Jesus etwas später in seinem Gespräch mit der Kanaaniterin aus der Gegend von Tyros und Sidon einnimmt, die ihn um Hilfe anfleht. Er lehnt es zunächst ab, ihr überhaupt zu antworten, ganz im Sinne jener Schriftgelehrten, die längere Gespräche mit Frauen vermieden. Seinen Jüngern, die ihn ersuchen, die Frau doch abzufertigen, antwortet er: »Ich bin nur zu den verlorenen Schafen aus dem Hause Israel gesandt.« Er beschränkt also seinen Sendungsauftrag in einem streng nationalen Sinne.

Nachdem sich die Frau nicht abweisen läßt, geht Jesus so weit, ihr in einem sehr krassen Gleichnis klarzumachen, daß die Speise, die er zu reichen hat, nicht für sie bestimmt ist: »Es ist nicht recht, das Brot der Kinder zu nehmen und es den jungen Hunden hinzuwerfen.«

Erst nachdem sich die um ihre erkrankte Tochter besorgte Mutter so tief demütigt, daß sie auf dieses Gleichnis eingeht: »Doch, Herr, denn auch die jungen Hunde fressen von den Brocken, die vom Tisch ihrer Herren fallen«, wird er von diesem Glauben überwältigt: »O Weib, groß ist dein Glaube; dir geschehe, wie du begehrst.« Dieses Wort schließt sich an das in Kphar-Nachum (Kapernaum) zu einem römischen Hauptmann gesagte: »Solchen Glauben habe ich in Israel nicht gefunden« motivisch an (Matth. 8, 10; Luk. 7, 9).

Es ist sicher kein Zufall, daß sich das allzu stolze Gleichnis von den Herren und den Hunden bei Markus (7, 27) und Matthäus (15, 26) findet, nicht aber bei dem Heidenchristen Lukas und nicht im hellenistischen Johannes-Evangelium.

Aber zurück nach Nazareth. Hier wird Jesus nunmehr durch die allzu große Nähe der Gemeinde unglaubwürdig. Er selbst zitiert für diese Situation zwei Sprichwörter: »Arzt, hilf dir selber«, womit er offenbar darauf anspielt, daß die Gemeinde nur allzu gut um die dürftigen Verhältnisse seiner Herkunft weiß, und schließlich das Wort: »Ein Nabi be' iro« (Kein Prophet gilt in seiner Vaterstadt).

Man hat aus diesen und ähnlichen Worten zuweilen geschlossen, daß sich Jesus für einen PROPHETEN gehalten hat. Es gibt auch im Neuen Testament einige wenige Stellen, die Jesus als Propheten bezeichnen, doch ist dies nicht im strengen Sinn der alten, vor allem der vor-exilischen Propheten zu verstehen. Das Sprichwort vom Propheten, der nichts in seiner Vaterstadt gilt, ist kein Beweis für ein prophetisches Sendungsbewußtsein Jesu.

Jesus legitimiert sich nicht durch Weissagungen, sondern zunächst durch seine Wunderheilungen. Er beginnt seine Tätigkeit eigentlich als Arzt, und darauf spielt er wohl in dem ersten zitierten Sprichwort in Nazareth an. Die Heilungen Jesu sind HEILUNG DURCH DEN GEIST (Stefan Zweig). Er treibt Dämonen, unsaubere Geister aus, die wir als »Schedim« in der hebräischen Literatur kennen. Es handelt sich dabei um einen Exorzismus, wie er noch heute nicht nur in christlichen Kreisen bekannt ist, sondern durchaus noch im chassidischen Judentum. Die Autorität eines chassidischen Rabbi oder Zaddik – und mit diesem Typus hat Jesus die größte Ähnlichkeit – erweist sich nicht zuletzt in seiner Kraft gegenüber den Dibbukim, den Inkubussen und Sukkubussen, die er kraft seiner (magischen) Autorität austreiben vermag. Ich erlebte noch vor wenigen Jahren in Jerusalem einen magischen Wettstreit zwischen dem chassidischen Rabbi von Belz und dem Rabbi von Satmar. Beide bemühten sich darum, eine Besessene von ihrem Dämon zu befreien. Der Rabbi von Satmar ging als Sieger aus diesem Wettstreit hervor.

Die rationalistische Auflösung solcher Heilungen scheint mir hinfällig. Das Neue Testament selbst gibt uns mehrfach den Hinweis auf die suggestive und auto-suggestive Kraft dieser »Wunder« durch die Formel: »Dein Glaube hat dir geholfen.« Von Jesus geht eine heilig-heilende Kraft aus. Der Ruf des Wundertäters dringt bald durch das galiläische Land, zieht die Leidenden an, so daß sich Jesus, der Arzt, kaum vor der Masse seiner Patienten mehr zu retten vermag. Ein Dach wird sogar abgedeckt, um einen Kranken von oben in das Zimmer herabzulassen, in welchem sich Jesus zufällig befindet, umlagert von der Schar der Heilung Suchenden.

Ein planer Rationalismus, der die »Wunder« einfach aus dem Evangelium heraus erklären will, verfehlt durchaus die Wirklichkeit Jesu und seiner Zeitgenossen. Das Heilige und das Heilende sind zu dieser Zeit noch nicht voneinander zu trennen. Man denke nur an die Vorschriften für Aussätzige, die sich vor dem Priester zeigen mußten, eine Anordnung, an der auch Jesus ausdrücklich festhält. Noch sind Arzt, Priester, Prophet, Schriftgelehrter nicht im Sinne eines ständischen Bewußtseins voneinander zu trennen. Noch heute erleben wir es in Israel täglich, vor allem in orientalischen Kreisen der Juden und Araber, daß man nicht zum Arzt, sondern zum Wundertäter geht oder zumindest AUCH zum Wundertäter. Die psychischen Erkrankungen, die offenbar im Mittelpunkt der Heiltätigkeit Jesu stehen, sind ihrem Wesen nach dazu angetan, vom Charismatiker bewältigt zu werden. Die Erkrankung des Geistes, die Geisteskrankheit, wird wiederum durch den Geist geheilt. Das ist eine Erkenntnis, der wir heute durch Psychoanalyse und Tiefenpsychologie, durch all das, was wir heute Psychotherapie nennen, wieder nahegekommen sind.

Voraussetzung für diese Heilungen ist das Vertrauensverhältnis zwischen dem Arzt und seinem Patienten. Deshalb ist es verständlich, daß Jesus in Nazareth, wo man ihn und seine Familie zu gut kannte, wo also der Nimbus fehlte, keine »Wunder« tun konnte, während er in den Orten, wo er als der Unbekannte auftrat, dem aber schon hier und dort ein Ruf vorangegangen war, zu wirken vermochte.

Nichts verbindet die Menschen so sehr wie Leid und Sorge. Deshalb erreicht Jesus als Arzt sofort ALLE Kreise der Bevölkerung: die frommen Juden und die weniger observanten, die in königlichen Diensten des Herodes stehen oder die als Zollbeamte für die römischen Behörden tätig sind und deshalb als Kollaborateure bei ihren Volksgenossen sich keiner großen Beliebtheit erfreuen. Von der Kanaaniterin bis zum Hauptmann einer römischen Kohorte sucht jeder Heilung für sich oder seine Kinder, seine Schwiegermutter, wie Petrus, oder sonstige Angehörige und Bedienstete. Die Kraft Jesu geht, gemäß den Berichten des Evangeliums, so weit, daß es sogar zu Totenerweckungen kommt, wie sie von Elia und Elischa bezeugt sind, wobei die Tradition des Neuen Testaments Wert darauf legt, implicite zu betonen, daß Jesus bei diesen Erweckungen nicht betet, sondern aus seiner Vollmacht heraus Toten, wie der Tochter des Jairus, dem Jüngling zu Nain oder dem Lazarus, BEFIEHLT, sich zu erheben.

Alle diese Erzählungen sollten so genommen werden, wie sie dastehen, als Zeugnisse eines unauslöschlichen Eindruckes, den Jesus auf seine Umwelt machte. Dem unbefangenen Leser der Evangelien muß es klar sein, daß die Heilungen durch den Geist, mit denen die öffentliche Laufbahn Jesu beginnt und die sich durch seine ganze Wirksamkeit hindurchziehen, für ihn selbst zwar von sekundärer Bedeutung sind, ihn nach außen hin aber legitimieren.

In diesem Antagonismus ist die tiefste Tragik Jesu angelegt, der weder von seinen Jüngern noch von seiner Gemeinde verstanden wurde; vielleicht sogar noch eher von seinen Gegnern, die nicht so sehr den Arzt angreifen als den LEHRER, der das Gesetz in einer Weise interpretiert, die ihnen oft nicht mehr tragbar erscheint. In diesem Zusammenhang greifen sie Jesu Wunderheilungen nur dann an, wenn sie am Sabbath geschehen. Jesu Wort: »Des Menschen Sohn ist auch ein Herr über den Sabbath« (Mark. 2, 28; Luk. 6, 5) und seine Mahnung zu einer vernünftigen Dosierung der Sabbath-Ruhe: »Der Sabbath ist euch gegeben, nicht ihr seid dem Sabbath gegeben« (Mark. 2, 27) stehen nicht ohne Parallele im rabbinischen Schrifttum da. So ist uns ein Ausspruch des Rabbi Jonathan, eines Zeitgenossen Jesu, im Talmud (Joma 85 b) überliefert: »Der Sabbath ist in euren Händen, denn es heißt: ›Der Sabbath ist für euch‹« (Ex. 16, 29; Ez. 20, 12). Man würde diese Sätze mißinterpretieren, wenn man in ihnen primär die messianische Vollmacht Jesu sehen wollte. Des Menschen Sohn, von dem hier die Rede ist, ist der Mensch schlechthin, dem der Sabbath zu Lust und Freude gegeben ist und nicht als eine Zwangsjacke des Gesetzes.

Jesus bedient sich der Kräfte, die im Akte der Wiedergeburt in ihm erwacht sind, um Kranke, vorwiegend Besessene, zu heilen, aber für ihn ist das nur ein Ausgangspunkt seiner Wirksamkeit. Nun, legitimiert, geht er daran, seine Jünger auszuwählen, wobei es kein Zufall ist, daß er sich an seine eigenen Landsleute in Galiläa hält, ungelehrte Fischer, Leute, die nicht am Pilpul, am scharfsinnigen Streitgespräch der Schriftgelehrten, interessiert sind.

Der Gegensatz zwischen Schriftgelehrten, »Chawerim« oder »Talmidei Chachamim« genannt, und dem einfachen Volk, dem »Am Haarez«, war geradezu tragisch. Es ist uns ein Ausspruch des Rabbi Akiba überliefert, der bis zu seinem vierzigsten Lebensjahr ein ungelehrter Hirte war. Er bekennt, er habe die Schriftgelehrten so gehaßt, daß er sich geschworen habe, einen von ihnen zu zerreißen, wenn er ihm begegnete. Die Schriftgelehrten selbst gingen so weit, das biblische Verbot der Unzucht mit Tieren auf diejenigen ihrer Genossen auszudehnen, die sich mit der Tochter eines Am Haarez vermählten.

Man muß sich diesen schroffen Gegensatz vergegenwärtigen, um die revolutionäre Tat des Jesus von Nazareth zu erfassen, der nun daran geht, die Schar seiner Schüler, offenbar bewußt, aus der Bevölkerungsgruppe des Am Haarez auszuwählen.

Der Begriff »Am Haarez« hat eine lange Wandlung durchgemacht. Ursprünglich handelte es sich hierbei um die autochthone Bevölkerung, die Kanaaniter; in diesem Sinne wird der Ausdruck in der Abrahams-Geschichte in der Genesis gebraucht, in der Szene des Landkaufs zu Hebron, wo der Patriarch die Grabstätte in der Höhle Machpela erwirbt. Später begegnen wir dem Ausdruck »Am Haarez« als Bezeichnung für den Landadel. Zur Zeit Jesu meint jedoch dieser Begriff, der wörtlich übersetzt »Landvolk« bedeutet, die Masse der Ungelehrten.

Die Pharisäer, die Peruschim, sind offenbar diejenigen gewesen, die sich (und das meint das Wort Peruschim) von dieser Masse abgesondert haben. Dadurch ging ein Riß durch das Bundesvolk, da die Pharisäer gleichsam die Kaste der Erwählten innerhalb des erwählten Volkes bildeten.

Jesus durchbricht diese Mauer, die durch die Gesetzesfrömmigkeit der Schriftgelehrten aufgerichtet worden war. Wir haben Erscheinungen dieser Art immer wieder in der Geschichte des Judentums zu verzeichnen. Ganz ähnlich stellt die chassidische Bewegung im 18. Jahrhundert einen Aufstand der Volksfrömmigkeit gegen das Schriftgelehrtentum dar.

Wir dürfen uns Jesus selbst aber nicht als Am Haarez vorstellen, vielmehr zeigt er sich in den Streitgesprächen mit den Schriftgelehrten als ein ihnen ebenbürtiger Diskussionspartner. Tatsächlich gibt es auch zahlreiche Stellen im Neuen Testament, die zeigen, daß die Jünger Jesu, die der Gruppe des Am Haarez angehörten, ihren Rabbi nicht verstanden.

Es sind vorwiegend Fischer vom Kinnereth-See, die Jesus zu Menschenfischern machen will, ein Bild, das nicht nur aus der ständischen Wirklichkeit gegriffen ist, sondern zugleich eine Anspielung auf das Wort des Propheten Jeremia darstellt (16, 16): »Siehe, ich will diese Fischer aussenden, spricht der Herr, die sollen sie fischen, und danach will ich diese Jäger aussenden, die sollen sie fangen auf allen Bergen und an allen Hügeln und in allen Steinritzen.« Was freilich bei Jeremia ein Drohwort darstellt, erfährt durch die Berufung durch Jesus eine Wandlung ins Positive. Jedoch klingt wohl in der Berufung zum Menschenfischer zugleich etwas vom Bewußtsein des Martyriums an, das mit dem Apostolat verbunden ist. Jesus, der zu seiner Nachfolge aufruft, weiß bereits, daß er seine Jünger auf einen gefährlichen Pfad führt; allerdings ist er sich in dieser ersten Phase seiner Wirksamkeit des tragischen Endes noch nicht bewußt und rechnet damit, daß das Reich Gottes unmittelbar vor seinem Anbruch steht.

Die Jünger selbst, diese schlichten galiläischen Fischer, bleiben in der Erzählung der Evangelien relativ blaß. Wir wissen sehr wenig über ihre Individualität, da sie primär als Gruppe gesehen werden, die nur den Hintergrund für die Gestalt des Meisters bildet.

Die Person des Simon Petrus allerdings ragt etwas aus der Gruppe heraus, wobei wir die Ambivalenz des Gefühls bei ihm deutlich erkennen können; so ist auch Jesu dreifache Frage, ob Petrus ihn liebe, zu verstehen, denn Jesus, von dem es heißt, daß er wußte, was im Menschen war (Joh. 2, 25), ahnt die Unzuverlässigkeit dieses unausgeglichenen Charakters. So ist es kein Zufall, daß Petrus seinen Herrn in der Stunde der Gefahr verraten wird.

In zarteren Farben, gleichsam Pastelltönen, ist die Gestalt des Jochanan gezeichnet, des Lieblingsschülers. Wenn ein phantasievoller Forscher wie Hans Blüher allerdings so weit ging, eine homoerotische Beziehung zwischen Jesus und Johannes anzunehmen, so kann man ihm darin nicht folgen, denn hier werden griechische Meister-Jünger-Beziehungen (Sokrates) angedeutet, die in der jüdischen Lebensluft Jesu nicht zu denken sind. Wäre nur der Schimmer eines solchen Verdachtes jemals aufgekommen, so hätten die Gegner Jesu dieses Motiv ins Treffen geführt, denn die Knabenliebe galt nach der Thora als todeswürdiges Verbrechen (Lev. 18, 22 u. 20, 13).

Die Jünger Jesu, so sagten wir, waren vorwiegend Fischer, und so spielte das Symbol des Fisches in der Urgemeinde eine entscheidende Rolle. Der Fisch ist als christliches Symbol älter als das Kreuz.

Ich vermute, daß in der Deutung dieses Symbols ein späteres heidenchristliches Mißverständnis vorliegt. Der Kirchenvater

Eusebius deutete das griechische Wort für Fisch, Ichthys, im Sinne eines Akrostichons;

I = Jesous
Ch = Christos
Th = Theou (Gottes)
Y = Yios (Sohn)
S = Soter (Heiland).

Der Kirchenvater Tertullian bezeichnete (De Bapt. 1) Jesus als großen Fisch. Die Sprecher der frühen heidenchristlichen Kirche dachten griechisch, während in der jüdischen Urgemeinde das Fisch-Symbol sich wohl stärker auf den Jakobssegen über Ephraim und Manasse bezog (Gen. 48, 16), wo der merkwürdige Ausdruck vorkommt: »Wajidgu larov bekerev haarez.« Luther übersetzt hier: »... daß sie wachsen und viele werden auf Erden.« Das merkwürdige Wort »wajidgu« kommt aber von »dag« = Fisch. Buber-Rosenzweig haben daher in ihrer Verdeutschung der Schrift tatsächlich an dieser Stelle: »Fischgleich mögen sie wachsen zur Menge im Inneren des Landes« übersetzt. Hier scheint mir die Assoziation des Fisch-Symbols zu liegen. Der Fisch ist das Zeichen der Fruchtbarkeit, und die Gemeinde Jesu soll sich fischgleich auf Erden ausbreiten.

Das Fisch-Symbol wurde auch mit dem Zeichen des Jona in Verbindung gebracht. Nach Matth. 12, 40ff. soll Jesus seine Grabesruhe bis zum dritten Tag mit dem Verweilen des Propheten Jona im Bauche des Fisches verglichen haben (Jona 2, 1). Es handelt sich hier aber um eine spätere Gemeindetradition, und wir können eher annehmen, daß »das Zeichen des Jona« aufgrund des Fischsymbols in die frühchristliche Eschatologie eindrang. Weil der Fisch das Zeichen, und wohl ursprünglich das Geheimzeichen, der jesuanischen Gemeinde war, brachte man es mit dem sagenhaften Riesenfisch des Jona in Verbindung. Das Symbol kommt aber einerseits aus der Wirklichkeit der Fischer vom Kinnereth, andererseits aus der Segensverheißung Jakobs über Ephraim und Manasse.

Jesus, so sagten wir, wählte seine ersten Jünger aus dem Kreise der Fischer und erwies sich vor ihnen als der Herr, indem er ihnen zu dem wunderbaren Fischzug verhalf. Das Lukas-Evangelium bringt diese Geschichte besonders ausführlich und verweist darauf, daß auf dem Jam Kinnereth der Fischfang meist nachts vor sich geht, was auch heute noch der Fall ist. Auf Jesu Wort jedoch werden die Netze bei Tage ausgeworfen, und dies mit ungewöhnlichem Erfolg. Auch hier ist die Frage nach dem geschichtlichen Sachverhalt unwesentlich. Der Kirchenvater Chrysostomos hatte Sinn und Absicht dieser Erzählungen erkannt, indem er darauf hinwies, daß das Evangelium zeige, wie Jesus sich durch diejenige Art und Form der Ausdrucksweise den Menschen offenbart, die ihnen zugänglich ist. Den Sterndeutern aus dem Morgenlande spricht er durch den Stern von Bethlehem, den Fischern vom Kinnereth durch den Fischfang. Was Chrysostomos, der ein geschworener Feind des Judentums war, nicht bemerkte, ist, daß hier die Tradition der Evangelien das talmudische Prinzip anwendet, demgemäß die Thora »Kileschon Benei Adam« – gemäß der Sprache des Menschen – spricht. Das will sagen, daß das Göttliche sich der schlichten und einfachen Symbole der irdischen Materie bedient, um mitteilbar zu werden.

Unter den berufenen Jüngern aus dem Kreise der Fischer fällt es auf, daß Brüderpaare gewählt werden (Matth. 4, 18): Simon (Petrus) und Andreas, Jakobus und Johannes, die Söhne des Zebedäus. Es darf dabei nicht wundernehmen, daß sich neben rein hebräischen Namen wie Schimon, Jaakov, Jochanan, auch nichtjüdische Namen wie Andreas finden. Gerade in Galiläa war der Einfluß der griechisch-römischen Umwelt stark genug, um solche Fremdnamen einzubürgern. Nicht von ungefähr nannte man diese Gegend »Galil HaGojim« – das Galiläa der Heiden.

Während Matthäus nur die hier genannten Jünger aufführt, haben wir bei Lukas schon die Zwölfzahl der Jünger im Berufungskapitel (6, 12ff.). Sie werden immer paarweise genannt, sogar der dunkle Jünger Judas Ischarioth, der zusammen mit dem Judas, Sohn des Jakobus, genannt wird, offenbar in der Absicht, die beiden Judasse, den positiven und den negativen, gemeinsam zu erwähnen.

Die Zwölfzahl der Jünger ergibt sich aus den zwölf Stämmen, und es wird ihnen auch für die Endzeit verheißen, die Stämme Israels zu richten. Die Jüngergemeinde soll sozusagen im kleinen noch einmal das ganze Gottesvolk darstellen. Bewußt ist auch ein Zöllner, Levi, aufgenommen.

Mit der Gestalt des »Verräters« Judas werden wir uns später noch beschäftigen. Hier sei nur zu seinem Namen bemerkt, daß er vermutlich Isch Krajoth gelesen werden kann, ein Mann aus den Städten (der Umgebung), an der Küste des Sees der Berufung. Der Name könnte aber auch mit den Sikkariern zusammenhängen, den dolchtragenden Zeloten, zu denen dieser Aktivist wohl gehört haben mag.

Nachdem die ersten Jünger gewählt sind, sozusagen die Zeugen des engeren Kreises, beginnt die planmäßige Ausbreitung der Predigt Jesu. Die Tradition des Matthäus-Evangeliums führt unmittelbar nach der Jünger-Berufung zum Höhepunkt der Bergpredigt hin, jedoch geht dieser vermutlich die See-Predigt voraus (Luk. 5, 3), die Szene, in der Jesus vom Fischerboot aus zu der am Ufer versammelten Menge spricht. Der Inhalt dieser Seepredigt ist uns nicht bekannt, aber die Absicht des Erzählers liegt hier vermutlich auf einer anderen Ebene. Magische Begriffe waren im Volke durchaus noch lebendig, und zu diesen gehörte die Vorstellung, daß ein Magier oder aber auch ein Gott entweder auf dem Meere oder auf dem Lande, entweder auf den Bergen oder in der Ebene wirksam sein könne. So wie das Buch Jona, das Jesus als Zeichen anführt, Gott als den Herrn über Meer und Land bekennt, so will die evangelische Erzählung Jesus als auf dem Meere (der See Genezareth heißt hebräisch Jam Kinnereth, das Kinnereth-Meer, die Evangelien gebrauchen den Ausdruck »galiläisches Meer«) und auf den Bergen und in der Ebene wirksam darstellen. Er gebietet im Seesturm dem Meere, er wird auf einem Berge verklärt, und er lehrt in den Städten der Küstenebene. Das ist ein Motiv, das nicht übersehen werden darf. Daß die Seepredigt der Bergpredigt vorangeht, ohne daß der Inhalt der Seepredigt mitgeteilt wird, soll weiterhin die sinnbildliche Darstellung des Psalmwortes sein: »Die Stimme des Herrn über den Wassern« (Ps. 29, 3).

Die Bergpredigt hingegen bietet in komprimierter Form nicht nur das Lehrgut, sondern auch die Methode Jesu.

Die Bergpredigt

Die Bergpredigt, wie sie uns im Matthäus-Evangelium (Kap. 5–7) und in den korrespondierenden Texten bei Lukas überliefert ist, wurde oft als die Kampfansage des Christentums gegen das Judentum angesehen, das große »Ich aber sage euch«. Diese Betrachtungsweise verfehlt Tenor und Absicht der Bergrede. Wir haben es hier mit einem Stück jüdischen Lehrgutes zu tun, das sich organisch in die Tradition des rabbinischen Judentums einfügt, wenngleich bestimmte individuelle Züge des Predigers, nämlich Jesu, sichtbar werden. Er lehrt hier ganz in der

Weise der Tanaiten, vertritt seine Lehrmeinung, die aber jüdische Lehrmeinung von Anfang bis Ende bleibt. Hier wird sozusagen die Schule Jesu, Beth-Midrasch Jeschu, begründet.

Es ist nicht genau auszumachen, wo diese Predigt gehalten wurde. Die geographischen Angaben der Evangelien sind ungenau, da es den Evangelisten nicht darauf ankam, bestimmte Orte zu bezeichnen. Wesentlich scheint mir aber, daß diese entscheidende Predigt auf einem Berge gehalten wurde. Dieser Berg, irgendwo an den Gestaden des Kinnereth-Sees, steht gleichsam im Schatten des Berges Sinai. Offenbarung geschieht von den Bergen her. Wie der Psalmist betend bekennt: »Ich hebe meine Augen zu den Bergen, von denen mir Hilfe kommt« (Ps. 121, 1).

Auch der Sinai ist bekanntlich schwer zu lokalisieren. Auch dieser heilsgeschichtliche Gipfel bleibt ungewiß, da wir durch verschiedene Traditionen verschiedene Namen für ihn haben: Sinai, Horeb und einfach: Berg Gottes.

Berge als SITZ DER GOTTHEIT sind eine uralte Vorstellung, und so ist es kein Zufall, daß die Einleitungssätze zur Bergpredigt beginnen: »Da er aber das Volk sah, ging er auf einen Berg und SETZTE sich; und seine Jünger traten zu ihm. Und er tat seinen Mund auf, lehrte sie und sprach: ...«

Damit soll nicht gesagt sein, daß hier Jesus als »wahrer Gott« im Sinne des späteren Dogmas gesehen wurde. Davon kann im ganzen Neuen Testament nicht die Rede sein, und diese Vorstellung ist dem jüdischen Hörerkreise völlig konträr. Aber der Lehrende bringt hier gleichsam Gottes Spruch, wenn auch nicht in der Form prophetischer Rede, was keine einseitige Entscheidung für seine Meinung in kontroversen Fragen darstellt. Nach rabbinischer Tradition können auch widersprechende Lehren und Meinungen als Gottes Wort aufgefaßt werden: »Diese und auch jene sind Worte des lebendigen Gottes.« Der Sprecher und der Spruch können in eins gesehen werden, und so muß man wohl Johannes 1, 14: »Das Wort ist Fleisch geworden« interpretieren. Der Lehrende selbst, der die Botschaft bringt, wird mit ihr identisch. Vom Griechischen her ist das in der berühmten Johannes-Stelle gar nicht zu verstehen. Hier heißt es, daß der »Logos« (das Wort) »sarx« (Fleisch) geworden ist. Wenn wir dies aber sinngemäß ins Hebräische rückübersetzen, ergibt sich ein Wortspiel: »Bessora le Bassar«, die Botschaft, das Evangelium, wird Fleisch; und genau das vollzieht sich in der Stunde der Bergpredigt.

Natürlich ist es schwer, die Bergpredigt in ihrer ursprünglichen Form zu rekonstruieren, aber das ist vielleicht auch gar nicht nötig. Sicher ist in der Großfassung bei Matthäus viel kerygmatisches Gut mit aufgenommen, und doch scheint es mir, daß wir gerade hier die Stimme des Sprechers hören können. Martin Bubers Wort, daß Exegese die Kunst des Hörens ist, ist in diesem Zusammenhang gefallen. Wenn irgendwo, wird hier die Stimme Jesu hörbar als eine dem Juden brüderliche, jüdische Stimme, deren Tonfall wir sogar zu vernehmen vermögen, worauf, soweit mir bekannt, als erster Alfred Kerr in seinem Essay ›Jeruschalajim‹ (1903, Abschn. XXXIX) hingewiesen hat. Er wendet sich, mit Recht, gegen Oscar Wilde, der seinen Christus griechisch sprechen läßt. Kerr bemerkt intuitiv, daß Jesus »blitzhaft unterscheidlich gesprochen« habe.

Gewaltig setzt die Bergpredigt mit den Seligpreisungen ein. Schon der erste Satz aber wurde oft und oft mißverstanden. »Selig sind, die da geistlich arm sind, denn ihrer ist das Himmelreich«, wörtlicher übersetzt vielleicht: »Selig sind die Armen im Geiste, denn ihrer ist das Königtum der Himmel.«

Wer sind die Armen im Geiste oder die geistlich Armen? Sind es intellektuell zurückgebliebene Menschen, liegt hier ein Lobpreis der Einfalt, der Naivität oder gar der Dummheit vor? Handelt es sich hier um einen Trost für die Ungelehrten gegenüber den hochmütigen Schriftgelehrten? Das könnte man schon eher annehmen. Aber ein Blick auf die Rollen vom Toten Meer gibt uns eine andere und bessere Auskunft. Hier, in der Sekte von Qumran, haben wir den Begriff »Anije Haruach« kennengelernt, der um des Geistes willen arm Gebliebenen. Es sind dies Menschen, die das franziskanische Ideal der Armut Jahrhunderte vor Franziskus von Assisi bereits gelebt haben, die auf Besitz verzichteten, um sich ganz dem Geiste weihen zu können. Aus den Gleichnissen Jesu geht hervor, daß er, der wohl durch Johannes und seinen eigenen Wüstenaufenthalt mit Qumran in Berührung kam, die Geringschätzung irdischer Güter mit den Qumranern teilte. »Was hülfe es dem Menschen, wenn er die ganze Welt gewönne und nähme doch Schaden an seiner Seele« (Matth. 16, 26). »Eher geht ein Seil durch ein Nadelöhr als ein Reicher in das Himmelreich« (Matth. 19, 24). »Sammelt keine Schätze, die Rost und Motte fressen, sondern einen Schatz im Himmel« (Matth. 6, 19–20). Es ließen sich noch viele Worte Jesu, oder ihm zugeschriebene, in diesem Sinne anführen. Die geistlich Armen, mit deren Seligpreisung die Bergpredigt einsetzt, sind also diejenigen, die absichtlich arm geblieben sind, um sich für den Geist, den Geist Gottes, zu bereiten, in der Erkenntnis, daß alle Sünden eher vergeben werden als die gegen diesen Geist (Matth. 12, 31).

Die zweite Seligpreisung bezieht sich auf die Leidenden: »Selig sind, die da Leid tragen; denn sie sollen getröstet werden.« Hier greift Jesus ein Motiv auf, das sich bei Jesaja (57, 18; 60, 20; 61, 1 und 2) und in den Psalmen (94, 19; 126, 5) findet und seinen Hörern geläufig sein mochte. Allerdings gibt es im Talmud auch eine Ablehnung dieser Auffassung: »Nicht die Leiden und nicht ihr Lohn.« Jesus hingegen sieht das Leid der Gegenwart im Lichte des künftigen Trostes im Sinne der prophetischen Verkündigung.

»Selig sind die Sanftmütigen, denn sie werden das Erdreich besitzen (oder: erben).« In diesem Worte der Bergpredigt wird ein Grundmotiv des 37. Psalmes aufgegriffen: »Aber die Elenden werden das Land erben und ihre Freude haben an großem Frieden« (Psalm 37, 11).

Das Motiv klingt im 37. Psalm fernerhin in den Versen 9, 22, 29 und 34 an, so daß wir in der Bergpredigt auf eine bewußte Anspielung auf dieses den Hörern geläufige Vorstellungsgut schließen dürfen. Hier liegt eine Mahnung Jesu gegenüber den aktivistischen Zeloten vom Schlage eines Jüngers Judas Ischarioth vor, die sich mit Gewalt der römischen Fremdherrschaft widersetzen wollten. Er predigt den passiven Widerstand. Die Sanftmütigen, die in unverbrüchlichem Vertrauen auf Gottes Verheißung die Landnahme als das ihnen zugebilligte Heilsgut gläubig erwarten, werden Sieger sein.

Derselbe Gedanke wird von Rav im Talmud (Sukka 29b) vorgetragen: »Wegen viererlei erleidet das Vermögen der Bürger Einbuße: wegen derjenigen, die den Lohn des Arbeiters zurückhalten, wegen derjenigen, die den Arbeiter um seinen Lohn berauben; wegen derjenigen, die das Joch von ihrem Halse werfen und ihrem Nächsten aufbürden; und wegen der Hochmütigkeit. Die Hochmütigkeit wiegt sie alle auf; von den Bescheidenen aber heißt es: Die Bescheidenen (Sanftmütigen) werden das Land erben.«

»Selig sind, die da hungert und dürstet nach der Gerechtigkeit; denn sie sollen satt werden.« Klingt hier nicht die Prophezeiung des Amos durch (Amos 8, 11), nach der Hunger und Durst in das Land geschickt werden sollen, nicht Hunger nach Brot und nicht Durst nach Wasser, sondern nach dem Worte Gottes, das der Garant der Gerechtigkeit ist?

»Selig sind die Barmherzigen, denn sie werden Barmherzigkeit erlangen.« (Oder: »Erbarmen finden«.) Hier wird das Talion-Recht der Thora: »Auge um Auge, Zahn um Zahn« ins Positive gewandelt: Barmherzigkeit um Barmherzigkeit. Der Gedanke, daß die Barmherzigkeit Erbarmen finde, findet sich im Talmud Sabbath 151b: »Rabbi Gamliel Berabbi sagte: Wer sich seiner Mitmenschen erbarmt, dessen erbarmt man sich im Himmel, und wer sich seiner Mitmenschen nicht erbarmt, dessen erbarmt man sich nicht im Himmel.«

»Selig sind, die reinen Herzens sind; denn sie werden Gott schauen.« Dieser Gedanke findet sich mehrfach in den Psalmen und wird in dem Kommentar Schocher tow zu Psalm 11, 7 näher ausgeführt: »Denn der Herr ist gerecht und hat Gerechtigkeit lieb; die Frommen werden schauen sein Angesicht.« Die jüdische Tradition betont hier ausdrücklich, daß nur das lautere Herz das lautere Licht Gottes zu erblicken vermag.

»Selig sind die Friedensstifter, denn sie werden Kinder Gottes heißen.« Auch hier wieder prophetisches Gedankengut (Jesaja 52, 7–10; 57, 19). Die traditionelle Literatur führt in Wajikra rabba 9 diesen Gedanken aus, wie überhaupt die »Rodphej Schalom« – die dem Frieden nachjagen – ein Ideal im rabbinischen Menschenbilde darstellen. Der Friede gilt als das Siegel Gottes. Der friedfertige Hillel, der viele Züge mit Jesus gemein hat, lehrt (Aboth I, 12): »Gehört zu den Schülern Aarons, die den Frieden lieben und nach Frieden streben.«

»Selig sind, die um Gerechtigkeit willen verfolgt werden; denn ihrer ist das Himmelreich.« Wieder prophetisches Gut (Jesaja 50, 4–9; 51, 7–11). In der rabbinischen Literatur finden wir den Gedanken u.a. in der Mechilta 68b und Schabath 88b. Die Rabbanan lehrten: »Über diejenigen, die gedemütigt werden, ohne zu demütigen, die ihre Schmähungen anhören, ohne zu erwidern, die aus Liebe dienen und die Züchtigungen froh hinnehmen, spricht die Schrift: ›Die ihn lieben, sind wie der Aufgang der Sonne in ihrer Pracht‹« (Ri. 5, 31). Wer würde hier nicht an Jesu Worte erinnert, daß man die linke Wange hinhalten solle, wenn man auf die rechte geschlagen wird, daß man dem Bösen nicht widerstreben solle (Luk. 6, 29; Matth. 5, 39)? Diejenigen, die so handeln, sind die wahren Kinder Gottes im Sinne der Bergpredigt und im Sinne des Judentums.

Die Seligpreisungen schließen nun mit: »Selig seid ihr, wenn euch die Menschen um meinetwillen schmähen und verfolgen und allerlei Übles wider euch reden, wenn sie damit lügen. Seid froh und getrost; es wird euch im (durch den) Himmel wohl belohnt werden. Denn also haben sie die Propheten verfolgt, die vor euch gewesen sind.«

Neu an diesem Abschluß der Seligpreisungen ist nicht der Gedanke, daß die Geschmähten die Krone des Martyriums erlangen, denn das wußten die Hörer wohl, die dem Unverständnis einer fremden römischen Obrigkeit ausgesetzt waren. Zahlreiche Beispiele bietet die jüdische Traditionsliteratur in diesem Zusammenhang, immer wieder das Motiv aufgreifend, daß Israel um seines Gehorsams willen »wie Schafe zur Schlachtbank geführt« wird.

Aber auch die Wendung nach innen durchbricht noch nicht den Rahmen der Tradition; das siedende Blut des Sacharja, das am Altar vergossen wurde, kehrt immer wieder als Motivierung der Zerstörung des Tempels. Die Verfolgung der Propheten haben die Lehrer des Judentums als Schuld Israels bekannt. Wirklich neu wäre hier nur die Verfolgung um Jesu willen. Hierbei handelt es sich aber wohl um späteres kerygmatisches Gut. Die Treue der Jünger zu ihrem Meister aber ist im zeitgenössischen Judentum oft hoch gepriesen worden. Vor allem ist hier an die Tradition um den Ketzer Elischa Ben-Abuja zu erinnern, dem sein Schüler Rabbi Meir die Treue hielt, auch nachdem sein Meister in den Bann getan war. Obwohl die Rabbinen Elischa Ben-Abuja verketzerten, priesen sie die Treue seines Schülers Rabbi Meir.

Die Seligpreisungen sind gleichsam das Präludium zur Bergpredigt; als ihr Kernstück ist die radikale ethische Forderung Jesu anzusehen. In seinem heute bereits klassisch gewordenen Buch über Jesus (1926) bemerkt Rudolf Bultmann: »Von jeher haben die Forderungen der Bergpredigt als besonders charakteristisch für Jesu Predigten gegolten. Hier wird ja gleich zu Beginn in großen Antithesen das Neue dem Alten entgegengestellt in einer eigentümlichen Interpretation des Alten Testaments, die dessen Sinn offenbar gegen die schriftgelehrte Auslegung sichern soll ..., dabei freilich die formale Autorität der Schrift gründlich erschüttert.«

Dieser Auffassung Bultmanns kann ich nicht zustimmen. Er selbst betont wenige Sätze vorher, daß es tatsächlich gar keine neuen ethischen Forderungen Jesu gibt, daß seine konkreten Weisungen ihre reichen Parallelen in der jüdischen Tradition haben.

Die Autorität der Schrift wird durch die Bergpredigt nicht

erschüttert. Ganz im Gegenteil: »Ihr sollt nicht wähnen, daß ich gekommen bin, das Gesetz oder die Propheten aufzulösen; ich bin nicht gekommen, aufzulösen, sondern zu erfüllen. Denn ich sage euch wahrlich: Bis daß Himmel und Erde vergehen, wird kein Jota und kein Häkchen vom Gesetz vergehen ...« (Matth. 5, 17–18).

Wie kann man angesichts dieser Worte von einer Erschütterung der Autorität der Thora bei Jesus sprechen?

Was ist hier unter »Jota« und »Häkchen« gemeint? Offenbar der hebräische Buchstabe Jod, der bei Kurzschreibung der Wörter weggelassen werden kann, und unter den Häkchen oder »Tüpfelchen« haben wir sowohl die spätere Punktation der Masora zu verstehen, die dem Konsonantentext linear die Vokale zufügt, als auch die Kantilenen (Ta'amej Hamikra oder Neginoth) der traditionellen Thora-Vorlesung. Die Wichtigkeit dieser Häkchen betont auch Rabbi Akiba, der noch die Krönchen auf bestimmten Buchstaben hinzuzählte. Die Punktation kann ja für den Sinn eines Wortes entscheidend sein. Nehmen wir z. B. das Wort »CHLV«, das als CHALAV = Milch oder CHELEV = Fett (tierisches) gelesen werden kann. Die Tonzeichen, die an die Stelle unserer Interpunktion treten, unserer Satzzeichen, können einen unterschiedlichen Sinn vermitteln. Denken wir an die berühmte, hier bereits erwähnte Stelle vom »Prediger in der Wüste« (Jes. 40, 3). Hier können wir mit der Septuaginta lesen »Stimme eines Predigers in der Wüste« oder, gemäß den Tonzeichen:

»Stimme eines Predigers:
In der Wüste bahnt einen Weg.«

Jesus also hält am masoretischen Text fest. (Ich bin mir hier eines gewissen Anachronismus bewußt, denn die Masora in der heute vorliegenden Form stammt aus etwas späterer Zeit, aber es gab natürlich zur Zeit Jesu bereits einen Text der Thora und der Propheten, der ihm als verbindlich vorlag.) Er hält auch an dem rabbinischen Grundsatz fest, daß es in der Thora keine großen und kleinen Gesetze gibt, sondern daß auch das scheinbar kleinste Gesetz unauflösbar ist.

Erst eine der jüdischen Wurzel entfremdete christliche Theologie hat einen Antagonismus in die Bergpredigt hineininterpretiert: »Jesus stellt der Forderung des Rechtes die Forderung Gottes gegenüber.« (Bultmann) Nein: Er stellt der kasuistischen Verflachung des Gesetzes durch gewisse Schulen der Pharisäer die Urabsicht des Gesetzes gegenüber. Die Radikalität Jesu, die hier immer »lechumra«, zur Erschwerung hin, interpretiert, trennt ihn auch wieder von Hillel, mit dem ihn in bezug auf die Friedensliebe so viel verbindet. Darüber hinaus ist bei Jesus eine gewisse Introversion des Gesetzes festzustellen. Nicht allein die vollzogene Handlung, sondern die Intention, Kawana, entscheidet. Das wiederum ist aber durchaus kein Sondergut Jesu.

Wenn man gerade, wie Bultmann das betont, den Blick auf das richtet, was Jesus GEWOLLT hat (nicht auf das, was er war), muß uns diese Radikalität als totale Erfüllung des Gesetzes, das als GOTTES Wille und Forderung erkannt wird, klarwerden.

Die scharfe Predigt Jesu ist zunächst an den Jüngerkreis gerichtet. Räumlich haben wir uns das wohl so vorzustellen, daß die Jünger im engsten Kreise um den lehrenden Meister saßen, in etwas weiterem Kreise dann die mehr zufällig zusammengewürfelte bunte Volksmenge. Die Zwölfzahl der Jünger zeigt, wie wir schon betonten, daß hier ein ideales Israel (Zwölf-Stämme-Verband) modellartig rekonstruiert wurde. Deshalb gilt für diese Erwählten des erwählten Volkes NEU die Verkündigung: »Ihr seid das Licht der Welt.« Sie, die Jünger, sind nun »Or Gojim« (Jes. 49, 6), »das Licht der Völker bis an die Enden der Erde«. Was Deuterojesaja ganz Israel verheißt, verheißt Jesus in der Bergpredigt seinem Jüngerkreise. Dieses Wort kam wahrlich geschichtlich zum Tragen, wenn dieses Licht auch oft und oft in der Kirchengeschichte verdunkelt wurde.

Nach der Berufung der Jünger folgt die Verheißung an sie. Nach der radikalen Hinwendung zum Gesetz, zur Mizwa, folgt die Anwendung dieses Prinzips auf das Konkrete: Mord (nicht »Töten«) und Ehebruch werden in der verschärften Weise dahin interpretiert, daß schon die Intention, Mordgelüste, ja Haß gegen den Nächsten, und ebenso sexuelle Begehrlichkeit gegenüber der Ehefrau des Nächsten vor Gott wie die vollzogene Untat wiegen. Auch der Schwur wird als sakrale Aussage, als Gotteslästerung abgelehnt, und an seine Stelle wird die schlichte Rede gestellt: »Eure Rede aber sei: Ja, ja; nein, nein. Was darüber ist, das ist vom Übel.«

Hier haben wir die klare Absage Jesu an den »Pilpul«, das Streitgespräch der Schriftgelehrten, in welchem die Bedeutung der Wörter, insbesondere des Schriftwortes, oft bis in den Widersinn verdreht wird. Aber die Wahrheit gebietet zu sagen, daß Jesus selbst sich an diese Maxime nicht hält, sondern in seinen Reden sehr oft zweideutig ist, sich oft in ein Dunkel hüllt, das weder die Jünger noch die Gegner ganz aufzulichten vermögen. Dem Worte der Bergpredigt: »Euer Ja sei Ja, und euer Nein sei Nein« ist das andere Wort Jesu gegenüberzustellen: »Seid klug wie die Schlangen und ohne Falsch wie die Tauben« (Matth. 10, 16).

Jesus war eben kein Dogmatiker und kein Systematiker, denn er war – ein Jude. Er hat aus der Situation heraus gesprochen und gehandelt, und die Verabsolutierung einzelner Sätze hieße ihm Gewalt antun.

Die schwierigsten Partien der Bergpredigt sind, exegetisch und ethisch, die Sätze, die von der Friedensliebe handeln: »Ihr habt gehört, daß da gesagt ist (Ex. 21, 24) ›Auge um Auge, Zahn um Zahn‹. Ich aber sage euch, daß ihr dem Bösen (Übel) nicht widerstreben sollt, sondern wenn dir jemand einen Streich gibt auf deine rechte Wange, dann biete auch die andere dar. Und wenn jemand mit dir rechten will und deinen Rock nehmen, dem lasse auch den Mantel. Und wenn dich jemand nötigt eine Meile, so gehe mit ihm zwei. Gib dem, der dich bittet, und wende dich nicht von dem, der von dir leihen will.« Wenn Jesus hier das Talionrecht »Auge um Auge, Zahn um Zahn« anführt, so wußten er und seine Hörer, daß niemand dieses Gesetz wörtlich auffaßte, sondern anstelle dessen die Geldbuße gesetzt war, die vom Gericht verhängt wurde (b. Baba Kama 83 b ff.): »Dadurch wurden die Richter allerdings in die Notwendigkeit versetzt, die Frage zu klären, ob es nach der Thora erlaubt sei, so zu verfahren, und sie fanden die ausdrückliche Bestimmung: Nehmet kein Sühnegeld für das Leben eines Mörders (Num. 35, 31), aus der sie mit Recht den Schluß zogen: Für das LEBEN eines Mörders darf man kein Sühnegeld nehmen, wohl aber darf man Sühnegeld nehmen für die Verstümmelung von Gliedern (b. Baba Kama 83 b). Auf diese Weise hat das Gesetz eine Milderung erfahren ...« (Achad Ha'am, ›Worte des Friedens‹, 1894).

So wie die Schriftgelehrten das Talionrecht der Thora in einem humanen Sinne interpretieren, so interpretiert nun seinerseits: »Ich aber sage euch ...« Jesus den Vergeltungssatz in seiner Weise. Diese Weise ist allerdings so radikal, daß sie menschliches Maß wohl übersteigt. Trotzdem können wir Bultmann nicht zustimmen, wenn er hier sagt: »Wer mit Berufung auf ein Wort Jesu etwa dem, der ihn schlägt, die andere Backe hinhalten wollte, weil Jesus es gesagt hat, der würde ihn nicht verstehen. Denn er hätte ja gerade den Gehorsam, den Jesus will, verfehlt; er bildet sich ein, er könne einen Gehorsam leisten und gleichsam präsentieren, der in ihm gar nicht wirklich vorhanden ist oder gar nicht sein Sein bestimmt.«

Hier spricht nicht mehr Jesus durch Bultmann, sondern bereits Paulus und schließlich Heidegger. Nach der Theologie des Paulus ist der natürliche Mensch zum Guten gar nicht fähig, sondern nur Christus in ihm wirkt es. Nach Heidegger ist unser dem Nichts verfallenes Sein zutiefst lädiert. Von alledem ist bei Jesus von Nazareth nicht die Rede. Er meint ganz schlicht, was er sagt: Wenn du auf die rechte Wange geschlagen wirst, dann halte auch die linke hin. Aber er handelt selbst nicht ganz danach. Als ihm beim Verhör vor dem Hohepriester ein entrüsteter Diener wegen einer ihm ungebührlich erscheinenden Antwort einen Backenstreich versetzt, hält Jesus seinem Peiniger nicht die andere Wange hin, sondern antwortet logisch: »Habe ich übel geredet, so beweise es, daß es böse sei; habe ich aber recht geredet, was schlägst du mich?« (Joh, 18, 23.)

Daß man dem Übel nicht widerstreben soll, findet sich allerdings auch bei den Rabbinen, jedoch meine ich, daß die radikale Haltung Jesu in diesem Zusammenhang nur im Licht seiner eschatologischen Nah-Erwartung verständlich ist. Da er mit Johannes dem Täufer und vielen seiner Zeitgenossen das Reich Gottes, das messianische Reich oder die »kommende Welt« als unmittelbar bevorstehend erwartete, lohnte sich sozusagen der Kampf gegen das Böse, das im Prinzip schon besiegt ist, nicht mehr.

Das erstaunlichste Wort in diesem Abschnitt ist: »Ihr habt gehört, daß gesagt ist: ›Du sollst deinen Nächsten lieben und deine Feinde hassen.‹« Das Gebot der Nächstenliebe ist klar in der Thora verordnet: »Liebe deinen Nächsten, er ist wie du« (Lev. 19, 18 und 34). Jesus führt dieses Gebot zusammen mit der Liebe zu Gott als das höchste an (Matth. 22, 36), wobei er sich ganz in der Tradition Hillels bewegt. Fraglich ist nun nicht so sehr, wo die Feindesliebe außerhalb der Bergpredigt geboten ist, sondern wo expressis verbis der Haß gegen die Feinde geboten ist. Das Gesetz statuiert ja: »Wenn du dem Rind oder dem Esel deines Feindes begegnest, die sich verirrt haben, so sollst du sie ihm wieder zuführen. Wenn du den Esel deines Widersachers unter einer Last erliegen siehst, so lasse ihn ja nicht im Stich, sondern hilf mit ihm zusammen dem Tiere auf« (Ex. 23, 4–5).

Erst ein Blick auf die Rollen von Qumran hat uns diese Stelle: »Du sollst deine Feinde hassen« verständlich gemacht, denn in der »Kriegsrolle des Kampfes der Söhne des Lichtes« der Sekte vom Toten Meer ist ausdrücklich der Haß gegen die Belial-Söhne, die Söhne der Finsternis, geboten. Sie sollen gehaßt werden. Hier grenzt sich Jesus gegen Qumran ab, während er in der ersten Seligpreisung sich mit Qumran identifiziert hat. Wir sehen hier deutlich vor uns, daß im Hörerkreise, vermutlich im engeren Zirkel der Jünger, ein oder mehrere Qumraner anwesend waren.

Erst die Feindesliebe bringt den Menschen wirklich in die imitatio Dei, die Nachahmung Gottes, die zum Lehrgut der Synagoge gehört. Wenn Jesus diesen Absatz schließt: »Darum sollt ihr vollkommen sein, gleich wie euer Vater im Himmel vollkommen ist«, so stellt das eine bewußte Variation von Lev. 19, 2 dar: »Ihr sollt heilig sein, denn ich bin heilig, der Herr euer Gott.« Israel als »priesterliches Reich und heiliges Volk« ist die Grundforderung des pharisäischen Judentums gewesen und das nie erreichte Ideal des Judentums geblieben. Das gilt genauso für die Gemeinde Jesu und damit auch, in erhöhtem Maße, für die spätere Kirche.

Folgten wir bisher in der Bergpredigt vorwiegend der Version des Matthäus, so muß an dieser Stelle auf die so wichtige Ergänzung bei Lukas (6, 31) hingewiesen werden: »Wie ihr wollt, daß euch die Leute tun sollen, also tut ihnen auch.« Hier haben wir die Goldene Regel des Hillel: »Dealach ssani lechavrach la ta'avid« – Was dir selber verhaßt ist, das füge auch deinem Nächsten nicht zu (b. Sabbath 31a). Nach Hillel ist hier die ganze Zusammenfassung der Thora gegeben. Vor Hillel war dieser Spruch schon, vermutlich aus dem ersten vorchristlichen Jahrhundert, aus dem apokryphen Buch Tobias (4, 15) bekannt: »Was dir selbst unangenehm ist, das tue niemandem.« Man geht wohl nicht fehl, wenn man diese Worte als Interpretation des Liebesgebotes (Lev. 19, 18) auffaßt. Im Matthäus-Evangelium haben wir den Satz etwas später mit der Hinzufügung: »Das ist das Gesetz (Thora) und die Propheten«, und damit ist das Wort des Hillel praktisch vollständig zitiert. Wir führten den Lukas-Text eigens an, da hier der Satz wohl an der richtigen Stelle steht.

Das Targum Jonathan, eine frühe aramäische Übersetzung des Pentateuchs und eines Teiles der Propheten und Schriften, die im Talmud, Traktat Megilla 3a, erwähnt wird, geht so weit, das Liebesgebot im Sinne der Goldenen Regel zu übersetzen, so daß wir auch hier wiederum Jesus als Lehrer der Synagoge vor uns sehen. Hier können wir nun Bultmann zustimmen, wenn er sagt, daß es tatsächlich gar keine neuen »ethischen« Forderungen Jesu gibt. Das stellt keine Entwertung der Predigt Jesu dar, sondern rückt sie nur in ihren richtigen Zusammenhang.

Den Schluß der Bergpredigt bildet die Ermahnung zum rechten Almosengeben. Der Begriff Almosen oder Wohltätigkeit ist im Hebräischen so nicht gegeben. Bemerkenswerterweise wird dieser Begriff mit »Zedaka« umschrieben, was eigentlich Gerechtigkeit heißt und vom Worte »Zedek« abzuleiten ist. Die Wohltätigkeit, die ich dem Bedürftigen erweise, ist ein Akt der Gerechtigkeit, denn sie steht dem Empfänger zu. Die Zedaka wird im rabbinischen Schrifttum ganz im Sinne der Bergpredigt behandelt. Sie wiegt alle Gebote auf (Berachoth 10a), sie geht über alle Opfer (Berachoth 57b), doch erst die Liebe verleiht ihr den vollen Wert (Sukka 49b); wer aber das Gute aus Eigennutz übt, für den wäre es besser, er wäre nicht geboren (Sukka 49b). (Ich folge in dieser Auswahl der ausgezeichneten Zusammenstellung der Parallelen in der kleinen Schrift ›Judentum und Christentum, Parallelen‹, Zürich 1952, Jüdische Volksbücherei, Bd. 4, wo noch weit mehr Material zusammengetragen ist. Natürlich finden sich solche Parallelen auch in dem gelehrten ›Kommentar zum Neuen Testament aus Talmud und Midrasch‹ von Strack und Billerbeck.) Die Ablehnung der Heuchler, die der Talmud die »gefärbten Pharisäer« nennt, die ihr Wohltun öffentlich ausüben, ist der wahre Geist der jüdischen Zedaka. Die Zedaka, das Almosen, ist zugleich ein Heiligtum, denn der zweite Zehnt gehört den Armen, während der Tempel und seine Priesterschaft den ersten Zehnt erhalten. So ist nun auch das Wort (Matth. 7, 6) zu verstehen: »Ihr sollt das Heilige nicht den Hunden geben, und eure Perlen sollt ihr nicht vor die Säue werfen, auf daß sie dieselben nicht zertreten mit ihren Füßen und sich wenden und euch zerreißen.«

Diese Mahnung wird aus Deut. 23, 19 verständlich: »Du sollst keinen Hurenlohn noch Hundegeld in das Haus des Herrn, deines Gottes bringen.« Die »Hunde« sind hier die männlichen Tempelprostituierten kanaanitisch-heidnischer Kulte (bei den Babyloniern trugen sie sogar Hundemasken). Sie wurden »Hunde« genannt, weil sie bei den Tempelorgien auf »Hundeweise« sexuell gebraucht wurden. Deshalb wird das Hundegeld zusammen mit dem Hurengeld genannt. Die Huren sind offensichtlich in der nicht minder derben Redeweise Jesu die »Säue«, dieser Art von »Hunden« ebenbürtig. Jesus wendet sich hier also gegen die Perversion und Travestie der Zedaka, die darin besteht, das den Armen gebührende Geld den Dirnen und Lustknaben vor die Füße zu werfen.

Es könnte hier der Eindruck entstehen, als ob durch das Aufzeigen der Parallelen und die Einfügung der Bergpredigt in das Lehrgut des Judentums doch eine Relativierung oder Entwertung angestrebt würde. Davon kann aber keine Rede sein. Die Bergpredigt bleibt, was sie ist, auch wenn wir sie im Lichte der jüdischen Tradition sehen, zu der sie gehört, so wie die Zehn Gebote bleiben, was sie sind, auch wenn wir sie geschichtlich im Lichte des Hammurabi-Kodex und anderer Vorläufer betrachten. Der Begriff der Originalität lag der Antike ganz fern. Das ist für den modernen Menschen schwer zu verstehen. Die moderne Literatur leidet unter der Gefahr des Plagiats, die antike Literatur unter der Gefahr des Pseudepigraphentums. Das ist genau das Gegenteil des Plagiats. Der Plagiator gibt das geistige Gut eines anderen im eigenen Namen wieder. Dagegen haben sich die Rabbinen verwahrt und betonen die Wichtigkeit der Quellenangabe: »Wer ein Wort im Namen dessen sagt, der es gesagt hat, bringt der Welt Erlösung« (Aboth VI, 6). Die Lehrer des Talmud gehen daher so weit, daß sie sogar mehrere Tradenten bei einem Ausspruch anführen. Es fällt auf, daß Jesus nie einen Autor nennt (seine Berufung auf das Schriftwort liegt auf einer anderen Ebene), aber wir haben Grund anzunehmen, daß die Evangelisten, die die schlechthinnige Autorität Jesu verkündigen, solche Hinweise bewußt oder unbewußt unterdrückt haben.

Die Pseudepigraphen stellen eine Art der antiken Literatur dar, wie sie heute kaum mehr denkbar ist. Unbekannte Autoren schrieben ihre Werke im Namen alt-ehrwürdiger, meist biblischer Personen. Der Autor wollte also ausgesprochen nicht originell sein, sondern seine Gedanken durch einen bekannten Namen legitimieren. So würde die Feststellung, daß die Bergpredigt nichts »Originelles« enthält, Jesus und seinen Zeitgenossen nur als Legitimation erschienen sein. Gewiß sagte er: »Ich aber sage euch«, aber diese Worte stehen ihrerseits in einer legitimen Lehrtradition. Was im Talmud und Midrasch verstreut vorliegt, ist aber in den Worten Jesu wie in erratischen Blöcken zusammengeballt. Das gibt diesen Worten ihre ewige Kraft.

Die Hochzeit zu Kana

Das erste Wunder Jesu, der erste Akt seiner Sendungs-Legitimation, ist die Verwandlung von Wasser in Wein auf der Hochzeit zu Kana (Joh. 2, 1–11). Die Episode ist nur bei Johannes überliefert.

Der Bericht beginnt: »Und es war am dritten Tage, da fand eine Hochzeit zu Kana in Galiläa statt, und (auch) die Mutter Jesu war dort.« Dieses »es war am dritten Tage« machte viele Exegeten stutzig, denn es fügt sich keineswegs in den Text der Erzählung sinngemäß ein, wissen wir doch eigentlich nichts von einem Geschehnis am ersten oder am zweiten Tage – offenbar der öffentlichen Wirksamkeit Jesu. Ein Rationalist wie Heinrich Schmidt-Jena, der 1910 die Evangelien neu übersetzte, half sich aus der Verlegenheit, indem er diese Notiz »Es war am dritten Tage« einfach strich und – sinngemäß – begann: »Es war eine Hochzeit zu Kana in Galiläa.« Ein moderner Übersetzer, Helmut Riethmüller, der 1964 das ›Neue Testament für Menschen unserer Zeit‹ in eine verständlichere Sprache transponieren wollte, schreibt unter der wenig geschmackvollen Überschrift »Ausgerechnet auf einer Hochzeit«: »Drei Tage später fand ein Hochzeitsfest in Kana, einem Ort in Galiläa, statt.« Man spürt die Verlegenheit: »Drei Tage später ...«, ohne daß wir genau wüßten, von wann ab das gerechnet ist.

Manche Exegeten gingen so weit, diesen »dritten Tag« und die an ihm stattfindende Hochzeit zu den »Semeia«, zu den (Vor-) Zeichen des Johannes-Evangeliums zu rechnen: So soll das erste Wunder »am dritten Tage« schon auf die Auferstehung Christi »am dritten Tage« hinweisen, und der Schauplatz einer Hochzeit auf das Bild vom Bräutigam, dessen Stimme »Kol Chatan« der Freund vernimmt, das Johannes der Täufer in bezug auf Jesus gebraucht (Joh. 3, 29).

Übersetzen wir aber den Text ins Hebräische zurück, in die Atmosphäre, in das Milieu, in das er gehört, so lesen wir: »U-bajom Haschlischi«. So übersetzen auch Franz Delitzsch und J. Salkinson, die unabhängig voneinander das Neue Testament ins Hebräische übertragen haben, was oft einer Art Rück-Übersetzung gleichkommt, obwohl es kein hebräisches Original gibt. Aber die griechisch schreibenden Autoren des Neuen Testaments haben hebräisch-aramäisch gedacht oder, wie der Verfasser des hier befragten Johannes-Evangeliums, immerhin eine Tradition vorgefunden, die von Menschen ausging, die nicht griechisch sprachen und ganz bestimmt nicht griechisch dachten.

»Jom-Haschlischi«, der dritte Tag, das ist ganz einfach der Dienstag, da die jüdische Woche mit dem Sonntag beginnt und mit dem siebten Tag, dem Schabbath, endet. Die einzelnen Tage haben keine Namen, mit Ausnahme des Sabbaths, der eben Ruhetag = Schabbath, genannt wird; sie werden nur numeriert: erster, zweiter, dritter Tag usw. Und der dritte Tag, der Dienstag, war und blieb der klassische jüdische Hochzeitstag, denn er ist der »Kephel ki tov«, der Tag des zweimaligen »es war gut« im Schöpfungsbericht der Genesis (1, 10 und 12).

Obwohl der Talmud den Mittwoch als Tag der Eheschließung für Jungfrauen bestimmt (b. Ket. 2a), wurde doch – und wird bis heute – vom schlichten Landvolk, dem Am-Haarez (und damit haben wir es ja in Galiläa zu tun), der Dienstag, der dritte Tag, als Hochzeitstag bevorzugt.

Zweimal steht hier »ki tov«, denn es war gut, so daß nun ein »ki tov« für den Bräutigam und ein »ki tov« für die Braut bestimmt ist und sie sich des Doppelglücks der Ehe erfreuen mögen.

So einfach löst sich die rätselhafte Notiz in dem Datumsbericht der Hochzeit zu Kana. Wieviel wurde in diesen dritten Tag hineingeheimnist, aber man sah nicht die schlichte Wirklichkeit dieser jüdischen Bauernhochzeit im Galil.

Die Mutter Jesu war auch bei dieser Hochzeit. Offenbar war sie schon Witwe, denn es war ja nicht üblich, daß eine verheiratete Frau allein, ohne ihren Mann, zu einer Hochzeit kam.

Unabhängig davon wurde Jesus mit seinen Jüngern ebenfalls eingeladen. Die Mutter Jesu weiß diese Ehre zu schätzen – man lädt ihren Sohn bereits als einen Rabbi mit seinen Schülern zur Hochzeit, und sie vertraut dem Sohn und wendet sich mit der Bitte an ihn, dem Mangel an Wein bei diesem Feste abzuhelfen, indem sie IHM die Mitteilung macht: »Sie haben keinen Wein (mehr).«

Und nun erfolgt die barsche Antwort Jesu an seine Mutter: »Weib, was haben ich und du gemein – noch ist meine Stunde nicht gekommen.« Wie immer wir diese Antwort übersetzen, mit dem geläufigen: »Weib, was habe ich mit dir zu schaffen« oder in jener *wörtlichen* Weise, die der Übersetzung von Franz Sigge (1958) folgt, die Antwort bleibt erschreckend, sie stellt einen eklatanten Verstoß gegen das Gebot der Elternehrung:

»Ehre Vater und Mutter« dar, das im Judentum immer besonders hochgehalten wurde.

Ja, es galt als ausgemacht, daß ein Sohn seine Mutter mehr ehrt als seinen Vater, und die Ehrung der Eltern galt gleich der Ehrung Gottes (b. Kidduschin 30b). Die Verunehrung der Eltern aber galt wie Gotteslästerung: »Zur Zeit, da ein Mensch seinen Vater und seine Mutter kränkt, spricht der Heilige, gelobt sei er: Das habe ich gut gemacht, daß ich nicht unter ihnen wohne. Wenn ich nämlich unter ihnen wohnte, so kränkten sie auch mich« (b. Kidduschin 31a).

Wenn ein Wort Jesu echt ist, dann allerdings dieses harte und so offenbar unbegründete Scheltwort gegen seine Mutter, die er öffentlich bloßstellt, denn wer sollte ein solches Wort erfunden haben?

Hier wird ein Abgrund aufgerissen, den keine spätere Marienverehrung, kein »Muttergottes«-Kult überbrücken kann, der wohl von Ephesus, dem legendären Sterbeort der Maria, und nicht von Galiläa ausgegangen ist, wo man um das gespannte Verhältnis des jungen Wanderpredigers zu seiner armen Mutter wußte.

Das sogenannte Thomas-Evangelium, eine Sammlung apokrypher Jesus-Worte aus den Papyrusfunden von Nag Hammadi in Ägypten, das Mitte der vierziger Jahre entdeckt wurde, verzeichnet (Spruch 101a): »Wer seinen Vater nicht hassen wird und seine Mutter, wie ich, wird mein Jünger nicht sein«, eine verschärfte Variante von Matth. 10, 37 und 12, 49–50.

Am Anfang der Laufbahn Jesu steht ein hartes Wort an seine Mutter und am tragischen Ende nochmals, als er der unter dem Kreuz Klagenden zuruft, die vielleicht von dem Lieblingsjünger Johannes gestützt wurde: »Weib, siehe, das ist dein Sohn« (Joh. 19, 26). Wieder diese kalte, distanzierte Anrede – noch in der Todesstunde der unsagbaren Martern: »Weib!« (Wer sonst hat noch so zu seiner Mutter gesprochen?) – und nun zeigt er auf den Jünger und will ihn als Sohn seiner verwaisenden Mutter gelten lassen. Er, Jesus selbst, hatte nichts mit ihr zu schaffen, sie blieb ihm innerlich fremd. Das Kindschaftsbewußtsein Jesu war offenbar so ausschließlich nach der himmlischen Vaterseite hin orientiert, daß auch in den Gleichnissen die Mutterliebe nie vorkommt. Das mag wohl mit der maskulinen Gottesvorstellung des Judentums zusammenhängen, die Gott als Vater und König bezeichnet, und doch findet sich etwa im Jesaja-Buche (Jes. 66, 13) das schöne Bild von dem tröstenden Gott, der Israel verheißt: »Wie einen Mann, den seine MUTTER tröstet, so will ich euch trösten.« Dieses Wort wäre aus dem Munde Jesu undenkbar.

Und doch zeigt sich Maria hier als die Stärkere. Obwohl Jesus sie so hart angefahren hat, obwohl er meint, seine Stunde sei noch nicht gekommen, wirkt er auf ihre Bitte hin das Wunder der Verwandlung von Wasser in Wein.

Es hat keinen Sinn, Wundergeschichten dieser Art auf ihren historischen Befund hin zu untersuchen. Hier handelt es sich offensichtlich um eine ätiologische Sage, die an einen bestimmten Ort geknüpft ist, an das Dörfchen Kana (14 Kilometer nördlich von Nazareth), den Ort, aus dem auch der Jünger Nathanel (Joh. 21, 2) stammt. Die Wunder des Weins und der Brotvermehrung, die in der Umgebung des Herkunftsortes Jesu, Nazareth, lokalisiert wurden, wollen zu Beginn der öffentlichen Wirksamkeit Jesu auf dessen Höhepunkt hinweisen: die Einsetzungsworte beim Abendmahl, wo die Transsubstantiation von Wein und Brot verkündigt wird. Daß es sich dabei um ein späteres Kerygma handelt, in dem hellenistische Mysterien-Kult-Elemente, die dem Judentum fremd blieben, verarbeitet wurden, liegt auf der Hand. Daß Präfigurationen solcher Art sich gerade im Johannes-Evangelium finden, mit seiner ganz auf das Mysterium Christi angelegten Art, ist auch nicht weiter verwunderlich.

Uns mag es genügen, festzuhalten, daß Jesus zu Beginn seiner kurzen öffentlichen Wirksamkeit, noch ehe er selbst seine Stunde für gekommen hält, auf einer Hochzeit in der Umgebung seines Heimatortes mit seiner Mutter zusammentrifft und offenbar durch sein seltsames Gebaren hier bereits die Aufmerksamkeit aller auf sich zieht, was in der Gemeindetradition, im Kerygma, zum Weinwunder geworden ist.

Man muß sich die Bedeutung des Weins für die jüdische Tradition in diesem Zusammenhang vor Augen führen. Der Wein ist aus dem jüdischen Ritual nicht wegzudenken. Bei der Hochzeit wird er nicht nur den Gästen zu fröhlichem Trunk gereicht, sondern die Trauzeremonie selbst beginnt mit dem Segen über die Frucht des Weinstocks, über einen Kelch, der dem Bräutigam und der Braut gereicht wird. Nicht nur im Ritual der Seder-Nacht des Passah-Festes spielt der Wein eine dominierende Rolle, zumindest seit der Zeit des Zweiten Tempels, sondern jeder Sabbath wird mit dem Kiddusch, der Heiligung über dem mit Wein gefüllten Kelch, eingesegnet und mit ein paar Tropfen vergossenen Weins beendet. Auch diese Sitten dürften zur Zeit Jesu bereits bekannt gewesen sein. »Der Wein erfreut des Menschen Herz« singt der Psalter (Ps. 104, 15), und da man dem Herrn in Freuden dienen soll (Ps. 100, 2), gehört der Wein in den Gottesdienst hinein, sowohl in den levitischen Opferkult im Tempel zu Jerusalem wie in den laizistischen der Rabbinen, in Synagoge und Haus. Der Weinbau geht auf den Patriarchen Noah zurück, mit dem Gott nach der talmudischen Tradition (b. Sanhedrin 56) einen Bund geschlossen hat, der sieben Gebote umfaßt, welche nicht nur für Israel, sondern für alle Menschen Gültigkeit besitzen.

Es gab die Sekten der Essener und Rechabiter, die sich des Weingenusses enthielten, und es gab den Stand der Geweihten, der Nasiräer, zu denen etwa der Richter Simson gehörte, die ebenfalls Wein und Trauben nicht berührten.

Jesus gehörte keineswegs zu diesen Sektierern, sondern wurde von seinen Gegnern sogar ein Weinsäufer genannt (Matth. 11, 19; Luk. 7, 34), hielt es also mehr mit jenen Rabbinen, die lehrten, man solle noch den letzten Groschen für edlen Wein ausgeben. Jedoch schärft die rabbinische Tradition ein, starken Wein mit Wasser zu verdünnen: ein Drittel Wein und zwei Drittel Wasser.

So verstehen wir sehr wohl, daß sechs steinerne Wasserkrüge bei der Hochzeit zu Kana erwähnt werden, die zum Mischen des edlen Weins zum Meseg-Mischtrank benutzt wurden, der schon im Hohen Lied (7, 3) erwähnt wird, von dem wir ja aus einem warnenden Worte des Rabbi Akiba wissen, daß es in Weinhäusern als profanes Liebes- und Trinklied gesungen wurde, als Hochzeits-Carmen, das wohl auch auf der Hochzeit zu Kana erklungen sein mag. (Wenn unser Johannes-Text das Wasser in den Krügen als zur »jüdischen Reinigung« bestimmt erwähnt, so scheint mir hier eher eine Verwechslung vorzuliegen.)

Das Wasser aus den Krügen wird – auf Befehl Jesu – geschöpft und dem Speisemeister, Architriklinos, zum Abschmecken dargereicht. Dieser Speisemeister, der nun den aus dem Wasser gezauberten Wein zu kosten hat und ihn als Edelwein befindet, ist uns heute noch als der Marschall (»Marschalik«) jüdischer Hochzeiten bekannt. Er ist zugleich Zeremonienmeister und »maître de plaisir« jeder Hochzeit. Er reicht die Geschenke, preisend mit vielen schönen Reden, dem Brautpaar dar und sorgt für die Stimmung beim Mahle. Dieser Architriklinos stellt die »Weinregel« auf. »Jedermann gibt zuerst guten Wein, und wenn sie (die Gäste) betrunken sind, den geringeren.« – Über die johanneische Weinregel gab es unter den Exegeten viel gelehrtes Rätselraten, da sie anderwärts nicht bezeugt ist. Man hat dabei einfach übersehen, daß es sich hier offenbar um einen WITZ handelt, den der berufsmäßige Spaßmacher einer jüdischen Hochzeit, und das ist unser Architriklinos, vorbringt. Er wird in unserer Geschichte zum ersten Zeugen der Wunderkraft Jesu, der hier eigentlich als Magier eingeführt wird, in jener problematischen Gestalt also, in der ihn das mittelalterliche jüdische Anti-Evangelium, der »Toldoth Jeschu«, gesehen hat. Freilich geht es hier noch (harmlos) um weiße Magie, während das besagte Volksbuch »Toldoth Jeschu« Jesus als Schwarzmagier zeichnet, der durch Mißbrauch des Tetragramms, des vierbuchstabigen hebräischen Gottesnamens (JHWH = Jahwe), sich in den Besitz überirdischer Kräfte setzte, indem er ein Pergament mit diesem Zeichen sich ins Fleisch einnähte. Dieselbe Volksphantasie, die das Weinwunder zu Kana erzählt – durch den Haß der Gegner abgewandelt –, erzählt dann negative Zaubertaten des Magiers Jesus, der mit dem Lehrer der verinnerlichten Frömmigkeit der Bergpredigt und der Gleichnisse nichts zu tun hat. Aber das magische Element hat die Legende ja auch dem großen Gesetzgeber Israels, Mose, angehängt, der seinen Stab in eine Schlange verwandelt und mit den Magiern Pharaos in einen magischen Wettstreit eintritt. Das Wunder ist eben nicht nur des Glaubens liebstes Kind – sondern vor allem des Aberglaubens, der nicht in der reinen Wortverkündung, in der lebensmächtigen Auslegung der Thora, in der schlichten Kraft des Gebetes das Entscheidende sieht, sondern sich Legitimation in magischen Wundern und Exorzismen (Dämonenaustreibung) sucht; Zeichen und Wunder, die Jesus selbst so streng abgelehnt hat. (Matth. 12, 39; 16, 4; Mark. 8, 12; Luk. 11, 16 und 29)

Jesus von Nazareth lehrte nicht nur durch die Predigt, sondern vor allem durch Gleichnisse, von denen er selbst sagte: »Wer Ohren hat, der höre!«

Seine Jünger verwunderte das nicht, denn die Form der Gleichnisrede war zur Zeit Jesu unter den Schriftgelehrten überaus populär, aber es wunderte sie, daß er zur breiten Masse in Gleichnissen redete, die nicht immer ohne weiteres verständlich waren: »Warum redest du zu ihnen in Gleichnissen?« Er antwortete und sprach: »Euch ist's gegeben, daß ihr die Geheimnisse des Himmelreichs verstehet, diesen aber ist's nicht gegeben. Denn wer da hat, dem wird gegeben, daß er die Fülle habe, wer aber nicht hat, von dem wird auch genommen, was er hat; darum rede ich zu ihnen in Gleichnissen« (Matth. 13, 10–13).

Er antwortet also sofort wiederum gleichnishaft in der ihm eigenen paradoxen Weise, die die Paradoxie der menschlichen Existenz umfaßt. Wer hat, dem wird gegeben, daß er die Fülle habe; das heißt in diesem Zusammenhang, wer den richtigen Geist und Glauben bereits hat, dem wird durch die Gleichnisse die Botschaft vom Reiche Gottes, um die es Jesus geht, noch deutlicher, klarer, zum innersten Besitz. Wer aber nicht diesen Geist und diesen Glauben, diese innere Bereitschaft mitbringt, der wird durch die Gleichnisse noch mehr verwirrt, und es wird ihm noch der letzte Rest von Gottvertrauen durch die Paradoxie mancher Gleichnisse genommen, so daß die Gleichnisse wie ein Scheidewasser wirken.

Die Jünger fragen Jesus also, warum er in Gleichnissen lehrt, und er antwortet ihnen auf seine Weise, aber in seiner Antwort ist die der Rabbinen sozusagen mitgegeben: »Nicht sei das Gleichnis gering in deinen Augen, denn durch das Gleichnis kann der Mensch zum Verständnis der Thora-Worte gelangen. Gleich einem König, dem ein Goldstück im Hause oder eine kostbare Perle verlorengegangen ist, kann er sie nicht durch einen Docht im Werte eines Asses (geringste Münze) wiederfinden? So kann auch der Mensch durch ein Gleichnis zum Verständnis der Thora gelangen« (Cant. Cant. – Rabba I, 1 / Vergl. b. Erub. 21 b). Diese grundsätzliche Stellungnahme der Rabbinen zum Gleichnis erinnert ja sofort an die Lehrweise Jesu; die Begründung der Gleichnisrede wird durch ein Gleichnis gegeben, wobei sogar das Motiv der Perle (Matth. 13, 45–46) aufgenommen wird.

Das Gleichnis, hebräisch »Maschal« genannt, gehört zu den wichtigsten Bestandteilen des Midrasch, der legendären Auslegung der Thora. Es gibt kaum einen religiösen oder sittlichen Gedanken, den die Weisen des Talmud nicht durch Gleichnisse klarzumachen versucht haben. Besonders bemerkenswert ist es, daß gerade die palästinensischen Rabbinen das Gleichnis pflegten, während die babylonischen es seltener anwandten. Jesus, der ganz und gar ein Jude in der Tradition des jüdischen Heimatlandes war, bleibt auch hier innerhalb seiner Tradition, die dem Diaspora-Judentum fremd war, wie sofort ein Vergleich mit der Lehrweise des Paulus ergibt. So ist es auch kein Zufall, daß die Gleichnisse vorwiegend bei den Synoptikern Matthäus, Markus und Lukas auftreten, während sie im doch stärker vom griechischen Denken geformten (trotz Qumran) Johannes-Evangelium mehr zurücktreten.

Wie hoch der Wert des Gleichnisses angeschlagen wurde, geht aus einem Worte der Mechiltha zum Wochenabschnitt Beschalach hervor (Ex. 13, 17ff.): »›Was recht ist in seinen Augen‹ – das sind die Gleichnisse, die vor den Ohren aller Menschen gesprochen werden.« Auch hier das Motiv des hörenden Ohres, denn die Gleichnisse wurden GESPROCHEN, nicht geschrieben. Sie sind Urbestand der mündlichen, improvisierten Auslegung des geschriebenen Wortes. Dabei ist der exegetische Zusammenhang oft nur sehr lose. Die Gleichnisse Jesu gehen nicht immer von einem unmittelbar erkennbaren Schriftwort aus, kreisen aber um Grundbegriffe des Judentums, vor allem aber sind sie in der unmittelbaren Reich-Gottes-Erwartung gesprochen.

Einer der tiefsten Deuter der Gleichnisse Jesu in unserer Zeit, Leonhard Ragaz, hat in seinem Buch ›Die Gleichnisse Jesu‹ (1944) auf den revolutionären Sinn dieser Gleichnisse hingewiesen und mit Recht bemerkt: »Sie bedeuten eine Umkehrung des Denkens und Seins der Welt wie – nach den Reden der Propheten und neben der Bergpredigt Jesu selbst – nichts sonst. Diesen Charakter der Gleichnisse Jesu hat man auch darum verkannt, weil man ihren Zusammenhang mit den Propheten Israels nicht gesehen hat. In diesen Zusammenhang aber sind sie zu stellen.«

Hier kann ich Ragaz nur bedingt beipflichten. Die Gleichnisse bei den Propheten sind relativ selten und liegen zur Zeit Jesu bereits weit zurück. Die Gleichnisse Jesu sind unmittelbar in den Zusammenhang der Haggada, der Meschalim der zeitgenössischen Tanaiten zu stellen, mit der sie auch formgeschichtlich auf einer Stufe stehen. Es ist das Verhängnis der christlichen Theologie, daß sie Jesus und seine Botschaft viel zuwenig in diesem natürlichen Zusammenhang zu sehen vermag, so daß sogar so vorurteilslose Interpreten wie Ragaz hier einem Irrtum verfallen sind, der uns nicht im Verständnis der Gleichnisse Jesu weiterhelfen kann.

Ganz anders sieht natürlich der hebräische Leben-Jesu-Forscher Joseph Klausner (›Jesus von Nazareth‹, 1922, S. 360ff. der deutschen Ausgabe, Berlin 1934) die Stellung Jesu innerhalb der Literatur der Meschalim. Er schließt sich der Meinung des Wiener Oberrabbiners H. P. Chajes an, der vermutet, daß Jesus als Moschel, Gleichnisredner, verzeichnet wurde (Num. 21, 27). Dieses Wort wurde später mißverstanden im Sinne von »Herrscher«, wie es Micha 5, 1 in der berühmten »christologischen« Stelle gebracht wird: »Und du, Bethlehem Ephratha, die du klein bist unter den Städten in Juda, aus dir soll mir der kommen, der in Israel Herr (›Moschel‹) sei, welches Ausgang von Anfang und von Ewigkeit her gewesen ist.« Das Wort »Moschel« kann »Gleichnisredner« und »Herrscher« bedeuten.

Richtig bemerkt Klausner über die Gleichnisse Jesu: »Seine Gleichnisse verfolgten zwei Ziele. Erstens wollte er dadurch die Masse seiner einfachen Zuhörer an sich fesseln ... zweitens wollte er durch diese poetischen Bilder oft seine eigentliche Absicht verdecken, für deren Enthüllung ihm die Zeit nicht reif schien: Die Masse konnte sie noch nicht verstehen, und nur die Eingeweihten sollten sie erfahren.«

Wenn Klausner hier allerdings von poetischen Bildern spricht und Jesus sogar als Dichter bezeichnet, so erscheint mir das als ein Irrtum. Die Bilder Jesu sind nicht poetisch, sondern durchaus realistisch. Sie sind aus der Landschaft und dem täglichen Leben seiner Umgebung genommen, vielleicht mit Ausnahme des Gleichnisses von den klugen und den törichten Jungfrauen (Matth. 25, 1ff.), wobei es unverständlich ist, wieso EIN Bräutigam mit mehreren Jungfrauen zugleich Hochzeit feiern soll. (Die Vielehe war zur Zeit Jesu in Israel durchaus noch gebräuchlich. Man denke nur an das scherzhafte Gleichnis von dem Manne, der eine junge und eine ältere Frau hatte. Die junge zupft ihm die weißen Barthaare aus, die ältere die schwarzen, so daß er zum Schlusse kahlgerupft bleibt. Trotz der Polygamie gab es aber keine Vermählung mit mehreren Bräuten zur gleichen Zeit.)

Von den Gleichnissen Jesu sagt Ragaz: »Sie erklären sich jedem Kind, und dem Kinde sogar am leichtesten.« Dieser Auffassung ist nur bedingt zuzustimmen, obwohl Jesus selbst sagt: »Lasset die Kinder und wehret ihnen nicht, zu mir zu kommen: Denn solcher ist das Himmelreich« (Matth. 19, 14). Man kann deutlich erkennen, daß es Gleichnisse gibt, die auch für Kinder verständlich sind, aber durchaus nicht alle.

Die Gleichnisse Jesu sind in den Evangelien nicht systematisch angeordnet, sondern jeweils situationsgebunden in die Gespräche Jesu mit seinen Jüngern, aber auch mit seinen Gegnern, eingefügt. Wenn wir versuchen, sie hier systematisch zu ordnen, so ergibt sich eine Dreiteilung, die der rabbinischen Hermeneutik entspricht. Die Rabbinen haben die Pflichten in zwei Gruppen eingeteilt: Pflichten zwischen dem Menschen und Gott (bejn Adam la-Makom) und Pflichten zwischen dem Menschen und seinem Mitmenschen (bejn Adam le-Chavero). Genau an diese Zweiteilung halten sich die Gleichnisse Jesu. Jedoch geht ihnen eine dritte Gruppe voran, das sind diejenigen Gleichnisse, die unmittelbar vom Reich Gottes und dem ihm vorangehenden Gericht sprechen, die wir die eschatologischen nennen können.

Es ist nicht möglich, aber auch nicht nötig, hier alle Gleichnisse Jesu anzuführen und zu behandeln. Die Gleichnisse Jesu gehören zu den bekanntesten Partien innerhalb der Evangelien. Sie wurden als das »Bilderbuch des Neuen Testaments« bezeichnet, wobei den Betrachtern dieser Bilder nur allzu oft deren rein jüdischer Charakter verborgen blieb, weil sie die Parallelen im Schatz der jüdischen Sage und Legende, der Haggada, nicht kannten. Innerhalb dieser Literatur aber stellen die Gleichnisse Jesu in ihrer paradoxen Dialektik einen Höhepunkt dar.

Für die erste Gruppe der Gleichnisse möchte ich das Weinberg-Gleichnis (Mark. 12, 1–11) herausgreifen, das in seinem Anfang so stark an das Weinberg-Gleichnis Jesajas (Jes. 5) erinnert:

> »Es war ein Hausvater, der pflanzte einen Weinberg und führte einen Zaun darum und grub eine Kelter darin und baute einen Turm und gab ihn an Weingärtner in Pacht und zog außer Landes. Da nun herbeikam die Zeit der Früchte, sandte er seine Knechte zu den Weingärtnern, daß sie seine Früchte empfingen. Da nahmen die Weingärtner seine Knechte; einen schlugen sie, den anderen töteten sie, den dritten steinigten sie. Abermals sandte er andere Knechte, mehr als das erste Mal; und sie taten ihnen gleich also.

Zuletzt sandte er seinen Sohn zu ihnen und sprach: Sie werden sich vor meinem Sohn scheuen. Da aber die Weingärtner den Sohn sahen, sprachen sie untereinander: Das ist der Erbe; kommt, laßt uns ihn töten und sein Erbgut an uns bringen! Und sie nahmen ihn und stießen ihn zum Weinberge hinaus und töteten ihn. Wenn nun der Herr des Weinberges kommen wird, was wird er diesen Weingärtnern tun? Sie sprachen zu ihm: Er wird die Bösewichte übel umbringen und seinen Weinberg an andere Weingärtner vergeben, die ihm die Früchte zu rechter Zeit geben« (Zit. n. Matth. 21, 33–41).

Hier haben wir eines der Gleichnisse, die ganz auf die Reich-Gottes-Botschaft abgestellt sind. Israel als der Weinberg Gottes wird im Sinne des Propheten Jesaja geschildert. Dann aber geht das Gleichnis über zu den Boten, die der Herr des Weinberges schickt und die nicht angenommen werden, bis Jesus auf seine eigene Sendung anspielt.

Es wäre aber irrig, hier anzunehmen, daß Jesus von einer Verblendung Israels spricht und in einem heidenchristlichen Sinne etwa von der Erwählung eines anderen Israel aus den Völkern, vielmehr will das Gleichnis sagen, daß die Hegemonie im Volke von den Pharisäern und Priestern genommen und der Jüngerschaft Jesu übergeben wird, die die getreueren Hüter des Weinberges Gottes sind.

Leo Baeck macht in seinem Kommentar zu Matth. 21, 28ff. darauf aufmerksam, daß später ein anderes Gleichnis vom Weinberg angeschlossen worden ist, das den Tod Jesu und die Verwerfung des jüdischen Volkes künden soll. Ich glaube nicht, daß das GANZE Gleichnis später ist, wohl aber, daß wir es in einer späteren Überarbeitung vor uns haben, wobei insbesondere die Stelle vom Sohn in der uns heute vorliegenden Fassung die Züge einer kerygmatischen Tradition trägt, die nach dem Tode Jesu hinzugefügt wurde. Wie gesagt, glaube ich aber nicht, daß es sich hier um die Verwerfung des ganzen jüdischen Volkes handelt, sondern um einen Wechsel in der geistlichen Hegemonie.

Dieses Gleichnis ist noch in einem anderen Sinne typisch für eine bestimmte Gattung von Gleichnissen, die wir als die königlichen Gleichnisse bezeichnen können, wobei in der improvisierten Redeweise Jesu zuweilen der König auch als Herr, Hausherr oder Hausvater bezeichnet wird und sogar INNERHALB eines Gleichnisses die Bezeichnung wechseln kann. Diese Gleichnisse gehören zu der Gattung der in der rabbinischen Literatur nach

Hunderten zählenden Meschalim, die von einem »Melech Bassar wa-Dam« erzählen, einem »König von Fleisch und Blut«, der jeweils anstelle des »Königs der Könige, des Heiligen, gelobt sei er« gesetzt wird. Die übliche Bezeichnung »ein König von Fleisch und Blut« fehlt allerdings in den Evangelien, was darauf zurückzuführen ist, daß wir sie nur in griechischer Version vor uns haben. Der Hebräer dachte, wenn er das Wort »Melech« hörte, primär an Gott, so daß es nötig war zu sagen, ein irdischer König, um den Gleichnis-Charakter zu fixieren. Für den Griechen fällt diese Einschränkung weg. Wir dürfen aber annehmen, daß Jesus ursprünglich wohl seine Königsgleichnisse mit der Formel »Melech Bassar wa-Dam« begonnen hat.

Aus der Fülle der Gleichnisse, die die Beziehung zwischen Mensch und Gott zum Gegenstand haben, möchte ich hier auf das Gleichnis vom verlorenen Sohn (Luk. 15, 11–32) hinweisen:

»Und er sprach: Ein Mensch hatte zwei Söhne. Und der jüngere unter ihnen sprach zu dem Vater: Gib mir, Vater, das Teil der Güter, das mir gehört. Und er teilte ihnen das Gut. Und nicht lange danach sammelte der jüngere Sohn alles zusammen und zog ferne über Land; und daselbst brachte er sein Gut um mit Prassen. Als er nun all das Seine verzehrt hatte, ward eine große Teuerung durch dasselbe Land, und er fing an zu darben und ging hin und hängte sich an einen Bürger desselben Landes; der schickte ihn auf seinen Acker, die Säue zu hüten. Und er begehrte seinen Bauch zu füllen mit Trebern, die die Säue aßen; und niemand gab sie ihm. Da ging er in sich und sprach: Wieviel Tagelöhner hat mein Vater, die Brot die Fülle haben, und ich verderbe im Hunger! Ich will mich aufmachen und zu meinem Vater gehen und ihm sagen: Vater, ich habe gesündigt gegen den Himmel und vor dir. Ich bin hinfort nicht mehr wert, daß ich dein Sohn heiße; mache mich zu einem deiner Tagelöhner! Und er machte sich auf und kam zu seinem Vater. Da er aber noch ferne von dannen war, sah ihn sein Vater, und es jammerte ihn, lief und fiel ihm um seinen Hals und küßte ihn. Der Sohn aber sprach zu ihm: Vater, ich habe gesündigt gegen den Himmel und vor dir; ich bin hinfort nicht mehr wert, daß ich dein Sohn heiße. Aber der Vater sprach zu seinen Knechten: Bringt schnell das beste Kleid hervor und tut es ihm an und gebet ihm einen Fingerreif an seine Hand und Schuhe an seine Füße, und bringt das Kalb, das wir gemästet haben, und schlachtet's; lasset uns essen und fröhlich sein! Denn dieser mein Sohn war tot und ist wieder lebendig geworden; er war verloren und ist gefunden worden. Und sie fingen an, fröhlich zu sein.

Und der älteste Sohn war auf dem Felde. Und als er nahe zum Hause kam, hörte er das Singen und den Reigen und rief zu sich der Knechte einen und fragte, was das wäre. Der aber sagte ihm: Dein Bruder ist gekommen, und dein Vater hat das gemästete Kalb geschlachtet, weil er ihn gesund wieder hat. Da ward er zornig und wollte nicht hineingehen. Da ging sein Vater heraus und bat ihn. Er aber antwortete und sprach zum Vater: Siehe, so viele Jahre diene ich dir und habe dein Gebot noch nie übertreten; und du hast mir nie einen Bock gegeben, daß ich mit meinen Freunden fröhlich wäre. Nun aber dieser dein Sohn gekommen ist, der sein Gut mit Dirnen verpraßt hat, hast du ihm das gemästete Kalb geschlachtet. Er aber sprach zu ihm: Mein Sohn, du bist allezeit bei mir, und alles, was mein ist, das ist dein. Du solltest aber fröhlich und guten Mutes sein; denn dieser dein Bruder war tot und ist wieder lebendig geworden, er war verloren und ist wiedergefunden.«

Das Gleichnis gehört an sich in die Reihe der Gleichnisse, die sich mit der Wiederfindung des Verlorenen befassen: das verlorene Schaf, der verlorene Groschen, die dem Gleichnis vom verlorenen Sohn vorausgehen. Sie bilden drei Variationen zum zentralen Thema der Theschuba, der Umkehr des Sünders. Die Tore der Umkehr sind nach einem Wort der Rabbinen allezeit geöffnet, und nichts ist größer als die Umkehr. Von ihr sprechen diese Theschuba-Gleichnisse. Gottes Barmherzigkeit erscheint, im Gleichnis vom verlorenen Sohn, dem älteren Bruder als Ungerechtigkeit. Die frei waltende Gnade Gottes aber ist nicht etwa eine Offenbarung oder Erkenntnis Jesu, sondern bereits im Alten Testament klar angelegt: »Ich begnade, wen ich begnade, und ich bin gnädig, wem ich gnädig bin« (Ex. 33, 19), spricht Gott zu Mose in der Stunde, in der er seinen Kabod, seine Manifestationsherrlichkeit, an ihm vorüberziehen läßt. Es tritt hier aber auch noch ein anderes Moment hinzu, die Begnadung des Jüngeren entgegen dem Erbgesetz. Auch dieses Motiv können wir durch das Alte Testament hindurch verfolgen: Isaak ist jünger als Ismael; Jakob ist jünger als Esau; Josef war der zweitjüngste der Jakobssöhne; Mose ist jünger als Aaron; David ist der jüngste unter seinen Brüdern. Hier liegt eine klare, erzählerische Absicht vor, die den Primat der Gnade vor dem Gesetz, hier dem Erbgesetz, statuieren soll. Die Liebe des Vaters aber wendet sich auch und gerade dem mißratenen Kinde zu, das seine Schuld einsieht.

Daß der jüngere Sohn, der in die Irre geht, ein Sauhirt wird (Matth. 8, 30), zeigt, daß er sich vom jüdischen Volk entfernt hat, in welchem die Schweinezucht streng verpönt war. (Auch heute ist sie im Staate Israel gesetzlich verboten.)

Der ältere Bruder ist nicht etwa, wie manche christliche Exegeten annehmen, der Repräsentant der Synagoge, während der jüngere der der heidenchristlichen Ekklesia ist, die aus dem Unflat des Heidentums zum Gott Israels gefunden hat. Das würde bedeuten, daß dieses Gleichnis nicht authentisch ist, sondern einer weit späteren kerygmatischen Schicht angehört. Ich glaube vielmehr, daß es sich hier um eine Variante des rabbinischen Grundsatzes handelt: »An der Stelle, wo die Umkehrenden (Baalej Theschuba) stehen, können nicht einmal die vollendeten Gerechten (Zaddikim gemurim) stehen« (b. Berachath 34b).

Das Gleichnis hat aber zusätzlich eine viel spätere Bedeutung gewonnen, die selbstverständlich ganz außerhalb der Intention Jesu lag. Er selbst, der Erzähler dieses Gleichnisses, wurde, freilich ganz wider seinen Willen, der »verlorene Sohn Israels«. Fast zwei Jahrtausende weilte er in der Fremde, während der ältere Bruder, das jüdische Volk, in der strengen Zucht des Vaters blieb. Nun aber scheint es so, als ob ein Prozeß der Heimholung Jesu in das jüdische Volk begonnen habe. Er kehrt zurück in das Vaterhaus, und da soll sich der ältere Bruder mitfreuen, denn dieser unser Bruder Jesus war für uns tot und ist wieder lebendig geworden. Er war uns verloren und ist wiedergefunden worden.

Für die dritte Gruppe der Gleichnisse, die die Pflichten zwischen Mensch und Mensch behandelt, möchte ich hier das Gleichnis vom barmherzigen Samariter oder besser Samaritaner (Luk. 10, 30–37) anführen.

> »Da antwortete Jesus und sprach: Es war ein Mensch, der ging von Jerusalem hinab nach Jericho und fiel unter die Räuber; die zogen ihn aus und schlugen ihn und gingen davon und ließen ihn halbtot liegen. Es begab sich aber von ungefähr, daß ein Priester dieselbe Straße hinabzog; und da er ihn sah, ging er vorüber. Desgleichen auch ein Levit; da er kam zu der Stätte und sah ihn, ging er vorüber. Ein Samariter

aber reiste und kam dahin; und da er ihn sah, jammerte ihn sein, ging zu ihm, goß Öl und Wein auf seine Wunden und verband sie ihm und hob ihn auf sein Tier und führte ihn in eine Herberge und pflegte sein. Des andern Tages zog er heraus zwei Silbergroschen und gab sie dem Wirte und sprach zu ihm: Pflege sein; und so du was mehr wirst dartun, will ich dir's bezahlen, wenn ich wiederkomme. Welcher dünkt dich, der unter diesen dreien der Nächste sei gewesen dem, der unter die Räuber gefallen war? Er sprach: Der die Barmherzigkeit an ihm tat. Da sprach Jesus zu ihm: So gehe hin und tue desgleichen!«

Das Gleichnis vom barmherzigen Samariter entsteht aus einem Zwiegespräch mit einem Gesetzeslehrer, einem Talmid Chacham, der Jesus die Frage stellt, was er tun müsse, um das ewige Leben zu ererben. In der für jüdische Dialoge so typischen Art antwortet Jesus mit einer Frage auf eine Frage: »Was steht in der Thora geschrieben? Wie liest (lernst) du?« Darauf antwortet der Schriftgelehrte, der offensichtlich der Richtung Hillels, die später durch Rabbi Akiba fortgesetzt wurde, angehört, mit dem Gebot der Liebe zu Gott (Deut. 6, 5) und dem Gebot der Nächstenliebe (Lev. 19, 18). Er bewegt sich damit ja auf derselben Linie wie Jesus selbst, der (Matth. 22, 37ff. und Mark. 12, 29f.) dieselbe Antwort gibt und die Synthese der Liebe zu Gott und zum Mitmenschen als die Summe aller Gebote ansieht. Die Nächstenliebe, wie sie im 3. Buch Mose geboten wird, hat Rabbi Akiba als eine Große Regel (Klal) in der Thora bezeichnet, woran auch Raschi in seinem Kommentar zu dieser Stelle ausdrücklich erinnert.

Nun erhebt sich aber für den Schriftgelehrten die Frage: Wer ist mein Nächster? In dieser Frage ist implicite das Problem der Beziehung zu den Nichtjuden gegeben. Die Frage, die hier wohl eigentlich gestellt ist, meint, ob unter dem Begriff »Rea« = »Nächster« oder besser vielleicht »Genosse«, wie Buber-Rosenzweig übersetzen, nur der Volksgenosse zu verstehen ist oder auch jeder andere Mensch?

Die Antwort Jesu geht offenbar dahin, daß die Gebote zwischen Mensch und Mensch (bejn Adam le-Chavero) national unbegrenzt sind, und deshalb führt er als Beispiel den Samariter an, der über die Grenzen des nationalistischen Kastengeistes hinaus spontan, ohne halachische (religionsgesetzliche) Reflexionen das Liebesgebot verwirklicht.

Das Liebesgebot im 3. Buch Mose steht nicht isoliert, sondern bildet den vorletzten Teil einer mehrgliedrigen Satzung:

»Hasse nicht deinen Bruder in deinem Herzen.
Mahne, ermahne deinen Volksgenossen,
Daß du nicht Sünde seinethalben tragest.
Heimzahle nicht und grolle nicht den Söhnen deines Volkes.
Halte lieb deinen Genossen,
Dir gleich.
Ich bin der Herr.«

Aus diesem Textzusammenhang geht hervor, daß es sich um das Verhalten innerhalb des eigenen Volkes im Sinne einer Kollektivhaftung handelt. Es ist hier von »Benej Amecha«, den Söhnen deines Volkes (Volksgenossen), die Rede. Der vorausgehende Satz spricht vom Bruder, dem man keinen Groll nachtragen soll. Wir haben hier also verschiedene Ausdrücke: Bruder, Sohn deines Volkes und schließlich Nächster (Genosse), so daß tatsächlich aus dem Textzusammenhang ersichtlich wird, daß primär wohl der Angehörige des eigenen hebräischen Volkes gemeint war. Wenn Jesus nun über diesen Primärsinn hinausgeht, so ist es eigentümlich, daß er nicht einen Juden für sein Gleichnis wählt, der eine Liebestat am Samariter tut, sondern umgekehrt, einen Samariter, der allerdings seine Liebestat an einem »Menschen« vollzieht, ohne daß hier des näheren gesagt wird, ob es sich um einen Juden, einen Samariter, einen Griechen oder einen Römer handelt. Offensichtlich ist es Absicht, daß hier vom Menschen schlechthin geredet wird und das Gleichnis also anhebt: »Ein MENSCH ging von Jerusalem hinab nach Jericho und fiel unter die Räuber.« An diesem Menschen erweist sich der Samariter als der wahre Mitmensch, der nicht stillsteht beim Blute seines Nächsten (Lev. 19, 16).

Das Verhältnis Jesu zu den Samaritern oder Samaritanern ist allerdings selbst kein einheitliches, und wir können daher sein Samaritergleichnis innerhalb seiner Lebens- und Wirkungsgeschichte eventuell lokalisieren.

Im Aussendungsbefehl an die Jünger sagt Jesus ausdrücklich: »Ziehet nicht in der Samariter Städte« (Matth. 10, 5), denn er hat selbst schlechte Erfahrungen mit ihnen gemacht. Sie haben ihm und seinen Jüngern die Herberge verweigert (Luk. 9, 52f.).

Nun ließ sich aber doch nicht vermeiden, daß Jesus und seine Jünger auf dem Wege von Galiläa nach Jerusalem, ihrem Wallfahrtsziel, durch das Gebiet der Samariter zogen, und so finden wir im vierten Kapitel des Johannes-Evangeliums Jesus wieder in ihrem Gebiet, in der Stadt Sychar, die offenbar mit Sichem, dem alttestamentlichen Schechem (heute Nablus), identisch ist. Dort, am Jakobs-Brunnen, kommt es zu dem Gespräch Jesu mit der Samariterin, der er hellsichtig ihre Vergangenheit und Gegenwart – »du hast fünf Männer gehabt und lebst nun mit einem Mann, der nicht dein Mann ist« – auf den Kopf zusagt. In diesem Gespräch, in dem Jesus um einen Trunk Wasser bittet, obwohl Juden von Samaritern im allgemeinen Speise und Trank nicht annahmen (auf Wasser mag sich das jedoch nicht bezogen haben), und sich selbst als Quell des lebendigen Wassers offenbart, ist noch seine scharfe Ablehnung der Samariter zu hören. Sie beten an, was sie nicht kennen, während er als Jude zu denen gehört, die anbeten, was sie kennen (gemeint ist wohl, was sie richtig verstehen, denn auch die Samariter hatten und haben die fünf Bücher Mose und das Buch Josua als Offenbarungs-Urkunde), und schließlich fällt hier das stolze Wort: »Das Heil kommt von den Juden« (Joh. 4, 22). Das Gespräch nimmt dann eine Wendung ins Positive. Viele Samariter beginnen an Jesus zu glauben, und er bleibt in ihrer Stadt zwei Tage. (Diese Bekehrung der Samariter, die »der Welt Heiland« in Jesus erkannt haben sollen, ist wohl ungeschichtlich, denn in der heute noch in Cholon in Israel und in Nablus ansässigen Samaritergemeinde gibt es keine wie immer geartete lebendige Jesus-Tradition. Selbst das Gleichnis vom barmherzigen Samariter ist den Samaritern unbekannt. Sie haben ihre Tradition über den Pentateuch und Josua hinaus nicht mehr erweitert und bringen noch heute ihr Pessach-Opfer auf dem Berge Garizim über Nablus in archaischer Form dar. Ich habe selbst zweimal an diesem Opferritual teilgenommen und in Gesprächen mit Priestern der Samariter festgestellt, daß sie das Neue Testament entweder nicht kannten oder nur durch Vermittlung englischer Missionare.)

Unverkennbar hat das Gespräch Jesu mit dem samaritischen Weibe am Jakobsbrunnen Ähnlichkeit mit seinem Gespräch mit der Kanaaniterin (Matth. 15, 21–28; Mark. 7, 24–30). Dort, in der Gegend von Tyrus und Sidon, kommt eine Kanaaniterin, ein syro-chaldäisches Weib, zu ihm und bittet um die Heilung ihrer Tochter. Er weist sie ab, da er nur zu den verlorenen Schafen aus dem Hause Israel gesandt ist. Sie aber läßt sich nicht abweisen, und er antwortet ihr barsch, wie wir bereits angeführt haben, daß man den Kindern nicht ihr Brot nehmen darf, um es den Hunden vorzuwerfen. Und doch wird er überwältigt, nachdem sie ihm so schlagfertig sagt, daß auch die Hunde von den Brosamen, die von ihrer Herren Tische fallen, essen. Zweimal sind es die Gespräche mit FRAUEN, die den Jüngern an sich anstößig vorkommen, noch dazu mit NICHTJÜDISCHEN FRAUEN, die in Jesus eine Wandlung hervorrufen, seine starr nationale Haltung auflockernd ins schlechthin Humane. Hier ist nichts Zufälliges, sondern eine klare Absage, in der Form einer Erzählung zwar, an zwei Segenssprüche, die in der Liturgie des Morgengebetes untereinanderstehen: »Gelobt seist du, Herr unser Gott, König der Welt, der du mich nicht zum Heiden gemacht hast« und »Gelobt seist du, Herr unser Gott, König der Welt, der du mich nicht zum Weibe gemacht hast«.

Im Gleichnis vom barmherzigen Samariter wird dieser also dem Schriftgelehrten als ein Beispiel für den gerechten Gesetzesvollzug vor Augen geführt. Das stellt zweifellos ein Skandalon dar, denn die Samariter – oder wie sie nach ihrer babylonischen Herkunftsstadt Kuta im Talmud genannt werden: die Kutäer – galten als unzuverlässig und waren des heimlichen Götzendienstes verdächtig, ja, man lastete ihnen sogar an, auf ihrem heiligen Berge Garizim heimlich Götzenbilder vergraben zu haben. Das stellt eine Variante von Gen. 35, 4 dar, wo berichtet wird, daß Jakob die Götzen seiner Sippe unter einer Eiche in Sichem vergrub.

Der Hauptstreitgegenstand, der ja auch im Gespräch Jesu mit der Samariterin zum Ausdruck kommt, waren die beiden Heiligtümer, der jüdische Tempel zu Jerusalem und der samaritische auf dem Berge Garizim über Sichem. Unter den sieben kleinen Talmud-Traktaten (Massechthoth ketanoth) ist der sechste den »Kutim« oder Samaritern gewidmet. Die Kutim oder Samariter wurden durch den assyrischen König Sanherib oder dessen Sohn nach der Zerstörung des Reiches Israel (721 vor Chr.) in Samaria angesiedelt. Nach diesem ihrem Ansiedlungsgebiet wurden sie später Samariter oder Samaritaner genannt. Sie richteten das alte israelitische Heiligtum Beth-El wieder auf, das auf die Tradition von Jakobs Traum zurückging. Da die Kolonisten von reißenden Löwen bedroht wurden, sahen sie sich genötigt, zur Abwendung dieser Gefahr den autochthonen Jahwe-Kult einzuführen, um durch den Gott des Landes Schutz zu erhalten. Zur Etablierung dieses Kultes wurde ihnen ein israelitischer Priester aus Babylon gesandt (2. Kön. 17, 24ff.).

Im Zuge der späteren Reform des Königs Josia von Juda

wurden die Priester israelitischer Herkunft ausgerottet. Die Kutäer oder Samariter suchten tatsächlich Anschluß an das jerusalemische Heiligtum, wurden aber immer wieder zurückgewiesen. Nach der Rückkehr eines Teiles der Juden aus der babylonischen Gefangenschaft versuchten auch die Samariter, an der Wiedererrichtung des Tempels in Jerusalem sich zu beteiligen, stellten aber die Forderung, als Teil der jüdischen Bundesgemeinde anerkannt zu werden, was von den Rückkehrern abgelehnt wurde. Serubabel, der Führer der Rückkehrer, schloß sie vom Tempelbau aus, wodurch die offene Feindschaft zwischen Juden und Samaritern ausbrach, die zur Errichtung ihres Konkurrenztempels auf dem Berge Garizim führte. Dieser Tempel bestand als Ärgernis zur Zeit Jesu. Das Verhältnis zu den Samaritern war äußerst gespannt, wie aus dem erwähnten kleinen Talmud-Traktat hervorgeht. Es bestand ein Verkaufsverbot ihnen gegenüber, da man befürchtete, daß sie Kultgegenstände entweihen könnten. Ehen mit ihnen waren verboten. Hingegen waren Geldgeschäfte mit ihnen gestattet, ebenso beiderseitige Teilnahme an Armenabgaben.

Jesus selbst war von den Vorbehalten gegenüber den Samaritern ursprünglich keineswegs frei, erfuhr zunächst auch Ablehnung von ihnen, muß aber dann offenbar seine Vorurteile revidiert haben, und so dürfen wir annehmen, daß sein Gleichnis vom barmherzigen Samariter NACH der Begegnung am Jakobsbrunnen gesprochen wurde.

Schon der Einleitungssatz zeigt, wie realistisch die Gleichnisse Jesu sind. Der Mensch, der von Jerusalem nach Jericho zieht, fällt in die Hand der Räuber. Die Straße von Jerusalem nach Jericho war bis in die jüngste Zeit hinein eine von räuberischen Beduinen bedrohte Gegend. (Ich selbst erinnere mich, daß man ungern ohne polizeiliche Bedeckung diesen Weg zurücklegte. Chauffeure, die diese Strecke befuhren, bekamen von der englischen Mandatsverwaltung einen Waffenschein.) Der Weg führt durch Wüstengebiet. Es handelt sich hier um jene Wüste, in die der Sündenbock am Großen Versöhnungstage geschickt wurde, um vom Asasel-Felsen hinabgestürzt zu werden. Auf diesem gefährlichen Wege nun erliegt ein Mensch dem Anschlag der Straßenräuber (Beduinen?), die ihn halbtot liegenließen.

Nun zieht an ihm ein Priester vorbei, der offenbar von Jericho nach Jerusalem hinaufgeht, um dort im Tempel Dienst zu tun. Er hält den Mann für tot und weicht ihm deshalb aus, um sich an ihm nicht zu verunreinigen; denn ein Priester, der einen Leichnam berührt hat, kann am Tempeldienst nicht mehr teilnehmen. Hier will wohl gesagt sein, daß der gewissenhafte Cohen (Priester) ein rituelles Kultgebot über das Liebesgebot stellt. Genau dasselbe gilt auch für den Leviten, der ebenfalls am Tempeldienst, z. B. als Chorsänger, teilnahm und den Tempel nicht mehr hätte betreten können, wenn er sich an einem Leichnam verunreinigt hätte. Priester und Levit hätten sich vorher einem Reinigungsritual unterziehen müssen, so daß sie nicht mehr rechtzeitig zu ihrem Dienst hätten antreten können. Das ist zweifellos die Absicht des Gleichnisses; denn sonst hätte es gar keinen Sinn, daß hier ein Priester und ein Levit erwähnt werden, statt – sagen wir – ein Pharisäer und ein Schriftgelehrter, was ja der dialogischen Situation unmittelbar entsprochen hätte, denn das Gleichnis wird einem pharisäischen Schriftgelehrten erzählt. Dieser versteht natürlich sofort, wo hier die Pointe liegt: RITUAL CONTRA HERZENSPFLICHT. (Nach der uns vorliegenden Version des Heidenchristen Lukas ziehen der Priester und der Levit allerdings nach Jericho HINAB, da ihm selbst diese Pointe vielleicht nicht ganz gegenwärtig war. Ich vermute, daß in der ursprünglichen Fassung der Priester und der Levit in der entgegengesetzten Richtung nach Jerusalem hinaufgezogen sind. Allerdings haben Priester und Levit auch sonst jede Berührung mit einem Leichnam geflissentlich vermieden, da dies zur kultischen Verunreinigung führte. Noch heute verläßt ein orthodoxer Jude priesterlicher Herkunft, der etwa Cohn, Cohen, Kagan, Kohnstamm, Kahn etc. heißt, sofort ein Haus, in dem sich ein Leichnam befindet, und er nimmt auch an keinem Begräbnis teil, außer an dem nächster Blutsverwandter.)

Die Reihenfolge Priester, Levit in unserem Gleichnis entspricht der Ordnung beim Aufrufen zur Thora-Vorlesung in der Synagoge.

Der Samariter aber, der von solchen rituellen Skrupeln frei ist, erbarmt sich des armen Menschen und tut alles für ihn, was zu tun ist. Er erfüllt damit dem Sinne nach das Liebesgebot, und Jesus schließt seine Parabel mit der Aufforderung an den Schriftgelehrten: »So gehe hin und tue desgleichen.« Die unerhörte Provokation, die darin liegt, wird einem nur klar, wenn man sich vergegenwärtigt, daß einem Schriftgelehrten zugemutet wird, sich einen Samariter als Vorbild zu nehmen und so zu handeln wie dieser, also von IHM die rechte Deutung der Thora zu lernen.

Das Gleichnis vom barmherzigen Samariter gehört sicher zu den schönsten und tiefsten der Gleichnisse Jesu, das nie seine

Aktualität verliert. Wir haben versucht, es hier in seinem historischen und kulturgeschichtlichen Zusammenhange zu sehen, so wie es aus der dialektischen Situation heraus zu verstehen ist, aber es hat darüber hinaus zweifellos seine ewige Gültigkeit im menschlichen Bereich jeder Zeit und jeder Kultur.

Am tiefsten ging mir die Bedeutung dieses Gleichnisses am 16. Mai 1961 auf bei der 41. Sitzung des Eichmann-Prozesses in Jerusalem, wo Propst D. Dr. Heinrich Grüber aus Berlin, der sich selbstlos für die verfolgten Juden eingesetzt hatte und im Konzentrationslager dafür büßen mußte, über seine Zusammenkünfte mit Eichmann aussagte: »Eichmann sagte mir: ›Was kümmern Sie sich überhaupt um die Juden? Sie werden keinen Dank für diese Arbeit haben. Warum denn diese ganze Tätigkeit zugunsten der Juden?‹ Ich sagte darauf, weil ich glaubte, er hätte als ehemaliger Templer dieses Land (Israel) gekannt: ›Sie kennen die Straße, die von Jerusalem nach Jericho führt?‹ Dann sagte ich: ›Auf dieser Straße lag einmal ein Jude, der unter die Räuber gefallen war. Da kam einer vorbei, der kein Jude war, und hat geholfen. Der Herr, auf den allein ich höre, er sagte mir: Gehe du hin und tue das gleiche.‹ Das ist meine Antwort.«

Die Quintessenz des Gleichnisses ist, daß wir den Nächsten in demjenigen Menschen sehen, mit dem wir es realiter zu tun haben. Es stellt sich dabei gar nicht die Frage, ob er ein Volksgenosse oder Angehöriger derselben Religion ist. Deshalb wird wohl in diesem Gleichnis von einem MENSCHEN gesprochen, der unter die Räuber gefallen ist. Es steht hier nicht, daß es ein Jude war, wenngleich dies aus dem Zusammenhange anzunehmen ist. Aber der leidende Mensch ist unser Nächster, dem wir zu helfen haben, und das kann man auch von einem Samariter lernen. Wer eine Seele aus Israel rettet, ist wie einer, der eine ganze Welt gerettet hat, lehren die Rabbinen. Hier, in unserem Gleichnis, ist nun bewußt die volksmäßige Begrenzung aufgehoben: Wer eine Seele rettet, wer ein Menschenleben rettet, der hat damit eine ganze Welt gerettet, und das ist der Vollzug des Liebesgebotes.

Hermann Cohen hat einmal gesagt, die Nächstenliebe ist die Fernstenliebe. Der mir fernste Mensch, der nicht zu meinem Volke gehört, nicht zu meiner Religion, nicht zu meinem Sprachkreis, kann in einer bestimmten Situation mein Nächster sein, nämlich dann, wenn er mein bedarf. Auch das ist in unserem Gleichnis mit umfaßt. Nicht aber meint die Nächstenliebe ein »Seid umschlungen, Millionen«, das die Menschheit pauschal und daher unverbindlich umfaßt. Gemeint ist jeweils der konkrete Mensch in der konkreten Situation, die mir zur Bewältigung aufgegeben ist. Deshalb antwortet Jesus auf die Frage des Schriftgelehrten: »Wer ist denn nun mein Nächster?« mit diesem Gleichnis und beendet es nicht mit der Lösung der Frage, sondern mit einem auf die Tat ausgerichteten Imperativ.

Nach einer Tradition des Lukas-Evangeliums (Luk. 11, 1) war es einer der Jünger Jesu, der nicht mit Namen genannt wird, welcher sich mit der Bitte an ihn wendet: »Herr, lehre uns beten, wie auch Johannes seine Jünger lehrte.« Diese Bitte ist nicht dahin zu verstehen, daß die Jünger Jesu vorher keine Gebete kannten, sondern zusätzlich zum üblichen Gebet der täglichen und sabbathlichen Übung pflegten die verschiedenen Meister ihren Jüngern noch Privatgebete, »Thachanunim«, zu empfehlen. In diesem Sinne dürfen wir das Wort b. Berachoth 29b verstehen: »Wer sein Gebet als etwas Obligatorisches betrachtet, dessen Gebet ist kein Flehen ...« Was heißt etwas (nur) Obligatorisches? ... Rabbi Joseph erklärte: »Wenn man darin nichts Neues einzuschalten weiß.«

In diesem Sinne ist der Gebetswunsch des Jüngers zu verstehen, und darauf zielt auch die Antwort Jesu, das »Unser Vater«. Es heißt das Wesen dieses Gebetes mißverstehen, wenn man es als liturgische Formel auffaßt, ja als das einzig legitime liturgische Gebet. Genau das ist es nicht, sondern ein Hinweis auf die Art und Weise, wie, in aller Schlichtheit des Herzens, gebetet werden soll.

Dabei ist das Gebet kein Selbstzweck, Beten wird hier nicht als eine Pflicht oder gute Tat aufgefaßt, sondern als Zwiesprache mit Gott. Ein später orthodox jüdischer Exeget des 19. Jahrhunderts, S. R. Hirsch, hat ganz in diesem Sinne über das Gebet geurteilt: »Der innere Gottesdienst (das Gebet) ist eine Vorbereitung zum tätigen und findet seinen Zweck nur in ihm« (Chorev, Par. 616). Trotzdem können wir dem zustimmen, was Adolf von Harnack in der vierten Vorlesung seines ›Wesen des Christentums‹ sagte: »Für die höheren Religionen sind die Gebete das Entscheidende.« Harnack meinte, daß das für das Christentum (und den Islam?) zutreffe, im Gegensatz zum Judentum, das er, wie so viele seiner theologischen Fachkollegen, als Religion der Werkgerechtigkeit sah. Demgegenüber sei an das Wort des Rabbi Elieser (b. Berachoth 32b) erinnert: »Das Gebet übertrifft die guten Werke.«

Wie sehr das Gebet dabei nicht als eine routinemäßige Handlung aufgefaßt wurde, geht aus der Stelle b. Berachoth 30b hervor: »Die früheren Frommen pflegten eine Stunde zu warten, um ihr Herz zum Allgegenwärtigen zu wenden.«

Das Wort des Rabbi Elieser, daß das Gebet die guten Werke übertrifft, könnte als der Auffassung Jesu diametral entgegengesetzt aufgefaßt werden, da für Jesus das Gebet nicht als etwas Verdienstvolles angesehen wird, sondern eher als eine Gnade, die dem Menschen zuteil wird, der Gott im Gebet anreden darf. Dennoch scheint mir hier kein eigentlicher Antagonismus gegeben, denn das Wort des Rabbi Elieser ist wohl dahin zu verstehen, daß die Wirkung des Gebetes stärker ist als die der guten Werke. Und hier begegnen einander Rabbi Elieser und Rabbi Jesus, der von der unmittelbaren Wirksamkeit des Gebetes tief überzeugt war: »Bittet, so wird euch gegeben; suchet, so werdet ihr finden; klopfet an, so wird euch aufgetan. Denn wer bittet, der wird empfangen, wer sucht, der wird finden, und wer anklopft, dem wird aufgetan werden« (Matth. 7, 7ff.). Nun ist es typisch für den Glauben Jesu, daß er fortfährt: »Wer unter euch, den seine Kinder um Brot bitten, wird ihnen einen Stein reichen? Oder wer, wenn er ihn um einen Fisch bittet, wird ihm eine Schlange geben? Wenn nun ihr, die ihr böse seid, euren Kindern gute Gaben reicht, wie viel mehr wird euer Vater im Himmel denen Gutes geben, die ihn bitten?«

Gebet ist für Jesus Zwiesprache mit dem Vater im Himmel, wobei der Mensch sich seiner Kindsituation voll bewußt sein soll, in den drei Bitten, die dem Menschen ziemen: der Bitte um das tägliche Brot, der Bitte um die Vergebung der Schuld und der Bitte um das Reich Gottes.

In alledem bewegt sich Jesus auf dem Boden der jüdischen Tradition seiner Zeit, wie dies Bultmann richtig erkannte: »Die Eigenart des Vaterunsers gegenüber jüdischen Gebeten besteht nicht darin, daß seine Formulierung und sein Inhalt besonders originell wären. Im Gegenteil; alle Bitten haben ihre Parallelen in jüdischen Gebeten.«

Sie haben nicht nur ihre Parallelen in jüdischen Gebeten; das Gebet, das Jesus seine Jünger lehrt, ist ein jüdisches Gebet vom ersten bis zum letzten Worte. (Überall, wo es gebetet wird, habe ich es stets mitgebetet, ohne dabei meinen jüdischen Glauben auch nur um Haaresbreite zu verlassen oder zu verletzen.)

Das Gebet, das Jesus seine Jünger lehrt, beginnt mit der Anrede: »Unser Vater im Himmel.« Wenn wir diese Anrede in das Hebräische übersetzen – und wir dürfen annehmen, daß Jesus seine Jünger hebräisch beten lehrte, obwohl sie miteinander aramäisch sprachen, denn die Gebete wurden zur Zeit Jesu, zumindest im Lande Israel, noch vorwiegend hebräisch gesprochen –, so lautet sie: »Avinu scheba-Schamajim.« Das ist eine Anrede, die wir aus zeitgenössischen Gebeten kennen. Die Bezeichnung Gottes als »Unser Vater im Himmel« findet sich z. B. am Ende von zwei Mischna-Traktaten. Am Ende des Traktats Joma betont Rabbi Akiba: »Heil euch, Israel, wer reinigt euch, und vor wem reinigt ihr euch? Vor eurem Vater im Himmel.« Am Ende des Traktates Sota finden wir eine Beschreibung der Schreckenszeit der messianischen Wehen und darin die Bemerkung: »Auf wen können wir uns noch stützen? Auf unseren Vater im Himmel.«

Der »Vater im Himmel« ist also nicht etwa eine christliche Vorstellung, sondern eine genuin jüdische. Wäre Jesus sich in irgendeiner Weise seiner vom späteren Dogma statuierten göttlichen Natur bewußt gewesen, so wäre hier der Ort, dem Ausdruck zu verleihen. Es wäre ihm aber nie eingefallen, die Jünger aufzufordern, ihn anzubeten. Er weist es ja sogar zurück, »guter Meister« genannt zu werden, mit der Begründung: »Keiner ist gut außer Gott!« (Mark. 10, 17–18)

Er empfindet sich aber auch nicht als DER Mittler zwischen Gott und den Menschen, sonst würde er die Jünger lehren, in seinem Namen den Vater im Himmel anzurufen. Auch davon ist nicht die Rede, sondern der Beter selbst ist ein Kind Gottes, und so sind sie alle, die Gott anrufen, berechtigt zu sagen: »Unser Vater im Himmel.«

Obwohl Jesus das Privatgebet empfiehlt: »Gehe in deine Kammer und schließe die Türe zu und bete zu deinem Vater, der im Verborgenen ist. Und dein Vater, der in das Verborgene sieht, wird dir's vergelten«, wählt er doch die Anrede in pluralischer Form, die für das jüdische Gebet so typisch ist. Freilich empfiehlt Jesus nicht (nur?), in den Synagogen zu beten, sondern zu Hause, und doch bleibt auch für den einzelnen die Anrede »unser Vater« das Geziemende, denn der Mensch ist nicht allein, und der jüdische Mensch weiß sich im besonderen im Bunde mit Gott als Glied des Bundesvolkes, so daß auch der einzelne wohl richtig »unser Vater« sagt.

Die Vorstellung, daß Gott im Verborgenen wohnt, geht auf das Gebet Salomos zurück, der Gott im Dunkel wohnend annimmt (1. Kön. 8, 12). Auch klingt die Stelle vom verborgenen Gott bei Jesaja an (Jes. 45, 15). Die Verborgenheit Gottes entspricht jenem Grundgefühl der jüdischen Seele, die auch im Bau des Tempels zum Ausdruck kam, wo Gott im Allerheiligsten thronend gedacht wurde, das zur Zeit Jesu bereits ein völlig leerer Raum war. In dieser Leere, unfaßbar verborgen, wurde Gott gleichsam lokalisiert, obwohl in paradoxer Glaubenserkenntnis auch dem Juden dieser Zeit bewußt war, daß die Himmel der Himmel Gott nicht zu fassen vermögen.

Sowohl in der Gebetsanrede wie in den Gleichnissen, Predigten und Gesprächen Jesu wird der Name Gottes, das Tetragramm JHWH (Jahwe), nicht genannt. Es gab in neuester Zeit einen jüdischen Phantasten, David Horovitz, der der Sekte eines gewissen Moses Gibori in Amerika angehörte, welcher aus der Tatsache, daß Jesus den Namen Gottes nicht nennt, schließen wollte, daß er als Magier mit dunklen Mächten im Bunde gestanden habe, so wie etwa Faust den NAMEN Gottes nicht mehr zu nennen vermag, nachdem er den Bund mit Mephistopheles geschlossen hat.

Hier handelt es sich aber tatsächlich um böswillige Phantasterei. Die schlichte Wahrheit ist, daß auch die Zeitgenossen Jesu, die Tanaiten, aus Ehrfurcht (und vielleicht aus magischer Scheu) es vermieden, den Namen Gottes zu nennen. Der Name bleibt den biblischen Schriften, die damals kanonisiert wurden, vorbehalten, während man selbst den Namen in heiliger Scheu umschreibt, so das Gebot: Du sollst den Namen des Herrn, deines Gottes, nicht mißbrauchen (Ex. 20, 7), wörtlich erfüllend. Anstelle des Gottesnamens treten Bezeichnungen wie: der Heilige, gelobt sei er; der Allbarmherzige; der gesegnete Name; ja sogar »der Ort« (denn Gott ist der Ort der Welt, nicht die Welt ist der Ort Gottes), und schließlich eben, vor allem auch als Gebetsanrede: »Unser Vater.« So beginnt etwa Rabbi Akiba seine berühmte Litanei: »Avinu malkejnu« – »Unser Vater, unser König«.

Das innige Vater-Kind-Verhältnis, das den Glauben Jesu kennzeichnet, der kindhaft in der Not in der aramäischen Form »Abba« schreit (Mark. 14, 36), läßt zwar im Gleichnis Gott auch als König erscheinen, wie das in der hebräischen Haggada üblich war, aber in der Gebetssprache ist ihm Gott nur der Vater. In zwei überlieferten letzten Worten Jesu am Kreuz wird das noch einmal faßbar. Dort, wo er sich Gott zuwendet, spricht er ihn noch einmal als Vater an: »Vater, in deine Hände befehle ich meinen Geist«, während er seiner Verlassenheit mit dem Psalmwort: »Mein Gott, mein Gott, warum hast du mich verlassen?« Ausdruck gibt. Hier ist – tragischer Höhepunkt – das Vater-Kind-Verhältnis zerbrochen.

Das Gebet Jesu, das er seine Jünger lehrt, ist uns bei Matthäus 6, 9–13 und bei Lukas 11, 1–4 überliefert. Die Forschung ist sich nicht darüber klar, wieweit diese Bitten auf Jesus selbst zurückgehen, aber sie sind auf jeden Fall ein Ausdruck seines Glaubens, der in der Gemeinde weiterlebte. Es ist auch nicht mehr genau auszumachen, welcher Text älter ist, der des Matthäus oder der des Lukas. Die Handschriften bieten hier verschiedene Versionen, insbesondere im Lukas-Text. Das aber sind Fragen, die die Philologen beschäftigen. Uns klingt die brüderliche Stimme des jüdischen Beters durch alle diese Versionen hindurch.

Das Gebet beginnt mit der Heiligung des Namens:

> Unser Vater in dem Himmel!
> Dein Name werde geheiligt!

Die Formel »Dein Name werde geheiligt« entspricht dem Kaddisch-Gebet der Synagoge. Das Kaddisch ist ein altes Gebet, das, obwohl vorwiegend aramäisch, doch auch hebräische Stellen aufweist, deren Bestandteile aus der Zeit Jesu stammen dürften. Es beginnt mit der Formel: »Erhoben und geheiligt werde sein großer Name in der Welt, die er schuf nach seinem Willen, und er bringe sein Reich bei euren Lebzeiten und bei Lebzeiten des ganzen Hauses Israel, bald und in naher Zeit, darauf sprechet: Amen.«

Darauf respondiert die Gemeinde: »Es sei sein großer Name gepriesen, ewig und in alle Ewigkeit.«

Der Vorbeter fährt fort: »Gepriesen, gerühmt und verherrlicht, erhoben und erhöht und geehrt und angebetet und gelobt werde sein heiliger Name. Er werde gepriesen hoch über allen Preis und Liebe und Ruhm und Trost, die gesprochen werden in der Welt. Darauf sprechet: Amen.«

Ich vermute, daß im »Vater unser« eine Art Polemik gegen das Kaddisch vorliegen könnte. Jesus wendet sich zwar in der eristischen Vorbemerkung zu seinem Gebet gegen die Heiden, die meinen, sie würden erhört, wenn sie viele Worte machen, aber er kleidet diese Rüge in die Mahnung: »Und wenn ihr betet, sollt ihr nicht viel plappern wie die Heiden« (Matth. 6, 7). Tatsächlich ist der Lobpreis des Namens im Kaddisch von barocker Überladenheit, während Jesus sich auf das schlichte, in unmittelbarer Hinwendung zu Gott gesagte: »Geheiligt werde dein Name« beschränkt.

Die Urform des Kaddisch bildete ein Hymnus mit einem Ausblick auf das Reich Gottes, wie ihn die Schriftgelehrten ihren

Auslegungen (Draschoth) als Abschluß folgen ließen. Noch heute ist diese Form in der Synagoge als »Kaddisch derabbanan« bekannt, das nach einem Lehrvortrag rezitiert wird. Daraus ist der Ort des »Vater unser« im Anschluß an die Bergpredigt zu verstehen.

Dein Reich komme.
Dein Wille geschehe auf Erden wie im Himmel.

Daß die Bitte um das Reich Gottes an den Anfang des Gebetes gestellt ist, entspricht der eschatologischen Naherwartung Jesu, die er nicht nur von seinem Lehrer Johannes übernommen hat, sondern die einem Grundgefühl dieser spannungsreichen Zeit entsprach. Auch das Kaddisch BEGINNT ja mit der Bitte um das Reich Gottes, während in dem Gebet von Rav (2.–3. Jahrhundert), nachdem die messianische Naherwartung bereits nachgelassen hatte, dieselbe Hoffnung in die Mitte gerückt wird: »Darum harren wir dein, Herr unser Gott, bald die Pracht deines Sieges zu sehen, fortzuschaffen von der Erde die Gottnichtse, daß sie ausgerottet werden, die Welt zu ordnen für das Königtum des Gewaltigen.« (Noch heute schließt der Gottesdienst der Synagoge mit diesem Gebet, das unter dem Namen »Alejnu« bekannt ist.)

An die Heiligung des Namens und die Bitte um das Reich schließt sich die Bitte darum, daß der Wille Gottes auf Erden wie im Himmel geschehen möge. Die Erwartung Jesu war keine rein transzendente, sondern der Einbruch der Transzendenz in unsere irdische Menschenwelt wurde erwartet. Das Judentum hat ja nie die Hoffnung auf ein Jenseits gesetzt. Diesen Ausdruck gibt es im Hebräischen gar nicht, sondern hier ist von »Olam Haba«, der kommenden Welt, die Rede. Das Reich der Himmel komme auf diese Erde, und dann geschehe auf ihr der Wille Gottes, wie er bereits jetzt in den Himmeln geschieht. Der Wille Gottes – das ist der Friede; und so schließt das Kaddisch: »Der Friede schafft in seinen Höhen, der schaffe Frieden uns und ganz Israel; darauf sprechet: Amen.«

Bei aller Übereinstimmung zwischen andern jüdischen Gebeten und dem »Vater unser« fällt hier auf, daß Israel nicht erwähnt ist, daß jede nationale Komponente fehlt. Bedenkt man, daß das Sendungsbewußtsein Jesu auf die verlorenen Schafe aus dem Hause Israel primär beschränkt war, so muß das wundernehmen. Wenn wir es nicht mit einer späteren Eliminierung einer solchen Formulierung zu tun haben, so ist hier vor allem darauf hinzuweisen, daß es sich um ein Privatgebet im Sinne der Thachanunim handelt, die als Herzenserguß des einzelnen oft der nationalen Komponente entbehren.

Unser täglich Brot gib uns heute.

Es ist legitim, daß der Mensch auch in der Erwartung des Reiches Gottes für sein tägliches Brot betet. Hebräisch müssen wir wohl »Lechem chukenu« lesen, das uns zukommende Brot. Mehr allerdings zu erbitten geziemt ihm nicht, vor allem ist hier die Ablehnung der Ansammlung von materiellen Werten durch Jesus zu berücksichtigen, wobei er ganz dem pharisäischen Ideal seiner Zeit entspricht. Manche der Schriftgelehrten gingen so weit, Brot, Wasser und Salz als genügend für die Nahrung des Menschen zu bezeichnen.

Und vergib uns unsere Schuld,
wie wir vergeben unseren Schuldigern.

Wir haben oben bereits Talmudstellen angeführt, nach denen nur denjenigen im Himmel vergeben wird, die selbst auf Erden vergeben, ein Gedanke, den Jesus im Gleichnis vom Schalksknecht breit ausführt (Matth. 18, 23–35).

Jesus, der Menschenkenner, weiß, daß der Mensch täglich der Versuchung ausgesetzt ist, und so schließt er sein Gebet mit der Bitte:

Und führe uns nicht in Versuchung,
sondern erlöse uns von dem Übel.

Das »Und führe uns nicht in Versuchung« kommt fast wörtlich genau im täglichen Morgengebet der Synagoge vor (Welo lijdej Nissajon). Die Erlösung vom Übel kann auch als die Erlösung vom Bösen aufgefaßt werden, wobei aber nicht DER Böse im Sinne des Teufels gemeint sein kann, denn im Sprachgebrauch Jesu wird der Teufel einfach als Satan bezeichnet, den er ja in Blitzesform vom Himmel fallen sah (Luk. 10, 18).

Bekanntlich ist manchen Texten noch die Schlußformel

Denn dein ist das Reich und die Kraft
und die Herrlichkeit in Ewigkeit

mit der liturgischen Abschlußformel »Amen« angehängt. Es würde sich hier um eine Lobpreisung im Sinne von 1. Chr. 29, 11 handeln. Bedenkt man, daß in der Liturgie der Synagoge eine ähnliche Formulierung vor der Vorlesung aus der Thora gebraucht wird, so liegt hier die Vermutung nahe, daß dieser Satz vielleicht VOR den Seligpreisungen, also zu Beginn der Bergpredigt, gedacht war. Er gehört sicher nicht zum eigentlichen Text des Vaterunser, aber, wie viele Forscher richtig erkannt haben und wie wir hier noch einmal betonen wollen: Dieses Gebet ist nicht als eine abgeschlossene Liturgie aufzufassen, sondern als ein Modell dafür, wie man in der Schlichtheit des Herzens beten soll, so daß durchaus Sätze angehängt oder abgewandelt werden konnten.

In seiner Schlichtheit und Geschlossenheit aber ist dieses Gebet tatsächlich ein Höhepunkt. Es ist zeitlos, obwohl es ganz den Geist seiner Zeit atmet. Aus der Naherwartung des Reiches freilich wurde die Fernerwartung, aber der Glaube wird immer in der Erwartung leben, in der Erwartung des Unbekannten, des ganz anderen, und das ist ja das Reich Gottes. Franz Rosenzweig sprach von der Möglichkeit, das Reich zu erbeten (›Stern der Erlösung‹, 1921, Einleitung zum dritten Teil). Wenn auch das Reich Gottes das Fernste ist, so ist es für den Beter, wenn er ein rechter Beter ist, im Augenblick des Gebetes das Nächste. Ja, das Reich ist in der betenden Gemeinde schon vorweggenommen: Das Reich Gottes ist mitten unter euch (Luk. 17, 21).

In dem Kapitel ›Jesus als Rabbi‹ bemerkt Rudolf Bultmann: »Man kann darauf hinweisen, daß sich in seiner (Jesu) Umgebung Frauen befunden zu haben scheinen, die man sonst in der Umgebung eines Rabbi nicht findet.« Diese Bemerkung Bultmanns stützt sich offenbar auf die bekannte Notiz Luk. 8, 1–3:

> »Und es begab sich danach, daß er reiste durch Städte und Dörfer und predigte und verkündete das Evangelium vom Reich Gottes; und die Zwölf waren mit ihm, dazu etliche Frauen, die er gesund gemacht hatte von bösen Geistern und Krankheiten, nämlich Maria, die da Magdalena heißt, von welcher waren sieben Geister ausgefahren, und Johanna, die Frau des Chusa, eines Verwalters des Herodes, und Susanna und viele andere, die ihnen Handreichung taten von ihrer Habe.«

Diese Notiz steht nicht isoliert, denn die Rolle der Frau in der Umgebung Jesu wird von Lukas stärker hervorgehoben, als dies in den anderen drei Evangelien der Fall ist. Die anderen Evangelien bieten keinen ähnlichen Nachweis in bezug auf die Jüngerinnen im Kreise Jesu. Der Einleitungssatz will darauf hinweisen, daß die Frauen sich dem Jüngerkreise anschlossen, als Jesus seine Wanderpredigertätigkeit aufnahm. Es handelt sich offenbar um vermögende Frauen, die nicht nur mit Handreichungen, sondern auch mit entsprechenden Mitteln dem verehrten Rabbi halfen.

Die Vorstellung Bultmanns, daß Frauen in der Umgebung eines Rabbi nicht anzutreffen waren oder daß die Schriftgelehrten sich stets von den Frauen fernhielten, läßt sich aber nicht ganz aufrechterhalten. Man denke etwa nur an die Bemerkungen im Traktat Sabbath 13a: »Wenn Ula aus dem Lehrhause heimkehrte, pflegte er seine Schwestern auf die Brust zu küssen, manche sagen auf die Hand.« Von einem anderen Rabbi wird berichtet, daß er am Eingang der Badehäuser die schönen Frauen und Mädchen beobachtete und Segenssprüche über ihre Schönheit betete.* Wir dürfen also nicht das asketische Ideal christlicher Anachoreten und Mönche mit dem Leitbild eines Rabbi aus der Zeit Jesu identifizieren. Jesus selbst war kein Asket, im Gegen-

* Rabban Gamaliel pries sogar angesichts einer schönen Heidin den Schöpfer mit einem Segensspruch (j. Berachoth IX, 2).

satz zu den (anderen) Jüngern des Johannes, sondern er war den Freuden des Lebens durchaus zugetan.

Die Frauen in der Nachfolge Jesu tragen den Charakter von Jüngerinnen, wenn sie auch meist dienende Funktionen hatten. Es mag sich wirklich etwas von dem Erlebnis dieser neuen Gemeinschaft, die den Jüngern selbst sehr befremdlich vorkommen mußte, in dem Wort aus dem Galater-Brief (3, 28) spiegeln: »Hier ist nicht Mann noch Weib, denn ihr seid allzumal EINER in Christus Jesus.« Gewiß stellt diese Aussage des Paulus eine spätere Dogmatisierung eines spontanen Gemeinschaftserlebnisses dar, dessen lebendige Mitte Jesus gewesen sein muß.

Die drei dominierenden Frauengestalten im Leben Jesu tragen merkwürdigerweise alle denselben Namen »Maria«, eigentlich Mirjam. Wir können so von den drei Marien sprechen: Maria, die Mutter, Maria, die Jüngerin, und Maria, die Hetäre.

Über das Verhältnis Jesu zu seiner Mutter sind hier schon einige Bemerkungen gemacht worden, die nur noch einmal kurz dahin zusammengefaßt werden müssen, daß dieses Verhältnis offenbar ein gestörtes war. Maria hat ihren Sohn nicht verstanden, und seine Beziehung zu ihr blieb affektgeladen, entbehrte der Ehrerbietung, die man der Mutter gerade in der jüdischen Familie entgegenbrachte. Wir können uns diese Mirjam, die Frau des schlichten galiläischen Handwerkers Joseph, nur als eine biedere jüdische Mutter vorstellen, eine Orientalin natürlich, die über den Kreis der Familie nicht hinauszublicken vermochte und daher den absonderlichen Wegen ihres Sohnes nur von ferne folgte. Daß sie ihm dennoch folgte, ist kein Widerspruch, sondern ergänzt das Bild der besorgten Mutter, die die Partei ihres Sohnes ergreift, auch wenn sie ihn nicht versteht. Er bleibt eben ihr Sohn, und sie ist stolz auf ihn, wenn er gewisse Erfolge aufzuweisen hat, selbst wenn sie ihn eigentlich auf anderen Bahnen sehen möchte. Wir haben schon angedeutet, daß das Dunkel der Geburt Jesu ein Motiv für das gespannte Verhältnis zwischen Mutter und Sohn gewesen sein mag, jedoch kann es hier nur um Vermutung gehen. Unbestreitbar hat sich die Mutter Jesu aber der Jüngergemeinde in irgendeiner Form angeschlossen. Wir dürfen annehmen, daß Mirjam-Maria bereits zu Beginn der öffentlichen Wirksamkeit ihres Sohnes Witwe war und daher leicht das Haus verlassen konnte, ja, es war für sie vermutlich gar nicht mehr tragbar, in Nazareth zurückzubleiben und dort den Angriffen der Gegner ihres Sohnes ausgesetzt zu sein, so daß sie sich in der Jüngergemeinde doch geborgener fühlte. In das schlichte und ergreifende Bild dieser jüdisch-orientalischen Mutter fügt sich das Magnifikat (Luk. 1, 46–55), der Lobgesang der Maria, freilich nicht ein. In diesem wundervollen Lied handelt es sich um einen neutestamentlichen Psalm, der aus Elementen der hebräischen Bibel kunstvoll zusammengefügt ist, dem Dankgebet der Hanna (1. Sam. 2, 1–10) sowie Stellen aus den Psalmen und der Genesis. Natürlich kann man nicht annehmen, daß eine schlichte orientalische Jüdin aus Nazareth diese schriftgelehrte Lyrik verfaßt hat.

Maria, die Jüngerin, ist eine der Schwestern des Lazarus, den Jesus aus dem Grabe wieder in das Leben zurückgerufen hat. Das Schwesternpaar Maria und Martha wurde oft typologisch gesehen, Maria, die kontemplative, und Martha, die aktive. Gerade aber der Kontemplativen neigt Jesus zu, und hier liegt wohl das Neue in der Beziehung Jesu zu den Frauen seiner Umgebung. Die dienende Frau ist im zeitgenössischen Judentum nicht selten. Bis heute hat sich in observanten jüdischen Kreisen die Vorstellung erhalten, daß eine Frau, die einem Schriftgelehrten, einem Rabbi, treu dient, dadurch an den Verdiensten teilhat, die er sich durch sein Studium für die Ewigkeit erwirbt. Die Jüngerin aber, die nur den Worten des Meisters lauscht, ist ungewöhnlich, wenn auch nicht ohne Parallele. Man denke nur an Beruria, die gelehrte Frau des Rabbi Meir. Aber Erscheinungen dieser Art blieben Ausnahmen, übrigens auch im Kreise Jesu.

Maria, die Hetäre, endlich, Maria Magdalena, also Mirjam aus Migdal vom Westufer des Kinnereth-Sees, der Jesus sieben böse Geister ausgetrieben haben soll, die man später gerne mit den sieben Todsünden in Verbindung brachte, ist das Urbild der Sünderin, die Jesus in seinen Kreis aufnimmt. Wie sollte es anders sein? Er, der von sich sagte, daß nicht die Gesunden des Arztes bedürfen, sondern die Kranken, wendet sich als Seelenarzt von sündigen Frauen ebensowenig ab wie von den äußerst unbeliebten »Zöllnern«, die mit den Römern kollaborierten, und Sündern aller Art. In der Hinwendung zu den Sündern, oder vielleicht besser gesagt, in der Bereitschaft, sie nicht abzuweisen, zeigt sich der verborgene messianische Impuls Jesu, der Versuch, das Verlorene wiederzugewinnen, der in mehreren Gleichnissen zum Ausdruck kommt, und die Bereitschaft, mit der rabbinischen Erkenntnis Ernst zu machen, daß die Tore der Umkehr allezeit und jedem geöffnet sind.

In der Erzählung von der Salbung Jesu durch die Sünderin von Bethanien, nach der Version des Lukas (Luk. 7, 36ff.), fällt das

Schlüsselwort Jesu für seine Einstellung gegenüber den Hetären: »Ihr sind viele Sünden vergeben, denn sie hat viel geliebt.« Noch in der entstellten Form der käuflichen Liebe erkennt Jesus den Keim der Liebe.

Übrigens steht er auch damit nicht allein, und man darf sich nicht vorstellen, daß die Schriftgelehrten seiner Zeit, wie spätere christliche asketische Bußprediger, nur Worte des Zornes und der Verachtung für Hetären hatten. Hier und dort finden sich im Talmud sogar auch anerkennende Worte für diese Vertreterinnen des ältesten Frauenberufes, der uns ja schon in der Vätergeschichte bei Juda und Tamar (Gen. 38, 14ff.) bezeugt ist. Allerdings ist mir kein anderes Wort von solcher Tiefe und Güte gegenwärtig, wie das angeführte Wort Jesu gegenüber der ihn salbenden Sünderin.

Die Geschichte von der Salbung in Bethanien, einem Ort, den wir wohl mit Beth-Heni oder Beth-Ania identifizieren können, wird in verschiedenen Formen in den Evangelien berichtet. Einmal ist es das Haus Simons des Aussätzigen, in dem sich die Szene abspielt, dann wieder das Haus des Lazarus, auch ist es unklar, ob die Jesus salbende Frau, die seine Füße mit ihren Tränen netzt und mit ihrem Haar trocknet – welch unvergleichliches Bild, das immer wieder die Phantasie der Maler anregte –, Maria Magdalena oder eine andere Sünderin war. Für uns ist das gleichgültig. Die Szene selbst spricht zu uns, und in ihr wird Jesu Verhältnis zu den Frauen beleuchtet. Mir scheint hier aber etwas mißverstanden worden zu sein, schon von den Evangelisten selbst. Die Salbung durch die Sünderin, die von den Jüngern und insbesondere vom Kassenwart Judas als Skandal und Verschwendung empfunden wird, gilt nur als Hinweis auf die bevorstehende Salbung von Jesu Leichnam. Ich glaube aber, daß implicite noch ein anderes Motiv angerührt ist: Jesus wird als der neue Adam, der neue Moses und der legitime Nachfolger Davids im Neuen Testament gesehen; in dieser Salbungsszene aber auch als der neue Abraham, der neue Vater des Glaubens, oder der Vater des neuen Glaubens. Das wird sichtbar, wenn wir die Salbung mit köstlicher Narde im Zusammenhang mit einem Midrasch sehen (Gen.-Rabba 39), in welchem Abraham mit einer Flasche kostbaren Parfüms verglichen wird, die verschlossen im Winkel stand. Nun aber soll sie geöffnet von Ort zu Ort getragen werden, um herrlichen Wohlgeruch zu verbreiten. Deshalb spricht Gott zu Abraham: »Gehe aus deinem Lande, und ich werde dich zu einem großen Volk machen.« Abraham sollte also den »Geruch der Heiligkeit« durch seine Wanderungen verbreiten, und auch Jesus wird auf seiner Wanderung, seiner Wallfahrt nach Jerusalem, wo er viele Jünger gewinnt, also zu einem neuen großen Glaubensvolke wird, in diesem symbolischen Akt mit einer Flasche köstlicher Narde übergossen. Auf diesen Motivzusammenhang muß man achten, um die Szene ganz zu erfassen. Dabei scheint es mir nun wichtig und typisch, daß zarte Frauenhände diesen neuen Abraham salben, so wie ja auch Abraham selbst in der Gesellschaft seiner besonders schönen Gattin und Halbschwester Sara gesehen wird.

Die andere berühmte Begegnung Jesu mit einer Sünderin wird uns im 8. Kapitel des Johannes-Evangeliums berichtet: Jesus und die Ehebrecherin (Joh. 8, 3–11):

> »Aber die Schriftgelehrten und Pharisäer brachten eine Frau zu ihm, im Ehebruch ergriffen, und stellten sie in die Mitte und sprachen zu ihm: Meister, diese Frau ist ergriffen auf frischer Tat im Ehebruch. Mose aber hat uns im Gesetz geboten, solche zu steinigen. Was sagst du? Das sprachen sie aber, ihn zu versuchen, auf daß sie eine Sache wider ihn hätten. Aber Jesus bückte sich nieder und schrieb mit dem Finger auf die Erde. Als sie nun anhielten, ihn zu fragen, richtete er sich auf und sprach zu ihnen: Wer unter euch ohne Sünde ist, der werfe den ersten Stein auf sie. Und bückte sich wieder nieder und schrieb auf die Erde. Da sie aber das hörten, gingen sie hinaus, einer nach dem andern, von den Ältesten an; und Jesus ward allein gelassen und die Frau in der Mitte stehend. Jesus aber richtete sich auf und sprach zu ihr: Weib, wo sind sie, deine Verkläger? Hat dich niemand verdammt? Sie aber sprach: Herr, niemand. Jesus aber sprach: So verdamme ich dich auch nicht; gehe hin und sündige hinfort nicht mehr.«

Die ganze Szene ist eigentlich eine Illustration von Jesu Wort: »Richtet nicht, auf daß ihr nicht gerichtet werdet« (Matth. 7, 1) und seines Selbstzeugnisses, daß er nicht gekommen sei, um andere zu richten (Joh. 3, 17).

Eigentümlich ist an dieser Erzählung die zweimalige Erwähnung eines Schreibens im Sande oder auf dem Boden im Hofe des Tempels. Es handelt sich hier wohl nicht um ein Schreiben im üblichen Sinne, denn niemand macht den Versuch zu lesen, was er geschrieben hat, sondern offenbar zieht Jesus eine Art Kreis um die in die Mitte gestellte Frau, und damit nimmt er eine

Tradition aus dem ersten vorchristlichen Jahrhundert auf, die uns durch die Persönlichkeit Chonis des Kreisziehers bekannt ist, Choni Hame'agel. Dieser Choni, von dem im Talmud vor allem im Traktat Thaanith berichtet wird, zog einen Kreis auf dem Boden und stellte sich in dessen Mitte, um Regen betend. Diesem Choni ließen »die Männer aus der Quadernhalle« – gemeint sind die Mitglieder des »Hohen Rates«, des Synhedrion, das in der Quadernhalle im Tempel tagte – sagen: »Du redest entscheidende Worte ...« (Thaanith 23 a). Der Zusammenhang mit Choni drängt sich hier auf, da der Schauplatz im Schatten der Quadernhalle des Tempels gegeben ist und Jesus wie Choni Zeichen in den Staub zeichnet. Er stellt nicht sich selbst in diesen Kreis, sondern die Sünderin und sichert sie damit gleichsam (magisch?) vor ihren Anklägern ab. Von Choni sagte man nach einem Wort des jerusalemischen Talmuds (Thaanith 3, 9): »Wenn er die Tempelhalle betrat, wurde sie licht.« Etwas von diesem Licht Chonis fällt hier auf den späteren Jesus.

In der Beziehung Jesu zu den Frauen muß hier noch einmal an seine beiden Gespräche mit nichtjüdischen Frauen erinnert werden, das Gespräch mit dem syro-chaldäischen Weibe und das Gespräch mit der Samariterin in Sichem am Jakobsbrunnen. Diese Gespräche sind für die innere Entwicklung Jesu entscheidend, wie wir feststellen konnten: Es sind Frauen, die seine nationalen Vorurteile beseitigen. Ist das cin Zufall? Ist hier nicht etwas gegeben, was wir so oft beobachten können, daß in der Begegnung der Geschlechter die nationalen Schranken fallen?

Nun aber zur Kernfrage: War Jesus verheiratet? Ich bin mir bewußt, daß schon diese Fragestellung allein auf viele Leser schockierend wirkt. Für das christliche Denken ist diese Frage anstößig und unsinnig, denn wie sollte der Gott-Mensch, der eingeborene Sohn Gottes, eine ebenbürtige Gattin gefunden haben? Auch ist einem noch späteren christlichen Denken alles, was mit Sexus und Eros zusammenhängt, sündhaft und anrüchig geworden. Der Begriff der Agape, der christlichen Liebe, hat sie verdrängt. Nur ein aufgeklärter Zyniker des 18. Jahrhunderts wie Casanova konnte (in der Episode ›Die Theologin‹) die keineswegs ernst gemeinte Frage wagen, wie eine Gattin Jesu hätte beschaffen sein müssen.

Von solcher Frivolität ist unsere Fragestellung weltweit entfernt und völlig frei. Wir stellen die Frage aus einem kulturgeschichtlichen Zusammenhange heraus. Jesus wurde von seinen Jüngern und der großen Gemeinde seiner Nachfolger als Rabbi angeredet. Ein unverheirateter Rabbi ist kaum denkbar. Mit scharfen Worten verurteilt der Talmud die Ehelosigkeit: »Wer kein Weib hat, ist ohne Freude, ohne Segen, ohne Glück, ohne THORA, ohne Mauer (gegen die Begierde), ohne Frieden; ein Mann ohne Weib ist kein Mensch« (b. Jebamoth 62b).

Wir müssen uns nun fragen: Wenn Jesus unverheiratet gewesen wäre, hätten dann nicht seine Jünger ihn nach diesem Mangel gefragt, hätten aber vor allem nicht seine Gegner ins Treffen gegen ihn geführt, daß er die erste Pflicht: »Seid fruchtbar und mehret euch« des rabbinischen Pflichtenkatalogs in seinem Leben unerfüllt gelassen hat? Die Gegner Jesu warfen ihm sehr leicht und sehr gerne vor, daß er und seine Jünger in der Handhabung des Gesetzes zu lässig seien. So wird ihm ein Vorwurf daraus gemacht, daß seine Jünger sich vor dem Mahle nicht immer die Hände wuschen, daß sie am Sabbath Ähren ausrupften, daß er selbst am Sabbath heilte, wo vielleicht keine unmittelbare Lebensgefahr bestand, daß er mit Zöllnern, Sündern und Dirnen zu Tische saß. Hätten diese Ankläger Jesu seine Ehelosigkeit nicht als Argument gegen ihn ins Treffen geführt, wenn er unverheiratet gewesen wäre? Wir lesen darüber kein Wort.

Nun aber wird man sagen, daß wir ja auch von einer Frau Jesu und von seinen Kindern kein Wort lesen. Das stimmt, aber wir lesen ja auch kein Wort von den Frauen der Jünger. Sollten sie alle, ganz entgegen dem jüdischen Brauch dieser Zeit und aller Zeiten, unverheiratet gewesen sein? Das ist keineswegs anzunehmen. Wir erfahren zum Beispiel INDIREKT, daß Petrus verheiratet war, da Jesus seine SCHWIEGER-MUTTER heilt. Von der Frau des Petrus erfahren wir nichts.

Aber wir wissen ja auch so gut wie nichts über die Frauen der großen Gesetzeslehrer und Weisen in Israel zur Zeit Jesu. Nichts ist uns bekannt über Frau Hillel oder Frau Shamai. Nur Beruria, die Frau des Rabbi Meir, wird besonders hervorgehoben, gleichermaßen als Vorbild und Warnung einer gelehrten Frau, und vom Weibe des Akiba hören wir, der Tochter des reichen Kalba-Sabua, die den armen Rinderhirten ehelichte und ihm zum Studium verhalf. Das sind AUSNAHMEN, Hunderte von Namen der Weisen sind uns im Talmud überliefert, und wir wissen nichts über ihre Frauen. Sollten sie alle unverheiratet gewesen sein? Davon ist keine Rede.*

Warum also sollte uns von Rabbi Jesus von Nazareth etwas

* Von allen uns bekannten Talmudlehrern war nur einer unverheiratet: Ben-Assai (2. Jahrh.), den man deshalb tadelnd zur Rede stellte (b. Jebamoth 63b).

über seine Frau berichtet werden, wenn sie nicht in der kurzen Zeitspanne seines öffentlichen Auftretens in Erscheinung getreten ist? Das ist sie offenbar nicht, und wir können uns leicht erklären, daß eine junge Frau bei ihren Kindern zu Hause bleiben mußte, während sich ihre verwitwete Schwiegermutter dem Jüngerzug des Sohnes anschloß. So finden wir eine Frau Jesu auch nicht unterm Kreuze erwähnt, was uns nicht wundernehmen darf.

Ich bin also der Ansicht, daß Jesus von Nazareth, wie jeder Rabbi in Israel, verheiratet war. Seine Jünger und seine Gegner hätten ihn gefragt, wenn er von diesem allgemeinen Brauche abgewichen wäre.

Darüber hinaus aber findet Jesus selbst so ergreifend tiefe Worte über die Ehe, im Anschluß an Gen. 2, 24: »Darum wird ein Mensch Vater und Mutter verlassen und an seinem Weibe hangen und werden die zwei EIN Fleisch sein«, fügt er hinzu: »So sind sie nun nicht mehr zwei, sondern EIN Fleisch, was nun Gott zusammengefügt hat, das soll der Mensch nicht scheiden« (Matth. 19, 6). Spricht so ein Mann, für den Ehelosigkeit ein Ideal wäre?

Jesus geht so weit, die Ehescheidung nur als eine Konzession an die Hartherzigkeit gelten zu lassen, und betont: »Von Anbeginn aber ist's nicht so gewesen. Ich aber sage euch: Wer sich von seiner Frau scheidet, es sei denn um Hurerei willen, und freit eine andere, der bricht die Ehe« (Matth. 19, 8–9).

In dem Gespräch über Ehe, Ehescheidung und Ehelosigkeit, das uns bei Matth. 19 und Mark. 10 überliefert ist, räumt Jesus nur ein, daß es einige gibt, die sich der Ehe enthalten, weil sie zu ihr nicht fähig sind (Impotenz), ferner erwähnt er die Eunuchen, bleibt aber mit seinem: »Fasse es, wer es fassen kann« hier sehr distanziert.

Hingegen wählt Jesus gerne in seinen Gleichnissen den Bräutigam als handelnde Figur, was wiederum darauf schließen läßt, daß er selbst eine bräutliche Stunde erlebt hat. Er selbst ist der Bräutigam (Matth. 9, 15; Mark. 2, 19; Luk. 5, 34; etc.), und noch das letzte Buch des Neuen Testaments, die Offenbarung Johannis, spricht von der Hochzeit des Lammes und schließt (Offenb. 22, 17): »Und der Geist und die Braut sprechen: Komm! ...«, und darauf antwortet der eschatologische Christus: »Ja, ich komme bald.« Selbst hier in der Stunde der Vollendung ist er der Bräutigam, nach dem die Braut sehnlich verlangt und zu der er eingehen wird.

Alle diese Bilder passen sehr wenig auf einen ehelosen Jesus, der nichts von Brautnacht und ehelicher Gemeinschaft gewußt haben sollte.

Wir müssen uns vor allem von der Vorstellung frei machen, daß ein verheirateter Jesus für seine Umwelt in irgendeiner Weise anstößig gewesen wäre. Gerade das Gegenteil trifft zu. Auch in diesem Zusammenhange gilt, was Julius Wellhausen in seiner Einleitung zu den drei ersten Evangelien (1905) statuierte:

> »Jesus war kein Christ, sondern Jude, er verkündete keinen neuen Glauben, sondern er lehrte den Willen Gottes zu tun; der Wille Gottes stand für ihn wie für die Juden im Gesetz und in den übrigen heiligen Schriften, die dazugerechnet wurden. Wie konnte es auch anders sein? Jesus schöpfte aus dem Wissen und aus den Ansichten der Bibel und höchstens noch aus den palästinensischen Apokryphen und Pseudepigraphen älterer Form, wie sie schon damals im Volke verbreitet waren.«

In allen diesen Schriften, die im Judentum zur Zeit Jesu heiliggehalten wurden, gibt es kein Ideal der Ehelosigkeit. Das will bedacht sein.

Die synoptische Tradition berichtet in drei Versionen eine Szene, in der Jesus die Frage: Wer bin ich? stellt. In dieser unmittelbaren Form wird uns die Frage zwar nicht überliefert.

Lukas 9, 18–21 lesen wir:

> »Und es begab sich, daß er allein war und betete und nur seine Jünger bei ihm waren, da fragte er sie und sprach: Wer sagen die Leute, daß ich sei? Sie antworteten und sprachen: Sie sagen, du seiest Johannes der Täufer; etliche aber, du seiest Elia; etliche aber, es sei der alten Propheten einer auferstanden. Er aber sprach zu ihnen: Wer saget ihr aber, daß ich sei? Da antwortete Petrus und sprach: Du bist der Christus Gottes! Und er bedrohte sie und gebot, daß sie das niemand sagten ...«

In dieser Version wird kein Ort dieser Szene angegeben. Nach Matthäus und Markus aber fand diese Befragung der Jünger in Cäsarea-Philippi statt, einem Ort im Quellgebiet des Banias, eines der drei Quellflüsse des Jordan. Die Grotte, aus der die Quelle sprudelt, war den Griechen heilig und dem Pan geweiht. (Daher kommt wohl der Name Banias, da die Araber kein »P« aussprechen können.) Herodes errichtete dort einen Tempel des Pan mit einem Standbild des Cäsar. Die Gründung des Ortes selbst geht auf den Tetrarchen Philippus zurück, der 34 n. Chr. gestorben ist, so daß der Ort unter diesem Namen Cäsarea Philippi (im Gegensatz zu Cäsarea) tatsächlich schon zur Zeit Jesu bekannt war.

Während nach Lukas und Markus Jesus fragt: »Für wen halten mich die Leute?« (Volksmenge), wird bei Matth. 16, 13–20 der Begriff »Menschensohn« eingeführt. »Wer sagen die Leute, daß des Menschen Sohn sei?«

Wie dem auch sei, auf jeden Fall stellt hier Jesus, wie Martin Buber einmal scherzhaft bemerkte, keine Examensfrage; aber auch, möchte ich hinzufügen, keine Gallup-Poll-Frage. Es ist bestimmt nicht so, daß er einerseits nur die Volksmeinung erforschen will und andererseits eine dogmatisch korrekte Katechismus-Antwort der Jünger erwartet, vielmehr klingt aus diesem Fragen die Verwirrung eines Menschen, der, tief in das Abenteuer des Glaubens verstrickt, die Frage nach seiner eigenen Existenz und ihrem Geheimnis stellt.

In der dialogischen Begegnung will er sich selbst erkennen. Wenn man allerdings mit Rudolf Bultmann an dem modernen »Dogma« festhält, »daß wir so gut wie nichts über Jesu Persönlichkeit wissen« und wissen können, dann verschließt sich uns der tiefe menschliche Sinn dieser Frage. Ich glaube aber, daß diese Abstinenz nicht geboten ist, sondern daß uns gerade hier, wo Jesus sich seiner selbst nicht mehr sicher ist, wo er die Grundfrage menschlicher Existenz stellt: »Wer bin ich?«, er uns am nächsten kommen kann.

Gerade indem er diese Frage stellt, ist er nun wirklich der Menschensohn, denn es ist die Frage des Menschen schlechthin, die hier gestellt wird.

Wie jedes Wort Jesu, so hat auch dieses nicht nur den allgemeinen menschlichen Aspekt aufzuweisen, sondern eine spezifisch jüdische Klangfarbe. Hier klingt singularisch die in der Liturgie der Synagoge pluralisch gefaßte Frage durch: »Was sind wir, was ist unser Leben, was sind unsere Verdienste und unsere Gerechtigkeit, was unser Heil, unsere Kraft ...?« Dieses Fragen ist zugleich ein In-Frage-Stellen menschlicher Existenz.

In der uns überlieferten Form weist die Frage Jesu an seine Jünger auf das Messias-Geheimnis Jesu hin, jedoch bleibt es fraglich, ob hier nicht durch die kerygmatische Tradition ein Unterton hinzugefügt wurde, der der ursprünglichen Frage nicht anhaftete.

Wenn hier nach dem Matthäus-Text Jesus sich als Menschensohn bezeichnet, so wurde das natürlich später im Sinne eines messianischen Selbstverständnisses gedeutet. Der Begriff Menschensohn wurde durch das dem Stephanus zugeschriebene Wort Apg. 7, 56: »Siehe, ich sehe den Himmel offen und den Menschensohn zur Rechten Gottes stehen« rein christologisch aufgefaßt. A. J. B. Higgins bemerkt hierzu in seinen ›Menschensohn-Studien‹ (1965): »Dieser Satz bildet das einzige Beispiel für das Vorkommen des Menschensohn-Titels im Neuen Testament außerhalb der Evangelien im Munde eines anderen als Jesus selbst.«

Hat Jesus bei seiner Frage wirklich an diese Menschensohn-Vorstellung gedacht? Ich glaube es nicht. Mit Bultmann muß ich bekennen: »Ich persönlich bin der Meinung, daß Jesus sich nicht für den Messias gehalten hat«, und mit Higgins möchte ich hinzufügen: »Jesus hat sich nicht für den Menschensohn ausgegeben, sondern das Reich Gottes verkündigt.«

Bei der Frage nach der Bedeutung des Wortes »Menschensohn« müssen wir mit drei Möglichkeiten rechnen. Die dogmatische Vorstellung geht auf Daniel 7, 13–14 zurück, einer aramäischen Stelle im Alten Testament, in welcher der Ausdruck »Bar-Enosch« für Menschensohn gebraucht wird: »Ich sah in diesem Gesicht in der Nacht, und siehe, es kam einer mit den Wolken des Himmels wie ein Menschensohn (Bar-Enosch) und gelangte zu dem Uralten und ward vor ihn gebracht. Der gab ihm Macht, Ehre und Reich, daß ihm alle Völker und Leute aus so vielen verschiedenen Sprachen dienen sollten. Seine Macht ist ewig, vergeht nicht, und sein Reich hat kein Ende.«

Das ist der eschatologische Menschensohn, mit welchem Stephanus und die Urgemeinde ihren erhöhten Herrn identifizierten. Aber war das auch im Selbstverständnis Jesu mitgegeben, wenn er tatsächlich den Ausdruck Menschensohn auf sich angewendet hat? Es sind ja die Leidensverkündigungen, in denen dieser Name immer wieder anklingt: Der Menschensohn muß noch vieles leiden. Es ist das große Wort von der Unbehaustheit des Menschen: Die Tiere haben ihre Höhlen und die Vögel haben ihre Nester, aber der Menschensohn hat nicht, wohin sein Haupt zu legen (Matth. 8, 20). Es fällt schwer, die menschlichen, allzu menschlichen Aussagen über die menschliche Existenz, die Leiden und Unbehaustheit umfaßt, mit dem Bild des eschatologischen Menschensohns der nächtlichen Vision Daniels in eins zu setzen.

Nun bietet sich natürlich noch eine zweite Lösung an, die Übersetzung oder Rückübersetzung unseres Begriffes »Menschensohn« in den hebräischen prophetischen Begriff »Ben-Adam«, ein Leitwort des Propheten Ezechiel, der von Gott in seinen Visionen als Ben-Adam, als Menschensohn, angeredet wird. Während der Bar-Enosch mit dem danielschen Motiv eine eschatologische Größe darstellt, stellt der Ben-Adam im Sinne des Ezechiel eine prophetische Größe dar, rangmäßig also eine Stufe tiefer. Hätte sich Jesus also als Prophet offenbart, indem er sich (wenn er es überhaupt tat) als Menschensohn bezeichnete?

Wir haben schon darauf hingewiesen, daß Jesus kein Prophet im alttestamentlichen Sinne war, kein Bringer von Jahwes Erlauten, von Gottessprüchen.

Und doch scheint mir das Wort Menschensohn zum Selbstverständnis Jesu zu gehören. Es kommt zu häufig vor, als daß wir es NUR kerygmatisch ansehen könnten. Freilich, in seiner eschatologischen und sogar in seiner prophetischen Interpretation ist es kerygmatisch.

So bietet sich uns eine dritte Möglichkeit an, indem wir das Wort »Menschensohn« mit der Vulgärform von »Bar-Enosch«, mit »Barnasch« identifizieren. Barnasch meint jedermann, irgendwer. Das ist der Mensch schlechthin. Der Mensch, wie du und ich, der in seiner Geringfügigkeit exemplarische Mensch. Als diesen Menschen, der in seiner Menschlichkeit exemplarisch lebt, unbehaust und den Leiden ausgesetzt, hat sich Jesus selbst verstanden. Indem er sich als Menschensohn bezeichnet, steht er nicht als Prophet oder als Messias, sondern als unser Bruder vor uns. Und da er der Menschensohn ist, bricht in ihm die Frage des Menschen auf: »Wer bin ich?«

Auf die Antwort haben wir bereits in dem Kapitel über Geburt und Wiedergeburt verwiesen. Für den Wiedergeburtsglauben des Volkes war es durchaus möglich, in Jesus den bereits enthaupteten Johannes den Täufer zu sehen oder den zum Himmel aufgefahrenen und offenbar wiedergekehrten Elia oder aber den Propheten Jeremia bzw. einen anderen Propheten der Vergangenheit. Daß gerade der Prophet Jeremia genannt wird, mag wohl mit den Gerichtsankündigungen in der Predigt Jesu zusammenhängen, die ihn sowohl in die Nähe seines Rabbi, des Johannes, rücken, wie auch in den Schatten des Jeremia.

Jesus geht auf diese Wiederverkörperungs-Vermutungen nicht ein. Der Mensch erfährt wohl über sein wirkliches Wesen nicht das Entscheidende, selbst wenn er sich früherer Existenzformen erinnern würde. Das Entscheidende ist sein Heute und Hier.

Deshalb fragt Jesus nun weiter, sich unmittelbar an seine Jünger, an seinen engsten Kreis wendend: »Wer sagt denn IHR, daß ich sei?«

Und nun wird Petrus der Sprecher der Jüngerschaft und bekennt: »Du bist Christus, des lebendigen Gottes Sohn.« Nach der ältesten Quelle, dem Markus-Evangelium, sagt Petrus allerdings nur: »Du bist Christus«; nach Lukas: »Der Christus Gottes.« Die Bezeichnung »Gottes Sohn« finden wir hier also nur bei Matthäus, aber auch hier darf sie nicht im dogmatischen Sinne mißverstanden werden. »Sohn des lebendigen Gottes« kann als eine Art Königstitel aufgefaßt werden im Sinne des Krönungspsalms 2, in welchem der auf dem Zion gekrönte König von Gott die Verheißung empfängt:

Mein Sohn bist du,
Selber habe ich dich heut gezeugt.
Heische von mir und ich gebe

die Weltstämme als Eigentum dir,
als Hufe dir die Ränder der Erde ...

Der Jünger proklamiert also den Meister als seinen messianischen König.

Vielleicht muß man aber nicht einmal so hoch greifen, sondern kann dieses dem Petrus zugeschriebene Wort auch dahin verstehen, daß Jesus die den Menschen eingetane Gotteskindschaft in rechter Weise vorlebt, denn den Menschenkindern, hier wohl insbesondere den Kindern Israels, ist gesagt: »Ihr seid Söhne des lebendigen Gottes« (Hos. 2, 1).

Das Wort: »Du bist Christus!« müssen wir natürlich übersetzen: Du bist der Messias (Maschiach). Dieser Begriff selbst enthält den Königstitel: Hamelech Hamaschiach, der gesalbte König. Es ist das Bekenntnis der Gemeinde, das aus den Worten Petri spricht. Der Vorgang, daß der Jünger den Meister als Messias proklamiert, ist uns auch in der späteren jüdischen Geschichte bekannt, worauf G. Scholem in seinem Buch über den Pseudo-Messias Sabbatai Zwi hingewiesen hat, der durch seinen Jünger Nathan aus Gasa als messianischer König proklamiert wurde.

Nach den uns vorliegenden Texten dementiert Jesus diese Proklamation des Petrus nicht, verbietet aber ihm und den anderen Jüngern, sie zu verlautbaren.

Nach der landläufigen Auffassung hat Jesus seine Stunde noch nicht für gekommen gehalten, und er sah wachen Sinnes seiner Passion entgegen, in der er sich erst verklären und verherrlichen sollte.

Aber all das sind viel spätere, retrospektive Spekulationen.

Dem unbefangenen Blick tut sich hier der verwirrte Mensch kund, der dem Geheimnis seiner eigenen Existenz begegnet, ohne es entschlüsseln zu können. Bestürzt erfährt er, daß ein Charisma von ihm ausgeht, eine Kraft, die nicht aus ihm selbst ist, die andere in die Knie zwingt. Das läßt ihn sich selbst nicht nur fragen: Wer bin ich?, sondern auch: Bin ich es?

Der leidende, der am Geheimnis seiner eigenen Existenz leidende Mensch wird freilich nicht die sicheren Ich-Worte des johanneischen Christus sprechen. Sie gehören einer viel späteren Gemeindetradition an und bereits einem hellenistisch beeinflußten Denken, das dem ratlosen jungen Juden aus Nazareth, der sich in dieser Stunde selbst zum Problem wird, wesensfremd war. (Ich bin mir bewußt, daß Aussagen dieser Art von vielen

Neutestamentlern mit überlegenem Lächeln abgetan werden; aber wer Jesus als seinen Bruder, als seinen Menschenbruder und seinen jüdischen Bruder erfahren hat, der kann sich solcher Innensicht nicht verschließen, wiewohl sie sich einer exakt philologischen Beweisbarkeit entzieht.)

Nach Matthäus und Lukas folgt auf die Proklamation des Meisters durch den Schüler die Ernennung des Schülers durch den Meister. Schimon Bar-Jona, dem nicht »Fleisch und Blut«, die übliche hebräische Bezeichnung »Bassar Wadam«, das Messias-Geheimnis seines Rabbi offenbart hat, wird nun Petrus genannt, der Fels, auf dem Jesus seine Gemeinde, Ekklesia, errichten will, und die Pforten der Hölle sollen sie nicht überwältigen. Diesem Felsen, auf dem die Gemeinde gebaut wird (hier spielt der Text auf das Gleichnis Jesu an, das von dem festgegründeten Haus auf dem Felsen spricht, das die Stürme nicht zerstören können), werden nun auch die Schlüssel des Himmelreichs anvertraut ... aber dies alles in tiefster Heimlichkeit. Der Markus-Text weiß von der Ernennung des Petrus nichts zu berichten.

Würde diese Schlüssel-Szene, die zwischen der Frage Jesu und seiner Leidensankündigung steht, auf historischer Wahrheit beruhen, dann wäre freilich durch den Akt der Ernennung des Jüngers das messianisch-königliche Selbstverständnis Jesu bestätigt. Denn wie könnte er seine Jünger zu solchen Höhen erheben, ohne jene Vollmachten zu haben, die nur dem danielschen Menschensohn eignen? Aber es spricht zuviel gegen diesen Text; zunächst einmal die schlichte Überlegung, daß in dem Gespräch zwischen einem Zimmermann aus Nazareth und einem Fischer aus Kphar-Nachum (Kapernaum) wohl kaum ein griechisches Wortspiel von ausschlaggebender Bedeutung sein konnte. Jesus und seine Jünger haben aramäisch, nicht griechisch miteinander gesprochen.* Die Vorstellung der Schlüsselgewalt allerdings scheint mir nicht außerhalb des jüdischen Bereiches zu liegen, denn die Rabbinen haben sich immer als die Verwalter von Gottes Gesetz empfunden im Sinne der bereits hier zitierten Deuteronomium-Stelle: »Nicht im Himmel ist sie« (die Thora) (Deut. 30, 12). Die pharisäischen Schriftgelehrten waren durchaus der Ansicht, daß sie eine Schlüsselgewalt innehaben, daß ihre Lehrentscheidungen legitim sind, da Gott seinem Volke Israel sein Gesetz nicht nur gegeben, sondern übergeben hat. Im Rah-

* Natürlich kann man hier die aramäische Form »Kephas« (Joh. 1, 42) einsetzen, die John Allegro für eine essenische Amtsbezeichnung hält; s. J. Allegro, Secret code of N. T. (Jerusalem Post, 13. 1. 67, S. 8).

men dieser Vorstellungen von Lehramt und Entscheidungsgewalt, von Binden und Lösen würden sich diese Ernennungsworte halten.

Wir wissen aber heute längst, daß älteste Manuskripte nicht von einer Übertragung der Schlüsselgewalt an Petrus oder (Matth. 18, 18) an ALLE Jünger sprechen, sondern daß es sich um spätere Einschübe handelt, die dazu beitrugen, die Autorität der Päpste als Nachfolger Petri zu fundieren und zu stärken.

Diese Stelle hat in meinem eigenen Leben eine merkwürdige Rolle gespielt. Sie ließ mich einen Lehrer finden, dem ich hier danken möchte: Professor Joseph Schnitzer, der an der Universität München Vergleichende Religionswissenschaft, insbesondere Urchristentum, las. Er war ursprünglich katholischer Theologe und sollte als solcher die Echtheit dieser Stelle gegen den Protestanten Adolf von Harnack verteidigen. Als unbestechlicher Wissenschaftler stellte Schnitzer aber fest, daß die Beweise Harnacks nicht zu erschüttern seien. Älteste Manuskripte bieten die Schlüsselgewalt-Texte nicht. Schnitzer wurde für diesen Bekennermut seines Amtes enthoben und schließlich exkommuniziert. Da ihn aber die Universität nicht seiner Professur entheben konnte, wurde er von der theologischen in die philologische Fakultät versetzt. Er las dort über Urchristentum, und den katholischen Theologen war es verboten, die Vorlesungen des Ketzers zu hören. Evangelische Theologen gab es in den dreißiger Jahren an der Universität München nicht, so daß ich, der Jude, zu den ganz wenigen Hörern dieses bedeutenden Forschers zählte. Die sogenannte Ernennung des Petrus wurde zur Tragödie eines Forscherlebens und mir zu einem erlebten Symbol des Kampfes um Wahrheit.

Wie wenig überzeugend die Inthronisation des Petrus ist, geht auch daraus hervor, daß Jesus schon wenige Sätze nachher zu demselben Petrus sagt: »Hebe dich, Satan, von mir, denn du meinst nicht, was göttlich, sondern was menschlich ist« (Mark. 8, 33). Das würde ja eine Ambivalenz des Gefühls bei Jesus implizieren, die schlechterdings als krankhaft zu bezeichnen wäre.

Erkennbar in seiner menschlichen Unmittelbarkeit bleibt nur das bange Fragen Jesu nach dem Sinn der eigenen Existenz, das vertrauensvolle Aufblicken der Jüngerschaft und die berechtigte Furcht Jesu, daß sie ihn als den gekommenen Messias proklamieren könnten, ihn, der sich nur als Menschensohn im Sinne des Menschen schlechthin empfinden konnte und der vor dem Dunkel stand, das über seiner Bestimmung lag.

Der fragende Jesus ist unser Bruder, nicht der erhöhte Christus, der den menschlichen Bereich mit den Höhen und Tiefen des Mythos vertauscht hat.

Über die äußere Erscheinung Jesu wissen wir nichts. Die früheste Tradition neigt dazu, ihn sich häßlich vorzustellen, gemäß Jes. 53: »Er hatte weder Gestalt noch Schönheit«, während die hellenistischen Kirchenväter wie Clemens von Alexandrien gemäß Ps. 45, 3 eine überragende Schönheit Jesu konstatieren, da die göttliche Vollkommenheit auch die Schönheit des Leibes impliziert. (Vgl. Robert Henning, ›Das Bildnis Jesu‹ in ›Der christliche Sonntag‹, Verlag Herder, Freiburg 25. Dez. 1966, S. 414.)

Nach Jerusalem: Siegeszug oder Opfergang?

»Der Entschluß, nach Jerusalem zu ziehen, ist fraglos die entscheidende Wende in Jesu Geschichte«, bemerkt Günther Bornkamm in seinem gründlichen Werk ›Jesus von Nazareth‹ (1956).

Was aber war dieser Weg nach Jerusalem? Soweit wir nach den Berichten (Mark. 11; Matth. 21; Luk. 9 und Joh. 12) urteilen können, bieten sich drei Aspekte dieses Zuges nach Jerusalem an: Zunächst handelt es sich hier um die im Deut. (16, 16–17) gebotene Wallfahrt zum zentralen Heiligtum. Nach dem Gesetz sollte alles Männliche dreimal im Jahr, zu Passah im Frühling, zum Wochenfest (Schawuoth) sieben Wochen darauf im Sommer und zum herbstlichen Laubhüttenfest nach Jerusalem hinaufziehen, um im Tempel anzubeten und entsprechende Opfergaben darzubringen. Natürlich handelt es sich hier um ein idealtypisches Gesetz, das wohl nie voll realisiert werden konnte. Wären tatsächlich alle jüdischen Männer dreimal im Jahre aus allen Teilen Palästinas nach Jerusalem gezogen, so wäre das Land einer ständigen inneren Touristik ausgesetzt gewesen. Die Bauern hätten gar keine Zeit gehabt, ihre Felder zu bestellen, und die Grenzen des Landes wären unbewacht geblieben. Dennoch muß man sich den Pilgerverkehr zu den drei Wallfahrtsfesten außerordentlich rege vorstellen. Wir haben darüber lebendige Berichte in der Mischna und bei Flavius Josephus. Auch von der Familie Jesu wird ausdrücklich berichtet, daß sie zu Passah nach Jerusalem zu pilgern pflegte (Luk. 2, 41). Nimmt man mit verschiedenen neueren Forschern an, daß Joseph von Nazareth, der Vater Jesu, ein Wanderhandwerker war, so ist noch stärker mit einer solchen Pilgertradition in der Familie zu rechnen. (In diesem Zusammenhang fällt auch auf die Reise des Joseph und seiner Frau Mirjam-Maria nach Bethlehem ein Schimmer Lichts der Wahrscheinlichkeit, wenngleich sonst kaum etwas für die Geschichtlichkeit dieser Erfüllungslegende spricht.)

Vor allem aber müssen wir uns Jesus von Nazareth als einen Wanderprediger vorstellen, der in seiner engeren Heimat, im Galil, bereits seit einigen Monaten umherzog, in Maschal (Gleichnis) und Drascha (Predigt) lehrte, Kranke heilte, Dämonen austrieb (Heilung von Neurotikern) und einen mehr oder minder festen Schülerkreis um sich versammelt hatte.

Für diesen eigentlich nirgends mehr seßhaften Mann stellte die

Wallfahrt nach Jerusalem keine besondere Schwierigkeit dar. Es lag in der Immanenz von Jesu Wirken, daß nun die Wallfahrt nach Jerusalem von seinen Anhängern, und vermutlich auch von ihm selbst, als entscheidende Bewährungsprobe aufgefaßt werden mußte. Solange die Verkündigung des Reiches Gottes – und darum ging es letztlich – nur in der Provinz erfolgte, blieb die dadurch ausgelöste jesuanische Bewegung eine Randerscheinung des öffentlichen Lebens, eben provinziell. Zog der Meister aber nach Jerusalem, um dort im Tempel, im nationalen und geistigen Zentrum, seine Botschaft zu verkündigen, so trat er damit in die Entscheidungszone ein.

Es ist noch sehr die Frage, ob dieser Zug nach Jerusalem tatsächlich nur einmal, nämlich zum Passah-Feste, im letzten Lebensjahre Jesu erfolgt ist oder ob wir nicht gerade in diesem Punkte der Johannes-Tradition folgen müssen, die von mehreren Besuchen im Jerusalemer Tempel spricht. Die Umstände, die bei dem Einzug Jesu in Jerusalem beschrieben werden, weisen eindeutig auf Sukkoth hin, das Laubhüttenfest. Bewohner Jerusalems ziehen dem Rabbi aus Nazareth mit Zweigen in der Hand entgegen, Hosianna singend. Man muß diese Beschreibung in die hebräische Wirklichkeit zurückübersetzen, um sie richtig zu erfassen. Es handelt sich hier um den Palmzweig, Lulav, des Laubhüttenfestes, der zusammen mit dem Ethrog, »der Frucht vom schönen Baume«, einer Zitrusart, der Bachweide und der Myrte als Feststrauß beim Umzug um den Altar geschwungen wurde, ein Ritual, das sich bis heute in der Synagoge erhalten hat. Hierzu wurde und wird der 118. Psalm, 25. Vers, rezitiert: »Ach Herr, hilf doch.« Dieses »hilf doch« lautet hebräisch: »Hoschia na« und wurde in der gräzisierten Form »Hosianna« außerhalb des Judentums gebräuchlich. Die »Hilf-doch«-Formel des Psalms hat spätere Ausformungen erfahren, die aber vielleicht schon zur Zeit Jesu bekannt sein mochten. Hier sei an die dunkle Formel »Ani wehu hoschia-na« (Ich und ER, hilf doch) erinnert, die im Mischna-Traktat des Hüttenfestes, Sukka IV, 5 bezeugt ist. Neuerdings hat Ethelbert Stauffer (›Jesus, Gestalt und Geschichte‹, 1957, S. 136) auf den Zusammenhang des Offenbarungswortes: ICH BIN ES in den Jesus-Worten der Evangelien mit dem »Ani wehu« hingewiesen. Stauffer ist der Meinung, daß es sich hier um eine »Geheimformel« handelt, von der er annimmt, daß sie nicht erst kurz vor dem Jahre 70 n. Chr. bekannt war, sondern schon in den Tagen Jesu selbst.

Jesus zieht auf einem Esel in Jerusalem ein, den die Jünger auf sein Geheiß in der Umgebung besorgen. Es handelt sich hier wiederum um eine Erfüllungssage, gemäß einer speziellen Sacharja-Tradition, die im Hintergrunde dieser ganzen Erzählungsreihe zu bemerken ist. Die Stelle, auf die angespielt wird, lautet:

Du Tochter Zion, freue dich sehr,
und du, Tochter Jerusalem, jauchze!
Siehe, dein König kommt zu dir,
ein Gerechter und ein Helfer
arm und reitet auf einem Esel,
auf einem Füllen der Eselin.
(Sach. 9, 9.)

Der Matthäus-Text (21, 5–7) versucht die Erfüllung dieses Prophetenwortes so wörtlich darzustellen, daß sogar der hebräische Parallelismus: »auf einem Esel, auf einem Füllen der Eselin« wörtlich genommen wird: »und brachten die Eselin und das Füllen und legten ihr Kleider auf, und er setzte sich darauf.« Die Erfüllungsakribie ist hier bis zur technischen Unmöglichkeit getrieben, denn Jesus kann ja nicht auf zwei Eseln reiten, zumal die Wegstrecke hier ganz gering ist, so daß von einem Auswechseln der Reittiere nicht die Rede sein kann. Die Tendenz ist aber, wörtliche Erfüllung prophetischer Verheißung zu berichten, wobei der Verheißungstext nicht der masoretische ist, sondern der der Septuaginta.

Die spezielle Sacharja-Tradition, die sich in der wörtlichen Erfüllung dieser messianischen Prophezeiungen dokumentiert, ebenso in der sogenannten Austreibung der Wechsler und Händler aus dem Tempel, ist von der Stelle Sacharja 12, 10 her zu verstehen: »Denn sie werden auf mich blicken, den sie durchbohrt haben.« Selbstverständlich ist die Erfüllung dieser Prophezeiung (Joh. 19, 34ff.) Kerygma der Gemeinde, aber im Schatten dieser Prophezeiung werden bestimmte Teile des Sacharja-Buches zum Modell für den Einzug Jesu in Jerusalem, der messianisch interpretiert wurde.

Die ganze Szene weist nicht auf Passah, sondern auf das Laubhüttenfest hin, von dem ja tatsächlich im Johannes-Evangelium die Rede ist (Joh. 7, 2–14). Wir können uns nun allerdings vorstellen, daß Jesus sowohl zum Laubhüttenfest wie auch zu Passah die Wallfahrt nach Jerusalem unternommen hat. Vielleicht hat er auch einen Winter in der Umgebung Jerusalems verbracht, so daß der erste Einzug tatsächlich im Herbst erfolgt ist, die Entscheidung dann aber im Frühling fiel. Die Synoptiker haben diese beiden Ereignisse: Einzug zum Laubhüttenfest – Entscheidung zu Passah, in einen Bericht zusammengezogen, da im Sinne einer späteren synoptischen Rekonstruktion der Ereignisse der innere Zusammenhang von Einzug und Entscheidung wesentlicher war als der zeitliche Abstand zwischen beiden Vorgängen. Hinzu kommt, daß schon den Evangelisten der jüdische Hintergrund einzelner Rituale oft nicht mehr geläufig sein mochte. Wir werden in dieser Ansicht bestärkt durch einen aufsehenerregenden Fund vom Sommer 1966. In Istanbul hat Prof. Pines von der Hebräischen Universität in Jerusalem ein altes hebräisches Manuskript entdeckt, das neues Licht auf die ersten Jahrhunderte des Christentums wirft. Es handelt sich dabei um ein Dokument einer judenchristlichen Sekte, die behauptete, daß das ursprüngliche Evangelium in hebräischer Sprache verfaßt war und verlorengegangen sei. Ferner erfahren wir aus diesem Dokument, daß es etwa achtzig verschiedene Versionen der Evangelien gab. Wir selbst besitzen ja eine ganze Reihe von apokryphen Evangelien, die in letzter Zeit durch Funde in Ägypten noch vermehrt wurden. Die Annahme liegt daher sehr nahe, daß in anderen Berichten der chronologische Ablauf des Zuges nach Jerusalem oder richtiger: der Züge Jesu nach Jerusalem in anderer Weise dargestellt wurde. Für unsere Evangelisten aber waren diese Details nicht mehr wichtig. Es ging um die Verkündigung ganz bestimmter Heilslehren. Die griechische Version wandte sich vorwiegend an Heiden des hellenistischen Kulturkreises, denen die Vermengung der Ritualien von zwei verschiedenen Festen – Passah und Laubhüttenfest – nicht mehr aufgefallen ist.

Der 118. Psalm allerdings mit seiner Formel »Herr, hilf doch« und dem anschließenden Satz: »Gesegnet, der da kommt im Namen des Herrn« gehört zu den Hallel-Psalmen, die an allen drei Wallfahrtsfesten gebetet wurden und werden. Die Begrüßungsformel: »Gesegnet, der da kommt im Namen des Herrn« wird nun auf Jesus angewendet, ist aber die Begrüßungsformel für die ankommenden Pilger im Tempel schlechthin. Auf das Laubhüttenfest verweisen die Zweige, die zum Einzug Jesu geschwungen wurden. Die »Hilf-doch«-Formel wurde für die Liturgie des Laubhüttenfestes stärker erweitert als für die Liturgie des Passah-Festes.

Ganz ungezwungen ergibt sich nun also, daß der einmalige oder mehrmalige Zug Jesu nach Jerusalem im Rahmen der Wallfahrt (Alijath Regel) nach Jerusalem zu sehen ist, sich aber zunächst zu einem Siegeszug gestaltet. Und damit haben wir den zweiten Aspekt, vielleicht auch die zweite Phase dieser entscheidenden Reise erkannt. Man darf sich allerdings diesen Siegeszug nicht zu gewaltig vorstellen. Wenn auf der kurzen Strecke Weges vom Ölberg zum gegenüberliegenden Tempelberg einige Dutzend Neugierige zusammengelaufen sind, um einen fremden Rabbi und seine Schüler zu begrüßen, so mag das in den Augen der Jünger, die zitternd auf eine Offenbarung des Meisters warteten, wie eine Huldigung für den messianischen König gewirkt haben. Mit wachsendem Abstand vom Ereignis wuchs wohl auch die Zahl der Jesus Zujubelnden in der Erinnerung späterer Chronisten und in der Tradition der Gemeinde. Andererseits dürfen wir uns den Aufruhr, den Jesus in Jerusalem auslöste (Matth. 21, 10), auch nicht zu gering vorstellen. Offenbar war zwar nicht von einer messianischen Proklamation die Rede, wohl aber von einem »Propheten« aus Nazareth, so daß die Tempelbehörden jedenfalls auf den unbekannten Wanderprediger aufmerksam wurden und ein wachsames Auge auf ihn hatten.

Wenn allerdings Robert Eisler in seinem großartigen, aber phantastischen Werk ›Iesus basileus u basileusas‹ (1928/1930) die These aufstellte, daß Jesu Gang nach Jerusalem eigentlich der Auftakt zum Auszug in die Wüste war, von wo der Kampf gegen Rom und die jüdischen Kollaborateure des Cäsars losbrechen sollte, so scheint mir diese Auffassung doch zu wenig in den Texten und in dem uns erkennbaren Charakter Jesu verankert. (Letzthin gab Friedrich Pzillas in seinem Essai ›Der Messiaskönig Jesus‹ eine klare Zusammenfassung der Thesen Eislers. Das Referat ist in dem Sammelwerk ›Jesusbilder‹ von Karlheinz Deschner, München 1966, List-Verlag, S. 181 ff. enthalten und zeigt, daß auch der überschätzte Joel Carmichael ganz in den Fußstapfen Eislers gegangen ist.)

Mit Eisler dürfen wir allerdings annehmen, daß es der innere Kreis der zwölf Apostel und der weitere der siebzig Jünger war, der Jesus zu seinem Auftreten in Jerusalem nötigte, so daß durch den Zug (oder die Züge) nach Jerusalem das Tempo der Heilsgeschichte sozusagen beschleunigt werden sollte. Man zog also in relativ großer Gesellschaft nach Jerusalem, machte sich keine Sorgen um den nächsten Tag (Matth. 6, 25 ff.). Tatsächlich zeigen gewisse Episoden auf dieser Wallfahrt, daß weder für Proviant noch für Reittiere, noch für Wohnung vorgesorgt war. Die »kleine Herde« Jesu gibt sich ganz in die Hand des Vaters. Diese kleine Herde ist aber in sich kein homogenes Gebilde. In ihr befanden sich Pazifisten und Zeloten, skeptische Zweifler und enthusiastische Frauen, hebräische Chauvinisten und wohl auch hellenistische Randproselyten. Wer sich dieser kleinen Herde angeschlossen hatte, mußte oft mit seiner Familie gebrochen haben. So wird uns Jesu Wort verständlich, daß er nicht gekommen ist, den Frieden zu bringen, sondern das Schwert, daß er die Mutter gegen die Tochter aufbringt (Matth. 10, 34–38; s. auch Micha 7, 6). Gewiß mag hier auch Gemeinde-Tradition mitsprechen, die auf das Schisma hinweist, das die junge Ekklesia von der älteren Synagoge schied, aber ich glaube, daß hier ZUGLEICH auch ein Nachklang des revolutionären Ethos dieses Zuges nach Jerusalem verblieben ist.

Eisler und die Seinen haben sich an das eine Wort geklammert, daß nun die Stunde gekommen sei, daß jeder ein Schwert ergreife, und wer keines habe, der solle hingehen und seinen Mantel gegen ein Schwert eintauschen. Und doch wissen wir, daß bei der Verhaftung Jesu im ganzen ZWEI Schwerter vorhanden waren. Für einen bewaffneten Aufstand gegen römische Legionen ist das etwas gering. Jesu Wort an Petrus: »Stecke dein Schwert in die Scheide, denn wer das Schwert zieht, der wird durch das Schwert umkommen«, das so unverkennbar an Hillels Wort erinnert: »Wer ertränkt hat, wird ertränkt werden«, hat für mich einen unverkennbar authentischen Klang. Der scheinbare Widerspruch löst sich durch den heterogenen Charakter der kleinen Herde. Die Zeloten in ihr, zu denen zweifellos Judas Ischarioth gehörte, wollten losschlagen, mit jenem verzweifelten Mut des winzigen Haufens, den wir in den Jahren des Untergrundkampfes palästinensischer Widerstandskämpferverbände, der Hagana, der IZL und der Sterngruppe, in neuester Zeit wieder kennengelernt haben. Es mag sein, daß Jesus für Augenblicke seiner kurzen Wirksamkeit diesem Einfluß erlegen ist und selbst an Bewaffnung dachte, aber angesichts der Wirklichkeit Jerusalems, mit seiner römischen Legion in der Burg Antonia und der Tempelwache des Synhedrions, konnte er nichts anderes sagen als: Stecke dein Schwert in die Scheide.

Eislers und Carmichaels Theorie von der Besetzung des Tempels durch die Anhänger Jesu gehört in das Reich der Phantasie, nicht nur dieser späten Forscher, sondern auch der aktivistischen Anhänger Jesu.

Hingegen ist es klar, daß Jesus im Tempel gewisses Aufsehen erregte. Auch das dürfen wir uns nicht in übertriebener Weise vorstellen. Mir scheint das Bild eines eigenwilligen Redners im Hyde Park in London hier der Wirklichkeit am nächsten zu kommen. Es sind ja keineswegs nur »harmlose Narren«, die dort sprechen, sondern oft sehr ernst zu nehmende Leute, die kein Amt bekleiden und daher unaufgefordert zur Öffentlichkeit sprechen, Anhänger gewinnen, scharfe Diskussionen auslösen und Gegner auf den Plan rufen. Vor allem aber drängt sich mir das Bild begeisterter Prediger aus dem orthodoxen Viertel Jerusalems Meah Schearim auf, wo ein Mann wie Rabbi Amram Blau, der geistige Führer einer kleinen, extremen Gruppe, immer wieder in seinen Reden die gottlose Obrigkeit der Zionisten angriff, sich gegen das offizielle Oberrabbinat wandte und in hitziger Debatte seinen Standpunkt mit Zitaten aus der Bibel und dem Talmud belegte. Hier haben wir das Bild des unbeamteten Lehrers, der, allein seinem Gewissen verpflichtet, dem Establishment den Kampf ansagt.

Jesus hat offenbar nicht in Jerusalem gewohnt, sondern in kleinen Ortschaften am Ölberge, unmittelbar vor der Stadt, in Orten wie Bethanien und Bethphage. Auf die Bedeutung evangelischer Traditionen, die an bestimmte Orte gebunden sind, hat nachdrücklich Hermann Raschke verwiesen (›Der ungeschichtliche Jesus‹ in ›Jesusbilder‹, München 1966, S. 343 ff.), dessen Grundthese von der Ungeschichtlichkeit Jesu ich allerdings nicht zu teilen vermag.

Jesus lehrte im Tempel, das heißt natürlich im Vorhof des Tempels, der allgemein zugänglich war. Daß diesem Lehren eine Tempelreinigung vorausgegangen sein soll, ist wohl in den Bereich der Erfüllungssagen zu verweisen. Natürlich spricht aus diesen Sätzen (Matth. 21, 12 ff. u. par.) die Entrüstung Jesu und seiner Jünger über den Zustand des Tempels, der zwar ein prachtvolles Gebäude des Herodes in hellenistischem Stile darstellte, aber weit davon entfernt war, jenes Haus des Gebetes für alle Völker (Jes. 56, 7) zu sein, das nicht nur Jesus, sondern jeder verinnerlichten jüdischen Frömmigkeit vorschwebte.

Die sogenannten Wechsler und Händler im Tempel sind historisch bezeugt, allerdings nicht im Tempel, sondern rings um ihn, in den halb profanen Vorhöfen. Die Wechsler hatten vor allen Dingen die Aufgabe, die gängige Münze mit dem Bilde des Cäsars, die ja auch Jesus in einem solchen Vorhofe dargereicht wird, gegen die bildlose Tempelwährung umzutauschen, für die dann Opfertiere an Ort und Stelle erworben werden konnten. Die Vorstellung, daß Jesus, mit einer Geißel aus Stricken bewaffnet, die Wechslertische umstößt und die Beamten der Tempelbank zum Tempel hinausjagt, ist zu abenteuerlich, um wahr zu sein. Daß auf eine solche Störung der öffentlichen Ordnung (oder Unordnung) keine Verhaftung erfolgt sein sollte, ist kaum anzunehmen. Wie gesagt, handelt es sich um eine Erfüllungssage. Es geht um die letzten Worte beim Propheten Sacharja (14, 21): »Es wird kein Krämer mehr sein im Hause des Herrn Zebaoth zu jener Zeit.« Statt »Krämer« muß man eigentlich »Kanaaniter« lesen, aber die Kanaaniter waren die Krämer, so daß Buber mit seiner Doppelübersetzung hier die Intention trifft: »Und nicht mehr wird ein Kanaankrämer in SEINEM des Umscharten Haus sein an jenem Tage.«

Jesus bejaht die Idee des Tempels, verneint aber seine gegenwärtige Form, die er als Perversion des Heiligen empfindet. Damit steht er keineswegs allein. Es gibt im Talmud eine ganze Motivkette, welche die Gründe aufzeigt, die zum Untergang Jerusalems geführt haben. Hier findet sich immer wieder diese Art der Kritik, die an einem veräußerlichten Gottesdienst Anstoß nahm, der nicht Hand in Hand ging mit Bruderliebe und Gerechtigkeit, sondern mit grundlosem Haß aller gegen alle.

Etwas von dieser gehässigen Atmosphäre spüren wir in den Gesprächen Jesu im Tempel mit seinen Widersachern. Von diesen Tempelstreitgesprächen möchte ich vor allem die ZINSGROSCHEN-EPISODE als typisch hervorheben, die für die etwas spätere Verhaftung Jesu entscheidend wurde; sie und nicht die angebliche Tempelreinigung.

Martin Buber hat in seiner Rede ›Geltung und Grenze des politischen Prinzips‹ (1947) Jesu Spruch vom Zinsgroschen zum Ausgangspunkt gewählt, darauf verweisend, daß es zum Charakteristikum der großen unverlierbaren Sprüche religiöser Botschaft gehört, daß sie mit ihrer Situation verbunden sind, an eine bestimmte Schar gerichtet werden, aber über Ort, Stunde und Hörerkreis hinaus zu wirken vermögen. Trotzdem darf dieser Spruch nicht verabsolutiert werden, so daß aus ihm eine Zwei-Schwerter-Lehre abgeleitet würde, eine Teilung in ein weltliches und ein geistliches Reich. Tatsächlich wurde das Gespräch um den Zinsgroschen erst in späterer Überlieferung (Papyrus Egerton 2 und von Justin) zu einer allgemein ethischen Frage erhoben, wahrscheinlich in dem Bemühen, die Loyalität der Christen gegenüber dem römischen Staat zu bekunden. Im Gegensatz dazu wird die Absicht der ursprünglichen Erzählung sichtbar, jene Frage geringzuachten gegenüber der im eschatologischen Augenblick geforderten Beugung unter den Willen Gottes.

Jesus ist hier nicht der Anredende, sondern der Angeredete. Aber nicht der in der Wahrheit Angeredete (wie etwa im Gespräch mit Nikodemus), sondern der böswillig Versuchte. Seine Gegner, Pharisäer und Herodianer, suchen ihn staatsfeindlicher Gesinnung zu überführen, um so eine Rechtshandhabe gegen den unbequemen Wahrheitsfanatiker zu haben. Sie senden deshalb einige ihrer Jünger zu Jesus, um eine »Scheelah«, eine religionsgesetzliche Frage, an ihn zu richten. Es geht um die schwierige Frage der Steuer an den nichtjüdischen Herrscher. Die Fragesteller wollen eigentlich nicht belehrt werden, sondern sie wünschen den Befragten in seinen Worten zu fangen, um ihn aufgrund einer revolutionären Aussage den römischen Behörden denunzieren zu können.

Jesus müßte ein schlechter Psychologe gewesen sein, wenn er diese Falle seiner Gegner nicht bemerkt hätte. Er war aber gerade das Gegenteil von einem weltfremden Schwärmer, vielmehr heißt es, wie wir bereits anführten, zu Recht von ihm: »Er wußte wohl, was im Menschen war« (Joh. 2, 25). So handelt nun Jesus, in diese prekäre Situation gedrängt, ganz nach seiner eigenen Maxime: »Seid klug wie die Schlangen und ohne Falsch wie die Tauben« (Matth. 10, 16). Er ist in dieser Situation ohne Falsch, indem er seinen Gegnern glatt ins Gesicht sagt: »Ihr Heuch ler, was versuchet ihr mich?« – aber er ist auch schlangenklug, indem er sich nun die Zinsmünze (den Denar) reichen läßt und nach einer jüdischen Eigenart mit einer Frage auf eine Frage antwortet: »Wes ist das Bild und die Überschrift?« – So, jetzt hat er die andern! Jetzt müssen sie IHM Rede und Antwort stehen. Der Angriff ist hier als die beste Form der Verteidigung gewählt. Die Gegner können nicht umhin zu sagen: des Cäsars! Und darauf antwortet Jesus nun mit dem berühmten Worte: »Gebet dem Cäsar, was des Cäsars ist, und Gott, was Gottes ist!«

Das ist die Situation, die von dem Wort nicht getrennt werden darf. Es von seinem historischen Grunde ablösen und in den zeitlosen Raum der Dogmatik stellen heißt das Wort schon mißverstehen.

Wir müssen also unser Ohr schärfen, um den »Niggun«, das heißt den TONFALL, zu vernehmen, in welchem dieses so verhängnisvoll gewordene Wort gesagt wurde.

Der Tonfall ergibt sich aus der Situation. Das Gespräch, dessen

Pointe es bildet, ist EIN GESPRÄCH UNTER JUDEN. Unter palästinensischen Juden. Gegenstand des Gespräches aber ist der Cäsar, die AUSSERJÜDISCHE Staatsmacht, der Repräsentant des fremden Imperialismus.

Man muß unter palästinensischen Juden gelebt haben, um die gewitterschwüle Atmosphäre eines solchen Gespräches ganz zu spüren. Die Situation des Judentums in Palästina hatte vor nicht langer Zeit ja sehr viel Ähnlichkeit mit der zur Zeit Jesu. Für uns jüdische Bürger Palästinas hatten Gespräche wie das im Evangelium geschilderte nichts Historisches. Sie waren ungeheuer aktuell für uns. Nun wird man immer wieder eine besondere Eigenart jüdischen Verhaltens in dieser Beziehung zum fremden Imperium feststellen können, gerade in den Kreisen, die darum wissen, was Israel ist von Ewigkeit zu Ewigkeit! Eine kühle Distanz, eine am Letzten orientierte und deshalb an der Macht desinteressierte Abstandshaltung gegenüber dem Machtkoloß zeichnet diese echtesten Juden aus. Ganz anders ist ihre Haltung gegenüber den Juden, die nicht mehr wissen wollen um das, was Israel aufgetragen ist, die Jahwe an den Baal verraten und sein wollen »wie alle Völker«. Hier gibt es keine kühle Distanz, hier zieht »ein echter Israelit, in welchem kein Falsch ist« (Joh. 1, 47), ordentlich vom Leder. So ist in Jesu Verhalten gegenüber seinem jüdischen Landesherrn Herodes nichts von der splendid isolation zu spüren, die seine Haltung gegenüber dem Cäsar charakterisiert. Jenen Assimilanten und Römling nennt er rundheraus einen »Fuchs« (Luk. 13, 32), was immerhin eine handfeste Majestätsbeleidigung ist.

Diese seelische Grundhaltung müssen wir erwägen, um den richtigen Tonfall des Wortes vom Zinsgroschen zu hören. Ich will ihn hier durch Einklammerung des Nichtgesagt-Mitgesagten andeuten:

»So gebet (schon ... was ist das schon Großes?) dem Cäsar (dem ›Goi‹), was des Cäsars ist (er will ja doch nur Geld und wieder Geld von euch!), und/aber ([das biblische und ›we‹ hat mannigfache Bedeutungen, sehr oft im Alten Testament steht es für ›aber‹] ... jetzt kommt das große Aber, auf das es ankommt!) Gott, was Gottes ist!«

Es ist das Wort eines Galuth-Juden, eines Menschen der Diaspora, das uns hier überliefert wird. Man wende nicht ein, daß Jesus doch ein palästinensischer Jude war, der noch ganz fraglos eingebettet in sein eigenes Volkstum lebte. Dieses Volkstum war bereits kein AUTONOMES mehr. Die Galuth war ja schon in

Palästina selbst eingebrochen durch die imperialistische Oberherrschaft der Römer. Diese Tatsache schuf drei Gruppen von Juden: die Assimilanten (Herodes-Partei und Sadduzäer), die Zeloten, welche der Gewalt mit Gewalt begegnen wollten, und schließlich die Non-Violence-Gruppe, die Pharisäer und Essener, die aber offensichtlich auch die Mehrzahl der Jünger Jesu und Johannes umfaßte. »Non-Violence setzt«, nach einem Worte Gandhis, »alle Kraft der Seele dem Willen des Tyrannen gegenüber.« Genau das taten Pharisäer und Essener und mit ihnen Jesus gegenüber dem Cäsar. Dabei wußten sie immer um die Relativität der Gewalt, die stets eines Tages einem noch Gewaltigeren weichen muß und kein Gran Ewigkeit in sich hat.

Jesu Wort vom Cäsar und von Gott ist also aus der Zweidimensionalität der Situation zu verstehen. Zweidimensional ist sie insofern, als sie eine persönliche und eine nationale Dimension aufzuweisen hat.

Die persönliche legt es ihm aus taktischen Gründen nahe, ausweichend zu antworten, um nicht in die Schlinge seiner Feinde zu treten. Die nationale läßt ihm aus der großen, im Tiefsten wohl eschatologischen Distanz den FREMDEN Herrscher als den Antipoden Gottes erscheinen, rückt ihn aber zugleich auf die Ebene minderer Relevanz.

Die Evangelien sehen in Jesus den ERFÜLLER der prophetischen Botschaft. Ein Jesus, der das Wort vom Cäsar und von Gott im ABSOLUTEN SINNE der kirchlichen Lehre gebraucht hätte, wäre aber der Antipode der Propheten. Denn gerade die UNTEILBARKEIT DES KÖNIGTUMS GOTTES ist ja das Herzstück der prophetischen Botschaft. Jahwe ist König über alles. Es gibt kein Gebiet, das seinem Herrschaftsanspruch entzogen werden darf.

Nicht Kult, Opfer, Tempel, Liturgie fordert der Gott der Propheten, sondern ein Leben der Gerechtigkeit und Liebe! Aber nicht vom einzelnen allein fordert der Gott der Nebiim (Propheten) diese immerwährende unteilbare Verantwortung vor IHM, sondern auch von den Völkern, über die sein Gericht ergeht, wenn sie sich gegeneinander vergehen, im Inneren und Äußeren. Nicht weil sie den jerusalemischen Tempelkult nicht mitmachen, ergeht über sie des Herrn Gericht, sondern weil sie Zedek und Mischpat (Recht und Gerechtigkeit), Chessed und Rachamim (Liebe und Erbarmen) nicht untereinander bewährt haben.

Ein Jesus, der Gottes Anspruch allein auf den Tempel, die

Liturgie oder aber auch das Leben des einzelnen beschränken wollte, stünde keineswegs in der prophetischen Nachfolge.

Ich glaube nun allerdings durch das Herausarbeiten der Situation, so wie sie sich mir kundtut, gezeigt zu haben, daß das Wort vom Cäsar und von Gott kein absolutes ist, sondern ein situationsgegebenes. Es kann auf gänzlich anders geartete Situationen nicht mechanisch übertragen werden.

Obwohl Jesus sich hier »schlangenklug« beträgt, zieht sich das Verhängnis über ihm zusammen. Damit kommen wir zum dritten Aspekt der Jerusalemfahrt, der sie zum Opfergang macht. In diesen Zusammenhang gehören die Menschensohn-Sprüche: »Es steht geschrieben, der Menschensohn muß viel leiden« (Mark. 9, 12). Das Motiv klingt in den Evangelien immer wieder an: »Also ist es geschrieben, und also mußte der Messias leiden ...« (Luk. 24, 45 ff.) Die Leidenserwartungen stehen im Schatten der Leiden des Knechtes Gottes (Jes. 53 ff.) und der Leidenspsalmen 22 und 34 sowie der dunklen Worte über den geopferten Gerechten bei Sach. 12, 10. Die spätere Tradition, die von Ostern her auf die Leiden des Menschensohnes und ihre Vorankündigung blickt, kann aber wohl unschwer psychologisch durchleuchtet werden, ohne daß den Texten Gewalt angetan würde. Jesus selbst mußte als der klarblickende Mann, der er offenbar war, sich des Risikos seiner Provokation bewußt sein. Es war ja nichts Geringes, alle Machthaber gleichzeitig herauszufordern: die sadduzäische Priesterschaft, die pharisäischen Schriftgelehrten, die Herodianer und schließlich die römische Besatzungsmacht. Hier gab es nur den wunderbaren Sieg durch unmittelbares Eingreifen Gottes oder den Untergang in einem allzu ungleichen Ringen. Daß allerdings eine DRITTE Möglichkeit bestand, war damals kaum zu sehen: DIE MÖGLICHKEIT DES SIEGES DURCH DEN UNTERGANG. Dieses Dritte freilich sollte Ereignis werden, allerdings Ereignis außerhalb der Geschichte Jesu. Jesus, so dürfen wir annehmen, hat seinen Weg nach Jerusalem als die dem Juden gebotene Wallfahrt empfunden; der enthusiastische Einzug, der ihm bereitet wurde, gestaltete, freilich nur für Augenblicke, diese Wallfahrt zu einem Siegeszug. Im selben Augenblick aber werden die Gegner auf den Plan gerufen, und der Mann, der sich ihnen nicht entzieht, muß mit der Möglichkeit des Opferganges rechnen, die sich ihm in wenigen Tagen zur Gewißheit verdichtet. So ist Jesu Weg nach Jerusalem Wallfahrt, Siegeszug und Opfergang in einem.

Die Seder-Nacht in Jerusalem

Die Frage, ob der erste feierliche Einzug Jesu in Jerusalem zum Laubhüttenfest oder zu Passah stattfand, die wir im vorigen Kapitel behandelt haben, wird zweitrangig angesichts der Tatsache, daß die tragische Entscheidung im Leben Jesu in der Seder-Nacht, der Nacht der Passah-Feier, gefallen ist. Es ist mir unverständlich, daß es ernsthafte Forscher wie Günther Bornkamm gibt, die daran zweifeln, daß das letzte Abendmahl Jesu ein Passah-Mahl, ein Seder-Mahl, war: »Daß dieses Mahl, so sicher es in die zeitliche Nähe des Passah-Festes gehört, auch selbst als Passah-Mahl gehalten wurde, ist sehr zweifelhaft. Was wir sicher wissen, ist nur, daß die ersten drei Evangelisten es als ein solches verstanden und schildern wollten« (Günther Bornkamm, ›Jesus von Nazareth‹, 1956, S. 148). Mir genügt es, daß die Synoptiker dieses Mahl zweifellos als ein Seder-Mahl (so nennt man die häusliche Feier der Passah-Nacht) darstellen, aber auch bei Johannes (13) wird die zeitliche Nähe zum Passah-Feste vorausgesetzt. Es geht aber, wie wir zeigen wollen, nicht nur um die zeitliche Nähe, sondern um den Inhalt der Feier und seine Erneuerung durch Jesus. Deshalb glaube ich auch nicht, was noch Strack annahm: »Das Abendmahl ist vom Herrn während des zum Genuß des Passahlamms veranstalteten festlichen Beisammenseins gestiftet worden, aber nicht in direktem Anschluß an einen Ritus des Passahmahles« (Hermann L. Strack, ›Der Mischnatraktat Passahfest‹, 1911, Einleitung S. 10). Im Gegensatz hierzu bin ich der Ansicht, daß sich die Einsetzung des sogenannten Abendmahles organisch in die Seder-Feier einfügt und als eine individuelle Interpretation dieses Rituals durch Jesus anzusehen ist. Aus dieser situationsgebundenen Neuinterpretation erwächst eine Reform der Seder-Feier im Jüngerkreise, und daraus wird später (vermutlich auch unter dem Einfluß hellenistischer Mysterienkulte) die christliche Eucharistie.

Wenn es heute neuere Forscher gibt, die meinen, daß das letzte Abendmahl Jesu nicht ohne weiteres als Seder-Feier zu identifizieren sei, so besteht ihr Hauptargument darin, daß im Neuen Testament nichts von dem Wesentlichen der jüdischen Seder-Feier berichtet wird. Die Haggada, die breit ausgesponnene Erzählung vom Auszug der Kinder Israel aus Ägypten, fehlt.

Das Neue Testament will aber, wie immer wieder zu betonen

ist, weder eine Biographie Jesu geben noch eine Beschreibung der »jüdischen Altertümer« im Sinne des Flavius Josephus, sondern es will die frohe Botschaft von Jesus, dem Messias Israels und der Völkerwelt, verkündigen. Die Evangelien als »Missionsschriften« sind daher an einer minutiösen Beschreibung des Seder-Rituals nicht interessiert. Hinzu kommt das Situationsgebundene der Evangelien: Soweit sie sich an einen jüdischen Leserkreis wandten, konnten die Evangelisten die Kenntnis des Seder-Rituals voraussetzen; soweit sie sich an einen griechischen (hellenistischen) Hörer- oder Leserkreis wandten, wurde der ursprüngliche Inhalt der Seder-Feier gegenüber dem »Neuen Bund«, der in dieser Nacht gestiftet wurde, unwesentlich.

Aber selbst ohne diese weitergehenden Gesichtspunkte zu berücksichtigen, ist es klar, daß in den Berichten der Evangelien nicht das Allgemeine der Seder-Feier, sondern das Besondere des letzten Seders des Jesus von Nazareth dargestellt wird. Dieses Besondere besteht darin, daß hier nicht etwas völlig Neues gegeben wird, sondern eine Erneuerung der uralten Tradition sich vollzieht. Das Leitmotiv der Seder-Nacht ist der Sikkaron, das Gedenken. Gemeint ist das Gedenken an die Rettertat Jahwes bei dem Auszug aus Ägypten. Die Erinnerung an dieses Heilsgeschehen lebt von Geschlecht zu Geschlecht in Israel fort. Diesen Gedanken greift Jesus nun auf: »Dies tut zu meinem Gedächtnis« (Luk. 22, 19). Nun tritt neben die Rettertat Gottes in Ägypten die Rettertat Gottes durch die schmerzliche »Verklärung« Jesu, der sich nun offenbar in dieser Nacht seiner tragischen Sendung als leidender Gottesknecht voll bewußt wird. Wieder sind es Motive aus dem Buche Sacharja, die sich durch die Darstellung der letzten Seder-Nacht Jesu ziehen. Zunächst die Stelle Sach. 13, 7:

> »Schwert, mache dich auf über meinen Hirten,
> über den Mann, der mir der nächste ist!
> spricht der Herr Zebaoth.
> Schlage den Hirten, daß sich die Herde zerstreue,
> und ich will meine Hand wenden gegen die Kleinen.«

Die Evangelien-Texte zitieren den zweiten Teil dieses Sacharja-Satzes ausdrücklich im Zusammenhang mit den Todesahnungen Jesu bei der letzten Seder-Feier. Jesus erkennt nun, daß sich das Schwert, die Macht, die Vernichtung gegen ihn richten muß, was aber nicht einem Scheitern gleichkommt, sondern einem nötigen Opfergang. Es geht hier um den Gedanken des leidenden und unterliegenden Messias, der im Talmud (Sukka 52a) angedeutet wird: »Sie fanden einen Schriftvers, den sie auslegten: Das Land wird trauern, jedes einzelne Geschlecht besonders ... (Sach. 12, 12) ... welche Bewandtnis hat es mit der Trauer? – Hierüber streiten Rabbi Dosa und die Rabbanan; einer sagt, um den MESSIAS, DEN SOHN JOSEPHS, der dann getötet wird, und einer sagt, um den bösen Trieb, der dann getötet wird. – Einleuchtend ist es nach demjenigen, welcher sagt, um den Messias, den Sohn Josephs, der dann getötet wird, denn es heißt: Sie werden auf den blicken, den sie durchbohrten, und um ihn trauern, wie man um den Einzigen trauert (Sach. 12, 10); wieso aber trauern sie nach demjenigen, welcher sagt, um den bösen Trieb, der dann getötet wird, dieserhalb sollte man ja ein Fest veranstalten und nicht weinen!«

Mit Recht sagte der Übersetzer des Talmud Lazarus Goldschmidt (›Der Babylonische Talmud‹, 1930, Bd. III, S. 399) zur Stelle: »Nach der jüdischen Eschatologie ist der Messias Ben Joseph der Vorläufer des Messias aus dem davidischen Hause, der im Kampf umkommen wird. Dieser Name ist übrigens so auffallend, daß die Entlehnung aus dem Urchristentum kaum zu übersehen ist.«

Mit dem ganzen Fragenkomplex hat sich in neuerer Zeit unter Heranziehung aller erreichbaren Quellen Siegmund Hurwitz, ›Die Gestalten des sterbenden Messias‹, 1958, unter Auswertung der Jungschen analytischen Psychologie für das Verständnis der fraglichen Motive und Theologumena eingehend befaßt. Die Frage der Datierung der herangezogenen Talmudstelle scheint mir unwesentlich, wenn man bedenkt, daß die schriftliche Fixierung solcher Texte oft erst Jahrhunderte nach ihrer Entstehung vorgenommen wurde. Offensichtlich gab es Traditionen des leidenden Messias schon zur Zeit Jesu und vor ihm. Hier ist auch an den Lehrer der Gerechtigkeit in den Qumran-Texten zu erinnern. Daß dieser leidende Messias im Gegensatz zum triumphierenden »Sohn Davids« als ein »Sohn Josephs« bezeichnet wird, ist nun besonders wichtig, denn Jesus von Nazareth ist ein Sohn Josephs und aus dem Hause Davids, so daß sich in seiner Person die beiden Vorstellungen vereinigen lassen.

Bei seinem festlichen Einzug wird Jesus, nach dem Zeugnis der Evangelien, von der Volksmenge als »Sohn Davids« begrüßt. Im engsten Jüngerkreise aber enthüllt er sich nun als den Sohn Josephs, den zum Leiden ausersehenen Menschensohn und Knecht Gottes in der Gestalt des zum Opfertod Bestimmten. Wenn wir andernorts sagten, daß sich Jesus vermutlich nicht selbst für den Messias gehalten hat, so schließt das nicht aus, daß er sich nun als zum Opfergang bestimmt empfand, in klarer Erkenntnis der ausweglosen Situation. Daß dieser Opfergang dann ein MESSIANISCHES Prädikat erhält, mag spätere, erweiterte Deutung des Geschehens sein.

Immer wieder, das kann gar nicht übersehen werden, sind es Sacharja-Texte, auf deren Erfüllung in diesem Zusammenhang hingewiesen wird; das gilt auch für den Verrat des Judas, über den wir noch zu sprechen haben werden. So liegt für mich die Vermutung nahe, daß vom Einzug Jesu nach Jerusalem über das Abendmahl bis zur Kreuzigung ein Midrasch zum Buche Sacharja vorliegt.

Von allen uns vorliegenden Berichten des Abendmahls ist der des Lukas (22, 7ff.) der beste. Aus ihm gewinnen wir das deutlichste Bild vom Ablauf der Geschehnisse. Lukas hält, was er in der Präambel zu seinem Evangelium (1, 3) betont, er habe alles von Anbeginn mit Fleiß erkundet, um es in GUTER ORDNUNG aufzuschreiben. Wir folgen deshalb hier dem Bericht des Lukas, natürlich unter Berücksichtigung der parallelen Texte Matthäus, 26, 17ff.; Markus 14, 12ff., aber auch mit einem Blick auf Johannes 13ff. Zunächst ergibt sich nun freilich die Datumsfrage: Wann hat Jesus mit seinen Jüngern das letzte Abendmahl, die Seder-Feier in Jerusalem, begangen? Schon die erste Angabe in den Evangelien ist hier ungenau, wenn es bei Markus heißt:

> »Und am ersten Tage der Mazzoth (ungesäuerte Brote), da man das Passah-Lamm opferte, sprachen seine Jünger zu ihm: Wo willst du, daß wir hingehen und es bereiten ...?«

Dasselbe findet sich bei Matthäus:

> »Am ersten Tage der Mazzoth traten die Jünger zu Jesus und sprachen zu ihm: Wo willst du, daß wir dir das Passah-Lamm zum Essen bereiten?«

Richtiger beginnt wohl der Johannes-Bericht:

> »Vor dem Passah-Fest aber, da Jesus erkannte, daß seine Zeit gekommen war ...«

Auch der Lukas-Bericht, an den wir uns sonst halten können, schreibt:

> »Es kam nun der erste Tag der Mazzoth, an welchem man das Passah-Lamm opfern mußte.«

Verwechselt wird hier immer der erste Tag des Festes mit dem Rüsttag zum Feste (Erev Pessach), während Johannes tatsächlich von »vor dem Passah-Fest« spricht.

Mit dieser Datumsfrage haben sich schon viele Autoren vergeblich herumgeschlagen. So bemerkte schon Strack:

»Was ist nun von der ausdrücklichen Angabe der Synoptiker zu sagen, daß dieses Mahl ›am ersten Tage der ungesäuerten Brote‹ (d.i. am 14. Nisan, an welchem das Essen von Gesäuertem schon vor Mittag aufhören mußte, s. Pessachim 1, 4) vorbereitet und am Abend dieses Tages genossen worden sei?

Die einfachste Antwort wäre das Zerhauen des Knotens, d.h. die Annahme eines Irrtums bei Markus, dem Matthäus und Lukas gefolgt seien. Ob sie aber richtig, ist mir sehr zweifelhaft. Eher könnte man annehmen, daß Jesus, der ein Herr auch über den Sabbath war (Mark. 2, 28), im Hinblick auf seinen bevorstehenden Tod das Passah-Mahl einen Tag früher gefeiert habe. Das Wahrscheinlichste aber dünkt mich die Annahme (die auch Jech. Lichtenstein in Leipzig, wie ich irgendwo gelesen habe, geäußert hat), daß damals keine Einstimmigkeit über den Anfang des Monats Nisan vorhanden war, vielmehr manche, unter ihnen Jesus, etwa auf Grund eigner Neumondsbeobachtung, den 1. Nisan, also auch den 14. Nisan einen Tag früher haben eintreten lassen, als der sadduzäische höchste Gerichtshof und die Priester taten. Die Rechnung Jesu, d.h. seine Bestimmung wegen der Zeit des Passah-Mahles, war selbstverständlich für seine Jünger maßgebend.«

Zunächst ist festzuhalten, daß es sich nie um den ersten Tag des Festes selbst, sondern nur um den Rüsttag handeln kann, an dessen Abend die Feier beginnt, wie ja alle jüdischen Feste, auch der Sabbath, am Vorabend mit Sonnenuntergang beginnen. Nun aber stimmt der ganze Evangeliumsbericht hiermit nicht überein. Jesus feiert ohne Frage die Seder-Nacht mit seinen Jüngern. Sollte er nun in dieser Nacht, nach der Feier, durch die jüdischen Behörden verhaftet worden sein, so wäre es undenkbar, daß in dieser hochheiligen Nacht das Verhör im Hause des Hohenpriesters Kaiphas stattgefunden haben sollte, daß Jesus am Morgen des Festes dem Pilatus übergeben wurde und am ersten Tage des Passah-Festes gekreuzigt worden sei. Dabei ist in dem Bericht immer die Rede davon, daß wegen des herannahenden Sabbath besondere Eile geboten war, nie aber ist die Rede davon, daß der Feiertag selbst durch Gerichtsverhandlung, Hinrichtung und Begräbnis entweiht worden sei.

Wer mit jüdischem Gesetz und Brauch vertraut ist, spürt hier sofort, daß all das eine bare Unmöglichkeit darstellt. Wäre Jesus in der Seder-Nacht verhaftet worden, dann hätte man ihn bis nach dem Feiertag in Gewahrsam gelassen, und alles andere hätte sich nachher abgespielt.

Andererseits ist es aber fraglos, daß uns ein Seder-Ritual beschrieben wird, das Jesus mit seinen Jüngern zelebriert. Der offenbare Widerspruch löst sich erst heute, denn »nach Qumran ist alles anders«, wie Hermann Raschke so richtig bemerkt. Wir dürfen hier annehmen, daß Jesus, der in offener Opposition zu Sadduzäern und Pharisäern stand und durch seinen Rabbi, Johannes den Täufer, vermutlich zur Sekte von Qumran Fühlung hatte, den solaren Qumran-Kalender benutzt hat*, so daß seine Seder-Feier einen Tag früher stattfand als die der offiziellen Kreise in Jerusalem. Für den Einfluß von Qumran auf den letzten Seder Jesu in Jerusalem spricht auch die Tatsache, daß nur die zwölf Jünger an diesem Mahle teilgenommen haben, entsprechend der Mahlregel von Qumran. An sich nahmen Frauen an der Seder-Feier teil, wie das auch heute allgemein der Fall ist, ja, die Mischna erörtert die Frage, ob eine Frau im Hause ihres Vaters oder im Hause ihres Ehemannes an der Passah-Feier teilzunehmen hat. Wir hören aber nichts mehr von den Frauen um Jesus, die seine treuen Begleiterinnen waren und die dann als die ersten Zeugen der Auferstehung genannt werden, also den Zug nach Jerusalem mitgemacht hatten. An dem Mahle nach dem Ritus und dem Kalender von Qumran aber nahmen sie nicht teil.

Jesus und die Jünger wohnten außerhalb Jerusalems in der Nähe des Ölberges, und so wie der Rabbi seine Jünger aussandte, um ihm einen Esel zu besorgen, sandte er sie nun aus, um einen passenden Raum für die Seder-Feier zu suchen. Im Hause eines Wasserträgers wird ein Herbergsraum gefunden, in dem schon die Polster (Luk. 22, 12) für eine Seder-Feier vorbereitet sind. Diese knappe Notiz zeigt, daß Jesus die Seder-Feier, obwohl nach dem Datum und gewissen Einschränkungen von Qumran, durchaus im Stile seiner Zeit feierte. Aus dem raschen Mahl, wie es im zweiten Buch Mose (Ex. 12, 11) geboten wird, das man mit gegürteten Lenden, den Wanderstab in der Hand, die Schuhe an den Füßen, wohl stehend eingenommen hat, war unter hellenistischem Einfluß ein Symposion geworden. Hingestreckt auf Polster, lagerte man zum Mahle, auf die linke Seite gelehnt, so daß

*Vgl. hierzu: Kurt Schubert, Die Gemeinde vom Toten Meer, München 1958 (Ernst Reinhardt Verlag), S. 53: Das Kalenderproblem.

die Rechte den Becher zu den vier vorgeschriebenen Kelchen greifen konnte. Lange Gespräche, die oft die ganze Nacht hindurch währten, umrankten den Bericht vom Auszug aus Ägypten. Die Beschreibung der Seder-Feier zur Zeit des zweiten Tempels, wie wir sie in der Mischna, im Traktat Pessachim, vor uns haben, erinnert stark an das Gastmahl des Plato. Wir haben hier ein Beispiel dafür, wie griechische Formen und hebräische Inhalte zu einer Einheit verschmolzen, ein Vorgang, den man in der späteren christlichen Abendmahlsfeier wiederum antrifft. Sogar gewisse Bezeichnungen des Seder-Rituals haben griechische Namen angenommen, so jene letzte Mazza, die für das Abendmahl Jesu so bedeutend wird, die als Epikomion (Aphikoman) noch heute bezeichnet wird und den Abschluß des heiligen Mahles darstellt.

Wo in Jerusalem die Seder-Feier stattfand, wissen wir nicht. Die Tradition verlegte dieses in den Evangelien nicht weiter lokalisierte Haus auf den Zionsberg in die nächste Nähe des sogenannten Davidsgrabes. Der Abendmahlsraum wird bis heute dort von den Christen, das Davidsgrab von den Juden verehrt. Beide Stätten haben gemeinsam, daß sie unhistorisch sind. Wäre der Abendmahlsraum wirklich auf dem Zionsberge zu lokalisieren (falls der heute so genannte Berg mit dem biblischen Gipfel des Zion voll identisch ist), so hätten sich natürlich die Evangelien diese Pointe nicht nehmen lassen. Auch die Nachbarschaft des Davidsgrabes würde erwähnt, da Jesus ja als Sohn Davids in diesen Erzählungen apostrophiert wird. Von all dem ist nicht die Rede, so daß wir also ein ganz gewöhnliches Haus irgendwo in dem Winkelgewirr der Gassen der Herodesstadt annehmen müssen. In den Herbergen Jerusalems waren für die zahlreichen Pilger Räume für die Seder-Feiern vorbereitet, genauso wie man heute in Israel in zahlreichen Hotels alle Vorbereitungen für Seder-Feiern von Touristen trifft.

Jesus lagert sich mit seinen zwölf Jüngern zum Passah-Mahle. Wir wissen nicht genau, wie er die Haggada vortrug, die Erzählung vom Auszug aus Ägypten. Wir dürfen annehmen, daß im wesentlichen die traditionellen Formen, wohl unter Einschluß der Besonderheiten der Sekte von Qumran, als Richtschnur galten, wobei im freien Gespräch das eigene Lehrgut dieses Rabbis, nun allerdings überschattet von der sich zur Gewißheit verdichtenden Todesahnung, den Inhalt bildete. Nicht nur die Ahnung des bevorstehenden bitteren Endes, das mit dem Bitterkraut (Maror) des Rituals und dem Brote des Elends, der Mazza, in sinngemäßem Zusammenhang steht, sondern auch die Ahnung des Verrates überschattet diese Feier, wobei wiederum ein Sacharja-Motiv (Sach. 11, 12) anklingt. Der Gestalt des sogenannten »Verräters« Judas wollen wir uns aber erst etwas später zuwenden.

Nachdem Jesus mit den Seinen das Mahl beendet hat, verteilt er unter die Teilnehmer die letzte Mazza, den Aphikoman, wie das noch heute der Fall ist: »Und er nahm das Brot (die Mazza), dankte (sprach den Tischdank, Birkath Hamason) und sprach: Das ist mein Leib, der für euch gegeben wird, das tut zu meinem Gedächtnis. Ebenso nahm er den Becher nach dem Abendmahl (der dritte vorgeschriebene Becher der Seder-Nacht) und sprach: Das ist der Becher des Neuen Bundes in meinem Blut, das für viele vergossen wird« (Luk. 22, 19–20).

Die Einsetzungsworte des Abendmahls sind hier nach Lukas zitiert, die Formel »für viele« aber nach Markus, während es bei Lukas »für euch« heißt. Matthäus fügt sinngemäß noch hinzu: »zur Vergebung der Sünden«. »Für euch« würde nur für den Jüngerkreis heißen und würde den Einsetzungsworten die Weite nehmen.

Wie sind nun die merkwürdigen Worte zu verstehen, in denen Jesus sich mit der Mazza, dem ungesäuerten Brot der Passah-Feier, identifiziert? Ein alter Volksbrauch, den auch Strack in seiner Darstellung der Seder-Feier in neuerer Zeit anführt, mag uns hier auf die rechte Spur führen. Drei durch Bezeichnung voneinander verschiedene Mazzoth, ungesäuerte flache Brote, werden, mit einer Decke bedeckt, unter die Seder-Schüssel (mit den Symbolgerichten der Feier) gelegt: »Israel« unten, »Levi« in der Mitte, »Cohen« (Priester) oben. Eine genaue Datierung dieses Brauches ist nicht möglich. E.D. Goldschmidt bemerkt in seiner ›Pessach-Haggada‹, 1936, S. 14 zu diesem Brauch, daß ältere Autoritäten (Alfassi, Maimonides), denen sich Rabbi Elia Wilna anschließt, nur zwei Mazzoth verlangen, daß aber die nordfranzösische Schule von Rabbi Amram Gaon drei Mazzoth verlangt, was sich überall außer im Jemen durchsetzte. Wir wissen also nicht genau, wie so oft bei Volksbräuchen, wann sie entstanden sind. Sie können Jahrhunderte lang geübt werden, ohne kodifiziert zu sein, weil sie keinen gesetzlichen Charakter tragen. So ist etwa der volkstümliche Becher bei der Seder-Feier für den Propheten Elia alles andere als eine gesetzliche Vorschrift, eigentlich eine volkstümliche Interpretation einer religionsgesetzlichen Streitfrage, und doch ist der Becher des Elia für das Volksempfinden ein integraler Bestandteil der Seder-Feier. Wenn die drei besonders sorgfältig gebackenen Mazzoth des Seder-Rituals mit der Priesterkaste der Cohanim, der Kaste der Tempelsänger der Leviten und schließlich mit der großen Gruppe des Volkes identifiziert werden, so will das sagen, daß hier in Realpräsenz ganz Israel bei jeder Seder-Feier anwesend ist. Die mittlere dieser drei Mazzoth wird nun nach dem noch heute gültigen Ritual GEBROCHEN und vom Hausvater unter die Tischgenossen verteilt. Das tut auch Jesus, und er betont, daß er selbst nun stellvertretend für ganz Israel geworden ist, und in diesem Sinne hebt er nun auch den Becher mit den Weindeutungsworten: »Das ist mein Blut des Neuen Bundes, welches vergossen wird für viele zur Vergebung der Sünden.«

Ich folge nun Hans Kosmala, dem Leiter des Schwedischen Theologischen Instituts in Jerusalem, der in seinem bedeutenden Buch: ›Hebräer – Essener – Christen‹, 1959, Kap. 7, S. 186, überzeugend dargelegt hat, daß Jesus die Einsetzungsworte »für viele« als bewußte Absage an einen problematisch negativen Teil des Seder-Rituals spricht. Hier haben wir nämlich die Formel »Schephoch Chamathcha« (Ergieße deinen Zorn über die Völker) über den vierten Becher nach dem Tischdank, den Becher des Zornes, der dann zum Abschluß in die Hallel-Psalmen überführt.

E.D. Goldschmidt und andere meinen, daß es sich hier um eine im Mittelalter unter dem Druck der Verfolgungen entstandene Zusammenstellung von Psalm 79, 6–7; 69, 25 und Klagelieder 3, 66 handelt, die in manchen Riten durch andere Bibelverse noch erweitert werden.

Kosmala legt einleuchtend dar, daß auf jeden Fall die Stelle Ps. 79, 6: »Gieße deinen Zorn über die Völker, die dich nicht erkennen, und die Königreiche, die deinen Namen nicht anrufen ...« schon zur Zeit Jesu in diesem Zusammenhang bekannt waren. Und nun fügt Kosmala hinzu: »An die Stelle, wo seit alten Zeiten bis auf den heutigen Tag in der Haggada die Bitte um die Ausgießung des Zornes Gottes über die Heiden gesprochen wird, setzt Jesus seine eigenen Worte zum Becher nach dem Mahl: ›Dieser Becher und das Neue Testament in meinem Blut – der (bzw. das) für viele vergossen wird ...‹ Nicht der Zorn Gottes wird ausgegossen, kein Zornesbecher wird den vielen zu trinken gegeben: Der Becher, der ausgegossen wird, ist der neue Bund, in welchem sich Gottes Liebe und Barmherzigkeit offenbart.«

In diesem Zusammenhang ist auf das Ausgießen hinzuweisen.

Der Zorn Gottes wird ausgegossen, ein Bild, das wir in der Apokalypse des Johannes wieder antreffen, wo die Schale des Zornes von den Engeln des Gerichtes ausgegossen wird. Nun aber wird das sühnende Blut vergossen, das, wie Kosmala in Auseinandersetzung mit Joachim Jeremias, ›Die Abendmahlsworte Jesu‹, 1949, betont, keineswegs mit dem Blute des Passah-Lammes zu identifizieren ist, denn dieses hat keine sühnende Kraft gehabt. Überhaupt tritt in der Beschreibung des Abendmahls das Passah-Lamm ganz zurück, und der Akzent ist auf die Mazza (das Brot) und den Wein gelegt, während in anderen Zusammenhängen Jesus ja als das Lamm Gottes, das rechte Passah-Lamm, dessen Gebeine nicht zerbrochen werden durften, erwähnt wird.

Der Grund für dieses Zurücktreten des zentralen Opferrituals scheint mir darin zu liegen, daß die DARSTELLUNGEN aus der Zeit NACH der Zerstörung des Tempels stammen, wo von den Ritualen der Seder-Feier nur noch die Mazza, der Wein (und das Bitterkraut) sich erhalten haben, während das Passah-Lamm praktisch verschwunden ist.

Über der Passah-Feier waltet das Mysterium der Vierzahl. Die Zahl Vier ist eine heilige Zahl im Judentum, ja ich neige dazu zu sagen: DIE heilige Zahl. Diese Erkenntnis wurde im Christentum durch die Faszination der Drei verdunkelt, durch das dem Judentum und damit dem Glauben Jesu fremde Dogma von der Trinität, der Dreifaltigkeit Gottes.

Vier als heilige Zahl kommt zunächst im vierbuchstabigen Gottesnamen JHWH zum Ausdruck. – In der Vision des Propheten Ezechiel, in der er den göttlichen Thronwagen sieht, begegnen wir wiederum der heiligen Vier, denn dieser Wagen Gottes wird von Engelswesen getragen, die vierfaches Antlitz zeigen: ein Menschengesicht, ein Löwengesicht, ein Stiergesicht und einen Adlerkopf. Die spätere kirchliche Tradition hat diese Vision mit den vier Evangelisten in Verbindung gebracht, die nun auch diese Symbole für sich in Anspruch nehmen.

C. G. Jung hat in seinem Buch ›Antwort auf Hiob‹ 1952, auf die archetypisch-psychologische Notwendigkeit der Vierzahl für das Gottesverständnis hingewiesen; Gott als der Umfassende, der alle vier Windrichtungen, die »vier Enden der Welt« umfaßt, muß in der Chiffre Vier dargestellt werden.

Etwas von diesem Mysterium spiegelt sich nun in der Vierzahl im Zusammenhang mit der Passah-Feier. Das Fest selbst hat vier

Namen: erstens Passah = Überschreitungsfest (Fest der Errettung aus der ägyptischen Knechtschaft); zweitens Mazzoth-Fest = Fest der ungesäuerten Brote; drittens Chag-Haaviv = Frühlingsfest; viertens Seman Cheruthenu = Zeit unserer Befreiung.

Für die Feier des Seder-Mahls der Passah-Nacht sind bereits von der Mischna vier Becher Weins vorgeschrieben, gemäß dem Worte Ex. 6, 6–7: »Ich bin der Herr und will euch WEGFÜHREN von den Lasten, die euch die Ägypter auferlegen, und will euch ERRETTEN von eurem Frondienst, und will euch ERLÖSEN mit ausgestrecktem Arm und durch große Gerichte. Ich will euch ANNEHMEN als mein Volk und will euer Gott sein.« Die vier Gnadenerweise sind also: das Wegführen, die Errettung, die Erlösung und die Annahme oder Erwählung.

Die Erzählung vom Auszug aus Ägypten wird im Ritual der Seder-Nacht eingeleitet (früher geschlossen) durch vier Fragen, die der Jüngste der Tafelrunde zu stellen hat, und im Anschluß an bestimmte Formulierungen der Thora (Deut. 6, 20) entstand der Midrasch von den vier Söhnen: dem Weisen, dem Bösen, dem Schlichten und dem, der (noch) nicht zu fragen versteht. Diese vier »Söhne« oder Charaktere fragen jeder in seiner Weise nach dem Sinn des Festes, und von hier aus entwickelt der Midrasch verschiedene Zugänge zur Erkenntnis des Festes, jeweils angepaßt dem Verständnis des betreffenden »Sohnes«.

Diesen vier Söhnen nun begegnen wir beim letzten Abendmahl Jesu, der Seder-Feier in Jerusalem. Hier wird es nötig, auf das Johannes-Evangelium zu verweisen, das zwar nicht ausdrücklich von einer Seder Feier spricht, aber sozusagen unter der griechischen Decke wird das hebräische Ritual der Zeit Jesu, wie es in der Mischna beschrieben wird und sich zum großen Teil bis heute erhalten hat, sichtbar. Bei Johannes 13 wird das Mahl beschrieben, wobei die Jüngerschar im Dunkel bleibt; aber vier Persönlichkeiten ragen hervor, die vier Söhne der Haggada. Da ist zunächst der Weise, Jesus selbst, der Menschensohn, der nach dem Sinn der Stunde fragt und selbst die Antwort der Verklärung durch Leiden gibt. Da ist weiterhin klar erkennbar der Bösewicht, Judas Ischarioth, der »Verräter«. Die Gestalt des Schlichten und Einfältigen wird durch Petrus verkörpert, der schlicht und einfach fragt (Joh. 13, 36–37): »Herr, wo gehst du hin?« und weiter forscht: »Herr, warum kann ich dir diesmal nicht folgen?«

Und schließlich die Gestalt dessen, der noch nicht zu fragen versteht; es ist der Jünger, den Jesus liebhatte, der an seiner Brust ruhte. An ihm erfüllt Petrus das Gebot: »Du sollst es ihm eröffnen«, indem er ihn auffordert, anregt, zu fragen (Joh. 13, 23ff.): »Es war aber einer unter seinen Jüngern, der zu Tische lag an der Brust Jesu, welchen Jesus liebhatte. Dem winkte Simon Petrus, daß er forschen solle, wer es wäre, von dem er sagte (daß er Jesus verraten würde), denn derselbe lag an der Brust Jesu, und er sprach zu ihm: Herr, wer ist es?«

Es wirkt fast, als ob hier ein Kultspiel aufgeführt würde, in welchem die traditionellen vier Söhne der Haggada in neuer Bedeutung ihre Fragen stellen.

Der Jüngste, der die Fragen zu stellen hat, obwohl er noch nicht recht zu fragen versteht und eben deshalb zum Fragen angeleitet wird, ist hier vermutlich Johannes. Ich sage: vermutlich, denn nirgends steht expressis verbis, daß der Lieblingsjünger, der bei der Seder-Feier an der Brust Jesu ruhte, der später als einziger Jünger unter dem Kreuze stand, der auf des Meisters Geheiß die Mutter Jesu nach dessen Kreuzestode zu sich nahm und dem zusammen mit Petrus die Auferstehung zunächst verkündigt wird, wirklich Johannes war. (Es gibt hier nur eine frühe christliche Tradition, seit dem Ende des zweiten Jahrhunderts, die den unbekannten Lieblingsjünger mit Johannes, dem Sohne des Zebedäus, identifiziert. Wir haben an sich keinen Grund, diese Tradition anzuzweifeln, aber es ist auffällig genug, daß der Name des Intimus nicht genannt wird.)

Hans Blüher hat in seinem intuitiven Jesus-Buch ›Die Aristie des Jesus von Nazareth‹, 1921, S. 121, eine treffliche Charakterisierung des Johannes gegeben: »Am nächsten steht ihm (Jesus) Johannes, der Jünger, der an seiner Brust liegt; aber auch er hat keineswegs bedeutende Züge. Er ist ein junger, leidenschaftlicher Draufgänger, der im übrigen DIE UNPASSENDSTEN FRAGEN zu stellen imstande ist.« Blüher hat hier erfühlt, daß der Jünger Johannes derjenige ist, »der nicht zu fragen versteht«.

Und doch stellt er hier bei der Seder-Feier genau die richtige Frage, offenbar die Frage Nummer drei der vier Fragen des »Mah-nischtana«-Textes, den noch heute der Jüngste bei jeder Seder-Feier als liturgische Fragefolge zu rezitieren hat. Das geht aus der Antwort Jesu hervor.

Diese dritte Frage lautet im Text der Haggada: »In allen anderen Nächten müssen wir nicht ein einziges Mal eintunken, in dieser Nacht aber sogar zweimal.« (Das zweimalige Eintauchen symbolischer Gerichte beim Seder-Mahl: Nach der im Talmud gegebenen Fassung handelt es sich um das Eintauchen der Erdfrucht [Karpas = Petersilie, Sellerie oder dergleichen] und des

Bitterkrautes [Salat, Meerrettich etc.] in Salzwasser bzw. ein Fruchtmus, Charoseth genannt.) Jesus antwortet auf die Frage des Jüngers, wer ihn verraten wird: »Der ist's, dem ich den Bissen eintauche und gebe«, und er tauchte den Bissen ein und gab ihn Judas, Simons Sohn, dem Ischarioth (Joh. 13, 26).

Wir sehen das Zeremoniell der Seder-Nacht hier in allen Einzelheiten angedeutet, aber abgewandelt auf das Stiftungsfest des Neuen Bundes.

Noch einmal wird das Motiv der Vierzahl als Leitzahl des Passah-Seder-Rituals deutlich, indem wir erkennen, daß in vier zentralen Punkten ein bewußtes Abweichen oder Um-Interpretieren dieses Rituals beim letzten Abendmahl erfolgt.

Wir haben bereits auf drei dieser Umdeutungen hingewiesen. Erstens die Mazza, das ungesäuerte Brot, das Jesus als Aphikoman an die Jünger der Tischrunde verteilt, symbolisiert seinen Leib, der nun zerbrochen wird. Zweitens der Becher des Zornes, der in den Becher des vergossenen Blutes zur Vergebung der Sünden für viele (ganz Israel) umgedeutet wird. Drittens das Eintauchen des Symbolgerichtes, vermutlich des Bitterkrauts, denn um die Bitternis des Todes geht es nun, das zum Erkennungszeichen des Verräters wird.

Die vierte bewußte Abwandlung des Seder-Rituals besteht in der Fußwaschung (Joh. 13, 4ff.). Nach dieser Darstellung legt Jesus vor Beginn der Seder-Feier sein Obergewand ab, bindet sich einen Schurz um und beginnt den Jüngern die Füße zu waschen und mit diesem Schurz zu trocknen. Petrus widersetzt sich dieser demütigenden Gebärde, aber Jesus zwingt ihn zum Gehorsam. Schließlich betont Petrus, daß doch nicht die Füße zu waschen seien, sondern die Hände (und das Haupt) (Joh. 13, 9).

Worum geht es hier? Zu Beginn der Seder-Feier wäscht sich der Seder-Gebende die Hände, während die Gesellschaft das nicht unbedingt muß. Dabei ist es üblich, daß dem die Feier zelebrierenden Hausvater die Hände gewaschen werden, denn an diesem Abend ist er ein »König« im Kreise der Seinen, ein freier Mann, erlöst aus der Knechtschaft Ägyptens. Und nun wandelt Jesus, nach dem Bericht des Johannes-Evangeliums, diesen Ritus bewußt in sein Gegenteil um. Er läßt sich nicht die Hände waschen, sondern er wäscht die Füße der Jünger. Dieses absonderliche Gebaren erklärt er selbst: »Wisset ihr, was ich euch getan habe? Ihr heißt mich Rabbi und Herr und saget recht daran, denn ich bin's auch. Wenn nun ich, euer Rabbi und Meister, euch die Füße gewaschen habe, so sollt ihr auch euch untereinander die Füße waschen. Ein Beispiel habe ich euch gegeben, daß ihr tut, wie ich euch getan habe. Amen, wahrlich ich sage euch: Der Knecht ist nicht größer als sein Herr, noch der Apostel größer als der, der ihn gesandt hat. Wenn ihr solches wisset, selig seid ihr, wenn ihr's tut« (Joh. 13, 12–17). Auf dem Hintergrunde des Seder-Rituals wird die Fußwaschung verständlich. Gerade in dieser Nacht der Erhöhung demütigt sich der Meister, in welchem die Jünger nicht nur den König dieser Nacht, sondern den König der Juden sehen. In dieser Nacht, wo ganz Israel betont, daß es aus der Knechtschaft erlöst ist, betont Jesus, daß sich die Knechte (Gottes) nicht überheben dürfen. Er schließt seine Erklärung des neugeschaffenen Rituals, der Abwandlung des alten, mit dem Vermerk: »Wenn ihr solches wisset, selig seid ihr, wenn ihr's tut.«

Es klingt hier eine der Grunderkenntnisse Jesu noch einmal an, die nach dem Codex Bezae in Luk. 6, 4 überliefert ist: »Wenn du weißt, was du tust, so bist du selig; wenn du aber nicht weißt, was du tust, so bist du verflucht und ein Übertreter des Gesetzes.«

Das meint hier, wenn im klaren Wissen um den neuen Heilszusammenhang die Seder-Feier in ein Gedächtnis-Mahl Jesu umgewandelt wird, dann sind die Neuerer selig zu preisen; wenn sie aber, ohne um den tiefen Zusammenhang zu wissen, die Gesetze dieses Rituals übertreten, so sind sie nur fluchwürdige Sünder.

Die vier Abweichungen oder Abwandlungen haben zum Leitwort: »Dies tut zu meinem Gedächtnis.« Dabei ist es Jesus aber wohl nicht in den Sinn gekommen, die Passah-Feier, das Seder-Mahl, abzuschaffen. Davon ist gar keine Rede. Die Seder-Feier durch die vom Datum des 14. Nisan völlig unabhängig gewordene Feier des Abendmahls, die Eucharistie, zu verdrängen, liegt Jesus fern; vielmehr geht die Tendenz dahin, diesem Mahl der Erinnerung an den Auszug aus Ägypten die Erinnerung an die eigene Opfertat hinzuzufügen, hier zu einer Synthese im Akte des Sikkaron, der heiligen Erinnerung, zu gelangen.

Über dieser Seder-Feier liegt der Schatten des Verrates. Der »Verräter« ist Judas Ischarioth, der die rätselhafteste Gestalt der evangelischen Geschichte genannt wurde. Diese Gestalt bleibt merkwürdig schattenhaft, nur bei Matthäus und Johannes gewinnt sie erkennbare Züge. In der Apostelgeschichte (1, 18–20) wird eine abweichende Version über das Ende des Judas vorgetragen. Wir wissen nichts über diesen dunklen Jünger Jehuda Bar-Schimon; man hat vermutet, daß er der einzige Judäer im

Kreise der Galiläer um den Nazarener war, aber auch das bleibt Vermutung, die sich an seinen Namen als »Mann aus Karioth« anschließt. Man suchte den Ort in Judäa, ohne ihn genau lokalisieren zu können. Wie bereits erwähnt, kann es sich hier aber auch um eine der Vorstädte oder Städte (Krajoth) handeln, wobei wir wiederum nicht wissen, wo dieselbe anzusetzen wäre. Vielleicht aber, und das scheint mir naheliegender, hängt die Bezeichnung mit der Zugehörigkeit eben dieses Judas zu der Gruppe der Sikkarier zusammen, der Aktivisten gegen Rom.

Die Motive des Verrates sind ganz unklar. Es liegt nahe, anzunehmen, daß es tatsächlich ein politischer oder eschatologischer Aktivismus des Judas war, der ihn zu dem scheinbaren Verrat drängte. Judas gehört zu denen, die »das Ende bedrängen«. Er will den Meister in eine Situation manövrieren, in der er sich als König der Juden offenbaren MUSS. Die Tat des Judas, die ja auch von den Evangelien als heilsnotwendiges Skandalon empfunden wird, war von ihm aus gesehen wohl nichts anderes als der Versuch, den Meister zur Entfaltung seiner messianischen Kräfte zu zwingen. Mit dem ihm eigenen Spürsinn bemerkte einmal der Anthroposoph Rudolf Steiner, daß Judas Ischarioth eine Reinkarnation des Judas Makkabäus gewesen sei. Bei dieser Vermutung lag natürlich die Namensgleichheit als Motiv mit vor. Ich messe dieser Aussage keinerlei wissenschaftlich-historische Bedeutung bei, wohl aber eine intuitive zur Charakterisierung des Judas.

An der Historizität der Gestalt des Judas ist nicht zu zweifeln, denn gerade er war für die Urgemeinde eine so überaus peinliche Erscheinung, daß man sie nicht erfunden hätte. Wohl aber setzte eine Mythologisierung der Gestalt des Judas ein.

Drei Motivkreise sind in der Komposition der Gestalt des Judas zu erkennen: der Midrasch von den vier Söhnen in der Haggada, der Midrasch zum Prophetenbuch des Sacharja und die Qumran-Tradition von den Söhnen der Finsternis, die im Kampf mit den Söhnen des Lichtes liegen.

Der Rascha, der Böse, wird als der zweite Sohn der Haggada unter den vier Fragertypen vorgeführt. Von ihm heißt es im Text der Haggada: »Und indem er sich von der Gemeinschaft ausschließt, leugnet er die Hauptsache ... und selbst wenn er dabeigewesen wäre, wäre er nicht erlöst worden.« Genau das trifft auf Judas, den Sohn des Verderbens (Joh. 17, 12), zu. Er schließt sich aus der Gemeinschaft des Jüngerkreises aus, verläßt die Tafelrunde, um hinzugehen und den Meister zu verraten. Er ist anwesend bei der Einsetzung des Abendmahles, aber er schließt sich durch seine Tat von der Erlösung aus. Er trägt damit genau die Züge des »Bösen« in der Haggada, und er ist selbst ein Sohn des Bösen, des Satans, der in ihn fährt, ihn dämonisiert. Der Satan wird im Neuen Testament durchaus personhaft gesehen, und auch hier haben wir wiederum einen Anklang an das Buch Sacharja (3, 1–2), denn nur bei Sacharja und im Prolog zum Buche Hiob kommt der Satan personifiziert in einer Erzählung des Alten Testaments vor; ebenso im 1. Buch der Chronik 21, 1 und im 109. Psalm, Vers. 6.

Und damit haben wir wiederum den Anklang an den Sacharja-Midrasch, der nun von der Stelle Sacharja 11, 12 her auf Judas zu exemplifizieren ist. Ich führe diese Stelle nach der Übersetzung Bubers an:

»Ist's gut in euren Augen,
überreicht mir meinen Lohn,
ist's aber nicht, laßt es.
Sie wogen mir meinen Lohn zu,
dreißig Silberlinge.
Und ER sprach zu mir:
Wirf dem Schatzverweser sie hin,
den Wert, den ich ihnen wert bin.
Ich nahm die dreißig Silberlinge
und warf's in SEIN Haus, dem Schatzverweser hin.«

Das sind die dreißig Silberlinge, die Judas für den Verrat des Aufenthaltsortes Jesu vom Synhedrion erhält und die er dann, von Reue ergriffen, wieder in den Tempelschatz zurückwirft. Das Typologische in dieser Erzählung ist offensichtlich. Richtig hat allerdings Karl Elliger, ›Das Buch der zwölf kleinen Propheten‹, 1959, S. 165, erkannt, daß »zwischen den 30 Silberlingen bei Sacharja und denen der Leidensgeschichte nur eine ganz äußerliche Beziehung besteht und die typologische Deutung des Matthäus im Grunde ebensowenig sachgemäß ist wie die allegorische der Rabbinen, die hier 30 Gebote oder 30 Gerechte finden«. Es kann nicht anders sein, ein historischer Vorgang erfährt hier eben eine Vermythologisierung und Typologisierung und wird in den Sacharja-Midrasch mit eingebaut.

Dabei mißversteht offenbar der Matthäus-Text diesen Zusammenhang und deutet auf ein Wort des Jeremia hin: »Sie haben die dreißig Silberlinge genommen, den Preis, zu dem das Grundstück geschätzt war, welches die Kinder Israel verkauften, und haben sie gegeben für den Töpferacker, wie der Herr befohlen hat« (Matth. 27, 9–10). Nach der Matthäus-Version wird für das zurückgegebene Geld des Verrates, die 30 Silberlinge, ein Acker mit Töpfererde in Jerusalem, Hakel Dama, Chakal-Dama, der Blutacker, als Begräbnisstätte für Pilger vom Hohen Rat gekauft. Dieser Kauf wird nun bei Matthäus mit dem Kauf des Ackers zu Anathoth beim Propheten Jeremia (32, 9) in Verbindung gebracht. Der Kaufpreis beträgt dort aber nicht dreißig, sondern nur siebzehn Silberlinge, während bei Sacharja genau die Summe von dreißig Silberlingen angegeben ist. Der Acker zu Anathoth (ein Landstädtchen, das nach der kanaanitischen Göttin Anath benannt war) ist aber auch seinem Wesen nach überhaupt nicht mit dem Blutacker zu vergleichen. Der Acker zu Anathoth ist ja ein Zeichen der Verheißung: »Noch soll man Häuser, Äcker und Weinberge kaufen in diesem Lande« (Jer. 32, 15). Obwohl sich das düstere Geschick über Jerusalem bereits zusammenzieht, soll der Prophet durch den symbolischen Kauf des Ackers aus seinem Sippenbesitz dartun, daß noch Hoffnung besteht. Was soll das mit dem Blutacker des Judas zu tun haben?

Auch der Sacharja-Midrasch hat eine Umdeutung erfahren. Hier geht es aber überhaupt nicht um diesen Acker, den nach der Apostelgeschichte (1, 18) Judas selbst erworben hat, sondern nur um den Lohn der dreißig Silberlinge. Bei Sacharja erhält aber der Hirte diesen Lohn, den er nicht behalten will. In der Leidensgeschichte wird daraus, in messianischer Deutung der Hirtengestalt, der leidende Gottesknecht, der um diesen Lohn verkauft wird, ähnlich wie Joseph verkauft wurde.

Das dritte Motiv, das in die Gestalt des Judas eingegangen ist, ist das der Söhne der Finsternis aus der Kriegsrolle von Qumran, die den Kampf der Söhne des Lichtes gegen die Söhne der Finsternis beschreibt. Das Johannes-Evangelium zeichnet Judas als Sohn der Finsternis; erschütternd knapp wird gesagt: »Da er (Judas) nun den Bissen genommen hatte, ging er alsbald hinaus. UND ES WAR NACHT« (Joh. 13, 30). »Es ist die Nacht, da niemand wirken kann« (Joh. 9, 4). Das meint allerdings: kein Sohn des Lichtes, während der Sohn der Finsternis in der Nacht in seinem Element ist. Nun ist freilich diese Nacht »Lejl Schimurim«, die Nacht der Behütung, in der die Dämonen als entmachtet galten, aber hier haben wir es wieder mit einer Uminterpretation zu tun. Gerade indem in dieser Nacht der Behütung dem Satan Macht über den Menschensohn gegeben wird – durch den Verrat des Judas –, wird seine Macht gebrochen, denn aus diesem

Verrat, der in der Heilsökonomie Gottes vorgesehen ist, erwächst – nach dem Glauben der Gemeinde – die Erlösung. Die Dialektik dieses Prozesses ist sicher kerygmatisch. Der Jüngerkreis dürfte von dem Verrat verwirrt und betroffen gewesen sein, und erst langsam findet die theologische Abklärung des Vorganges statt.

Jesus darf natürlich nicht als der Überraschte erscheinen, sondern er weiß um diesen Verrat im voraus, ja er befiehlt Judas gewissermaßen seine Tat oder Untat. (Mit einem fernhypnotischen Akt allerdings zu rechnen, wie das Hans Blüher tut, scheint mir ganz abwegig, da es sich hier eben nicht um die reine Aufzeichnung von Vorgängen, sondern um ihre midraschische Interpretation handelt.)

Nach Matthäus erhängt sich Judas aus Reue über seinen Verrat; nach der Apostelgeschichte stürzt er auf seinem Blutacker, birst mitten entzwei, und sein Eingeweide quillt heraus.

Es gibt eine seltsame Darstellung des Judas am Bronzeportal der Kathedrale von Benevento aus dem Jahre 1279.* Das Relief zeigt Judas an einer Palme hängend, mit aufgeplatztem Leib, aus dem die Eingeweide dringen (hier werden die beiden Versionen vereinigt). Die Gestalt des Erhängten aber wird von einem Engel umarmt, der den Verräter küßt. Welche Erkenntnis des unbekannten Künstlers! Judas wird hier als der Jünger gesehen, der sich opfert, der sein Heil opfert, um die Erlösertat des Meisters zu bewerkstelligen. Während der Fluch auf ihm lastet: »Es müssen Ärgernisse geschehen, aber wehe dem Menschen, durch den das Skandalon geschieht« (Matth. 18, 7), nimmt ihn die Gnade von oben, der Engel, doch auf, denn das Opfer des Judas ist nicht minder heilsnotwendig als der Opfergang Jesu. In der Theologie der Ostkirche hat sich übrigens auch etwas von dieser Erkenntnis erhalten, während für das übrige Christentum Judas eine rein negative Gestalt geblieben ist. Verhängnisvoll wirkte der Name »Judas«, der mit den Juden identifiziert wurde, obwohl es im Neuen Testament auch positive Judas-Gestalten gibt, darunter sogar einen Bruder Jesu (Mark. 6, 3; Matth. 13, 55), den angeblichen Verfasser des Judas-Briefes. Aber nur die Gestalt des Judas Ischarioth wurde auf das jüdische Volk als Judas-Volk projiziert, was verhängnisvolle Folgen in der jüdischen Leidensgeschichte hatte. Judas blieb für das christliche Empfinden der Sohn der

*Abgebildet in: Henry la Farge, L'Europe Blessée, Querido, New York 1947, Tafel 118.

Finsternis im Gegensatz zu den Kindern des Lichtes (Joh. 12, 36), ganz im Stile der Qumran-Tradition. Die Juden aber wurden insgesamt als die Söhne der Finsternis gesehen, was natürlich nichts mehr mit Qumran zu tun hat.

Es steht also die Gestalt des Judas vor uns, überschattet von drei mythologischen Motiven, und dennoch erkennbar als die Gestalt des zur Vollendung Hindrängenden. Judas ist die tragischste Gestalt im Neuen Testament. Er muß das Skandalon auf sich nehmen. Er wird der Zeuge dafür, daß auch die Sitra Achra, um hier diesen Terminus der jüdischen Mystik einzuführen, die dämonische Seite, im Heilsplan Gottes integriert ist. Er wird zur »Nachtseite des Elohim«, ein Ausdruck, den der hebräische Mythologe Oskar Goldberg gebraucht. Noch einmal geht in der Passah-Nacht der Würger um, nun in der Gestalt des abgefallenen Jüngers.

Wir haben zu Beginn dieses Kapitels festgestellt, daß die heilige Vierzahl das Ritual der Passah-Nacht auszeichnet. In scheinbarem Gegensatz dazu steht das in der Haggada zitierte Wort des Rabban Gamliel, des Lehrers des Paulus: »Wer nicht dieser drei Dinge am Passah gedenkt, genügt nicht seiner Pflicht: das Passah-Opfer, die Mazza und das Bitterkraut.«

Hier sind also nur drei Elemente gegeben, aber in dem offenbaren Bestreben, die Vierzahl zu erfüllen, wurde frühzeitig als viertes Element, auf das nicht verzichtet werden darf, der Wein hinzugefügt. So haben wir denn vier Ingredienzien des Festes: das Passah-Lamm, das ungesäuerte Brot der Mazza, das Bitterkraut und die vier vorgeschriebenen Becher Wein. Und alle diese vier Elemente erfahren im Seder des Jesus von Nazareth ihre Wandlung. Hier liegt wohl die Wurzel für den Begriff der Wandlung der Elemente in der späteren Eucharistie.

Das Passah-Lamm wird zum Agnus Dei, auf das Johannes der Täufer, Johannes der Evangelist und Johannes von Patmos (in der Offenbarung) hinweisen. Die Mazza wird zum gebrochenen Leib Jesu, das Bitterkraut zum Symbol der Bitternis seines Todes, ihm noch einmal im Essigschwamm am Ysopstengel dargereicht. (Dieser Ysop weist ferner auf die Bestreichung der Pfosten an den Häusern der Hebräer in der Landschaft Gosen in Ägypten während der ersten Passah-Nacht hin.)

Der Wein wird schließlich zum Blute Jesu, das für viele zur Erlösung vergossen wird.

Unmittelbar nach Beendigung des Seder-Mahles begibt sich Jesus mit seinen Jüngern in einen etwas abgelegenen, ruhigen Hain, einen Ölbaumgarten, »Gath-Schemani« (Gethsemane) genannt, Ölkelter. Dieser Ort war offenbar schon früher Schauplatz stiller Versammlungen des Meisters mit seinen Schülern. Hier, in der Nachbarschaft des Tempels, aber wohl durch das Kidron-Tal von der oft lärmenden Kultstätte geschieden, hatte er sich zuweilen mit den Vertrauten beraten. Hierher führt ihn der letzte Weg in der Freiheit – und hier findet ihn nur allzu leicht der Verräter, der dunkle Jünger Judas, der Mann aus den Krajoth.

Es drängt Jesus nach dem schicksalsschweren Mahl, das sich zu einem ergreifenden Abschied von den Seinen gestaltet hat, nun in die Vollmondnacht hinauszugehen. Jetzt, nachdem er mit den Jüngern die Liturgie der Heiligen Nacht gefeiert hat, will er »Thephilath-Jachid«, das individuelle Gebet in der Abgeschiedenheit verrichten, das er seinen Schülern in der Form empfohlen hat: »Geh in dein Kämmerlein und bete.«

Nach dem oft üppigen Seder-Mahl ging man ja allgemein noch etwas hinaus in die freie Natur, um nun auch Chag Haaviv, das Frühlingsfest, zu empfinden, denn Passah ist ja nicht nur das Fest der Freiheit, der Erlösung aus dem Sklavenhause Ägyptens, das Fest, das an den Auszug aus Mizrajim erinnert, es ist zugleich auch – wie alle Wallfahrtsfeste Israels – ein Fest der Natur. Die Tischgenossenschaften, die sich jeweils um ein Opferlamm sammelten und gemeinsam Lejl Schimurim, die Nacht der Hut, begingen, zogen dann gern nach dem Mahle noch in die Nacht hinaus. Die Rabbinen sahen diese nächtlichen Spaziergänge nach dem Seder-Mahl nicht gern, da hier oft, nach hellenistischem Vorbild, eine Orgie entstand. Deshalb verordneten sie: »Ejn maphtirin achar ha-Pessach Aphikoman«, man beschließe das Passah-Mahl nicht mit dem Übergehen von einer Tischgesellschaft zur anderen (b. Pess. 119b, j. Pess. X 6). Das ist wohl der ursprüngliche Sinn, der noch heute in der Haggada der Passah-Nacht enthaltenen Vorschrift, die nun verharmlost übersetzt wird: Man genießt nach dem Passah-Mahl keinen Nachtisch mehr. Das bereits erwähnte griechische Lehnwort Aphikoman, wahrscheinlich richtiger »epikomion«, ist nicht ganz klar und wird im dreifachen Sinne interpretiert: als Nachtisch, als

Tischmusik oder eben als Übergehen von einer Tischgesellschaft zur anderen.

Wir haben gesehen, daß aus dem ursprünglich eilig eingenommenen Erinnerungsmahl an den Auszug aus Ägypten eine Art griechisches Symposion geworden war, mit reichlichem Weingenuß, langen Tischgesprächen und der Sitte des Zutischeliegens auf Polstern; und daran schließt sich auch der Umzug mit Flötenspiel und ausgelassener Heiterkeit, der die heilige Feier oft zum Bacchanal entarten läßt.

Der kleine Zug des Rabbi von Nazareth und seiner elf verbliebenen Gefolgsleute trägt aber nicht diesen ausgelassenen Charakter, der dem Satyrspiel nach der Tragödie, der Burleske nach dem Drama gleichen mochte. Tiefer Ernst liegt über der Schar, die nun den vertrauten Weg zum Ölbaumgarten von Gethsemane einschlägt. Die Ahnung des Kommenden hat alle ergriffen, die Müdigkeit nach äußerster seelischer Anspannung liegt auf diesen Männern, die nicht wissen, was diese Nacht der Entscheidung noch bringen wird, die aber verstört sind von den dunklen Worten ihres Meisters, der ihnen immer rätselhafter wird.

Und nun bittet er sie zu wachen – und ihn allein zu lassen. Der Rabbi entfernt sich einen Steinwurf, um ganz für sich allein zu beten. Sie kennen diese Gebetsübungen des Meisters. Sie halten sich scheu beiseite, wenn er mit dem Vater ihm Himmel spricht – von Angesicht zu Angesicht, in einer Unmittelbarkeit der Konfrontation, die sie erschauern läßt.

Es ist drückend heiß. Ein Chamsin oder Scharav, ein trockener Wüstenwind, fegt über Jerusalem hin, so daß der Betende in Schweiß gerät. Es ist so schwül in dieser Nacht, daß es nicht auffällt, wenn ein Jüngling, der sich von ungefähr der Gesellschaft angeschlossen hatte, nur mit einem Hemd, einer Tunika, bekleidet ist, die er in der Stunde der Gefahr in den Händen der Häscher läßt – um nicht mit den Chassidim, den Jüngern des fremden Rabbi aus Nazareth, identifiziert zu werden.

Jesus tritt abseits und betet. Er fällt auf sein Antlitz nieder, so wie man im Tempel betet, und schreit furchtbar zu seinem Gott. Jetzt, jetzt weiß er, mit der letzten Gewißheit einer Ahnung, die nicht trügt, daß er verloren ist. Jetzt wird ihm klar, daß sein Weg nach Jerusalem Opfergang war, daß er im Schatten des Eved-Haschem, des Gottesknechtes, stehend, das Leiden bis zum Tode im Gehorsam des Knechtes auf sich nehmen muß.

Und doch – ist es nicht Lejl Schimurim, die Nacht der Behütung? Die Nacht, in der der Herr seinen starken Arm und seine ausgestreckte Hand an seinem Volke Israel so wunderbar bewährt hat? Die Nacht, da er es herausgeführt hat aus der Sklaverei in die Freiheit. Die Nacht, in der er seinen Erstgeborenen Israel verschonte, während er die Erstgeburt Ägyptens schlug. Lejl Schimurim meint aber auch oder primär die Wacht-Nacht. In dieser Nacht soll Israel seinem Gott gleichen, von dem es heißt: »Siehe, er schläft und schlummert nicht – der Hüter Israels« (Ps. 121, 4). Es soll selbst nicht schlafen noch schlummern in solcher Nacht der Wunder und der Gnaden. So erzählte man sich später von den Weisen der Zeit des Bar-Kochba-Aufstandes, an ihrer Spitze Rabbi Akiba, daß sie in dem Städtchen Benei Berak die ganze Passah-Nacht hindurch gewacht haben, um sich gegenseitig von Gottes Rettertat in Ägypten zu erzählen, bis ihre Schüler kamen und sagten: »Unsere Meister, es ist Zeit, das Morgengebet zu sprechen.«

Jetzt bittet der Meister seine Jünger in der Lejl Schimurim, in der Wacht-Nacht, zu wachen und zu beten. Für IHN zu wachen, daß diese Nacht auch für ihn eine Nacht der Behütung werde. Sie aber sind schwach und schlafen ein.

Er jedoch wacht, geschüttelt von der Todesangst der Kreatur. Man kann diesen Bericht in den Evangelien nicht lesen, ohne zu Tränen erschüttert zu sein: Hier steht kein Held, kein Halbgott, kein Mythos! Hier zittert ein Mensch um sein Leben. Und in dieser Stunde der Angst ist uns Jesus besonders nahe. Es ist mir unfaßlich, wie man diese menschliche Tragödie auf dem Hintergrund eines Dogmas von der Zweinaturenlehre Christi verstehen kann: wahrer Mensch und wahrer Gott.

Hier steht nur noch, ergriffen von Todesfurcht, der wahre Mensch vor uns, der mit der Furcht vor dem Tode geboren wird, dessen Leben immer Leben zum Tode hin ist und dessen Sinnen und Trachten immer die Flucht vor dem Tode bleibt. Jesus betet: »Mein Vater, ist's möglich, so gehe dieser Kelch an mir vorüber; doch nicht mein, sondern dein Wille geschehe« (Matth. 26, 39).

Der Betende ist noch ganz in das Ritual der soeben beendeten Seder-Feier einbezogen. Vier Kelche hat er mit den Jüngern geleert. Die vierfache Rettertat Gottes wird, wie wir darlegten, durch vier Kelche in der heiligen Nacht beim Passah-Mahle gefeiert.

»Wehozejti«, ich habe euch herausgeführt – darauf erhebt man den ersten Kelch; »Wehizalti«, ich habe euch errettet – darauf erhebt man den zweiten Kelch; »Wegaalti ethchem«, und ich habe euch erlöst – wieder wird ein Kelch, der dritte, geleert, der

Kelch der geschehenen Erlösung; »Welakachti ethchem«, und ich nehme euch an, euch, ihr Söhne Israels – das ist der vierte, der letzte Becher, der auch der Becher des Heils ist, »Koss Jeschuoth«, der zum auserwählten Bundesvolke in Gnaden Angenommenen, dem Jesus seine eigene Deutung gegeben hat ...

Ist es wirklich der letzte Kelch? so fragt nochmals der einsam gewordene Beter in Gethsemane. Ist nicht in dieser Nacht für ihn noch ein fünfter Kelch vorgesehen in der Planung Gottes? Ein furchtbarer Becher, wie der Taumelbecher, den Gott denen reicht, die zum Verderben bestimmt sind.

Ein fünfter Becher, um dessen Vermeidung Jesus fleht, ist im Ritual der Seder-Nacht ebenfalls vorgesehen, aber strittig. Die Frage eines fünften Kelches am Seder-Abend blieb unentschieden, und man hat sie daher zurückgestellt, »bis Elia kommt« (die übliche talmudische Ausdrucksweise bei unentschiedenen Lehrfragen). Der Volksglaube knüpfte daran an und interpretierte diesen fünften Kelch als »Becher des Elia«, der für den wieder erwarteten Propheten auf den Festtisch gestellt wird. Der Prophet Elia wird als der HEROLD DES MESSIAS erwartet, der die Herzen der Väter mit denen der Kinder versöhnt (Mal. 3, 24), ehe der Jüngste Tag anbricht. Jesus erkennt nun, daß dieser Becher aber als ein Kelch der Leiden IHM vom Vater gereicht wird.

Ach, möchte doch dieser letzte Kelch, der Kelch der Bitternis, an ihm vorübergehen. Jetzt will Jesus sein wie alle, wie einer aus dem angenommenen Bundesvolke, dem nur vier Kelche gereicht werden: der Befreiung, der Rettung, der Erlösung, der Annahme. Ist's möglich – ist es NOCH möglich, dann soll dieser letzte, dieser allerletzte Becher nun doch an ihm vorübergehen. Vorher, im Kreise der Seinen, war er bereits so tief mit seinem unausweichlichen Schicksal eins geworden, daß er sagen konnte: »Ich werde von der Frucht des Weinstocks – ›Pri-Hagephen‹ – nicht mehr genießen, bis ich den Wein trinken werde, der aufbewahrt ist für die Gerechten im Reiche Gottes«, den »Jajin Hameschumar«, den für die Bürger des Gottesreiches bereitgestellten Trunk.

Ganz anders wird ihm jetzt, in der Nacht, da niemand wirken kann, da wieder der Würger umgeht wie in der Nacht der Überschreitungen in Ägypten, das Bild vom Kelch der heiligen Nacht faßbar. Ihm ist der Becher des Verderbens in der Nacht der vier Becher des Heils bereitet.

Er bittet Gott, DIESEN Kelch an ihm vorübergehen zu lassen.

Und dennoch ist das nicht sein letztes Wort: »Nicht mein Wille, Vater, der deine geschehe.«

Der Verfasser des Hebräerbriefes hat die Problematik dieser Stunde tief erkannt. Für das Kerygma der Bruderschaft Jesu war der Meister ja Gottes Sohn, wie sollte da dieser Antagonismus zwischen seinem menschlichen und dem göttlichen Willen, zwischen seiner Verzagtheit und dem Opfer, das der Unbegreifliche von ihm fordert, harmonisiert werden? »Und wiewohl er Gottes Sohn war, hat er doch an dem, was er litt, Gehorsam erlernt« (Hebr. 5, 8).

GEHORSAM – das wird jetzt das Leitwort und Leidwort der Passion, die in dieser Stunde anhebt, die in dieser Stunde eigentlich schon vollendet ist, denn in diesem ahnungsreichen Beten Jesu ist das bittere Leiden bis zum Tode schon als seelische Gewißheit gegeben. Es gibt keine Rettung mehr für ihn. Jetzt demütigt er sich ganz in die Hände des lebendigen Gottes, in die zu fallen furchtbar ist (Hebr. 10, 31).

Der nächtliche Gott wird Jesus jetzt enthüllt, die Nachtseite Gottes, die Nachtseite des Elohim, die dämonisch ist. Das ist der Gott, der nächtens mit Jakob gerungen hat, das ist der Gott, der seinen Knecht Mose in der Nachtherberge überfallen hat, um ihn zu töten, da er auf dem Wege nach Ägypten war. Nur das Blut der Beschneidung konnte den nächtlich-dämonischen Jahwe besänftigen. Das ist der Gott, der in dieser Nacht in Ägypten furchtbar umgegangen ist, alle Erstgeburt erwürgend. Nur das Blut des Lammes, das an die Türpfosten zu Gosen in den Wohnungen der Hebräer mit Ysopbüscheln aufgestrichen war, konnte ihn besänftigen.

Nach Blut lechzt dieser Unfaßbare in den Nächten. Und Jesus schwitzt Blut: »Und es wurde sein Schweiß gleich wie dicke Blutstropfen, die zur Erde fielen«, bemerkt das Lukas-Evangelium an dieser Stelle. Aber dieses Quasi-Blut wird nicht angenommen. Das Blut des so furchtbar Erwählten muß vergossen werden, zum Lösegeld für viele. Jetzt erkennt Jesus, daß das Reich Gottes nur durch Blut erkauft wird, durch sein eigenes Blut, durch sein Leben, das Gott von ihm fordert.

Wir wissen natürlich nichts über dieses Gebet Jesu, das ein Gebet ohne Zeugen war, denn die Jünger waren eingeschlafen. Es ist daher ein Stück kerygmatischer Überlieferung der Früh-Gemeinde, das auf uns gekommen ist, aber wir spüren, daß dies ein echtes Gebet Jesu sein könnte; des Juden, der vom Seder-Mahl in die Todesnacht geht, der erkennen muß, daß er – der

Erwählte unter den Erwählten – zu blutigem Martyrium ausersehen ist. Er ist Israel in dieser Stunde, das immer wieder von dem erwählenden und rettenden Gott in die Passion hineingeführt wird, das leiden muß, um diese verfallene Welt zu retten. »Fasse es, wer es fassen kann.«

»Aber nicht mein, sondern dein Wille geschehe!« betet Jesus in dieser Todesangst: Er wiederholt damit einen Passus aus dem Gebet, das er seine Jünger gelehrt hat: »Dein Wille geschehe«, und er variiert dieses Gebetswort nun, individualisiert es: »Nicht mein – DEIN Wille geschehe.«

Wie seltsam scheint dieses Wort zu den gewaltigen Ich-Worten des johanneischen Christus im Widerspruch zu stehen: »Ich und der Vater sind eins.« Ja, wenn sie eins sind, dann kann es doch gar keinen Zwiespalt geben in dem Wollen Jesu und dem Willen Gottes?

Nur ein späteres Dogma kann hier ein unlösbares Problem schaffen. In unserer undogmatischen Sicht wird hier die heilige Einigung vollzogen: Indem Jesus seinen Willen unter den des Vaters demütigt, wird er eins mit ihm: Er nimmt den letzten Kelch der Leiden aus der Hand des Vaters an. Er will diesen Kelch nicht. Er will nicht leiden, ganz wie jener Rabbi, von dem uns berichtet wird, daß er auf dem Schmerzensbett, als ihn seine Freunde mit dem Lohn der Leiden in der zukünftigen Welt trösten wollen, abwinkt: »Nicht die Leiden – und nicht ihren Lohn!«

Er will leben, dieser noch junge Mann, der die Welt liebt. Er ist nicht leidenslüstern wie spätere Heilige, die in seiner Nachfolge masochistische Irrwege eingeschlagen haben. Er will in dieser Nacht der Freude sich freuen mit ganz Israel: Laß, Vater, den Kelch der letzten Bitternissse, der meinem Seder-Mahl hinzugefügt wird, an mir vorübergehen.

Der nächtliche Würgergott hat ja letztlich auch Jakob verschont, doch blieb ihm ein Hinken vom Ringen mit diesem in Mannesgestalt erschienenen Gott zurück. Er hat ja auch von Mose abgelassen, nachdem dessen Weib Zippora die blutige Vorhaut ihres Sohnes dem Gotte aufgeopfert hat. Er hat ja auch Israel in der Würgenacht, in dieser Nacht, bewahrt, besänftigt vom Blute des Lammes, so wie er Isaak freigegeben hat, den Sohn der Verheißung, der schon gebunden auf dem Opferaltar von Moria lag und durch das Blut eines Widders losgekauft wurde. Wird auch für ihn, für den Menschensohn, ein stellvertretendes Blut angenommen werden?

Größer aber noch als die Angst, die so begreifliche, ist der Gehorsam Jesu. »Die Seele ist dein, und der Leib ist dein«, betet die Synagoge an den »Furchtbaren Tagen«, ganz im Sinne dieser Nacht Jesu, »und täglich werden wir um deinetwillen geschlachtet wie die Schafe, die zur Schlachtbank geführt werden.«

Das hat auch der Tröster des babylonischen Exils in seiner Kina, seinem Klagelied auf den unbekannten Blutzeugen, den Knecht Gottes, gesungen:

> Bedrängt ist er, gebeugt,
> Und öffnet nicht den Mund,
> Wie ein Lamm zur Schlachtbank hingeführt,
> Wie das Schaf verstummt vor seinen Scherern,
> Und öffnet nicht den Mund.
>
> (Jes. 53, 7)

Das ist das große, noch nicht erreichte Vorbild. Er, Jesus, öffnet noch einmal den Mund, fleht, daß der fünfte Kelch an ihm vorübergehe. Noch ist er nicht stumm geworden, noch heißt es von ihm: »Und er hat in den Tagen seines Fleisches Gebet und Flehen mit starkem Geschrei und Tränen geopfert dem, der ihm vom Tode könnte aushelfen« (Hebr. 5, 7).

Der Hebräer-Brief sagt es hier unumwunden: »mit starkem Geschrei und Tränen«. Die wild entfesselte orientalisch-jüdische Natur Jesu wird hier realistisch angedeutet. Noch ist er nicht dort angelangt, wo der Knecht steht: in der stummen Ergebenheit. Die Hinwendung zu dieser stummen Ergebenheit wird erst im Augenblicke der Verhaftung, kurz nach dem Gebetsringen, klar, als Jesus auf jeden aktiven Widerstand verzichtet. Noch einmal greift er das Bild des unerwünschten, des letzten, überzähligen Bechers seines letzten Seder-Mahles auf, indem er zu Petrus sagt: »Soll ich (nicht) den Kelch trinken, den mir mein Vater gereicht hat?« (Joh. 18, 11) Jetzt erst wird er »Ja« sagen zu seinem Schicksal, das nicht leichter, aber SINNVOLLER wird, wenn es als Fügung Gottes angenommen wird. Er trinkt den fünften Becher, und DAS will mit dem letzten Wort »Es ist vollbracht« gesagt sein, das der Vergehende am Kreuz spricht (nach Johannes), nachdem er als letzten Trunk den sauren Essig geschlürft hat, den man ihm in einem Schwamm auf der Ysopstaude der ersten Passah-Nacht Ägyptens gereicht hat. Eine furchtbare Karikatur des festlichen Kelchs; die Vollendung der Tragödie.

Gestärkt durch den einsamen Gebetskampf oder doch klar geworden, kehrt Jesus zu den schlummernden Jüngern zurück – und schon naht das Verhängnis in Gestalt des letzten Jüngers: JUDAS. Er ist es, der ein Verhaftungskommando an den Versammlungsplatz der Jünger Jesu, den Garten Gethsemane, führt. Offenbar handelte es sich um eine gemischte Truppe, bestehend aus Beamten der Tempel-Polizei, der Palastwache des amtierenden Hohenpriesters und einigen römischen Legionären unter Führung eines römischen Offiziers (Joh. 18, 12a), der dieser Verhaftung erst die völlige Legitimität gibt.

Das Verhaftungskommando ist bewaffnet; mit Schwertern die Römer, mit Stangen (Knüppeln) die jüdischen Beamten. Offenbar hatte man mit aktivem Widerstand Jesu und seiner Jünger gerechnet. Das ist nicht verwunderlich, da der Denunziant Judas selbst zu den Aktivisten gehörte und es sich nicht anders vorstellen konnte. Jetzt aber sieht er, wie sein Meister der Schar der Häscher gewaltlos gegenübertritt.

Nun geht Judas auf ihn zu und begrüßt ihn mit der traditionellen Formel: »Schalom alejcha Rabbi u-Mori« – »Friede mit dir, mein Rabbi und Lehrer« – und küßt ihn.

Über diesen Kuß des Judas wurde viel herumgerätselt. Er wird in den Evangelien als Erkennungszeichen angegeben, aber hätte es denn nicht genügt, einfach auf Jesus zu zeigen und zu sagen: Das ist er, den ihr sucht!

Allein Judas küßt den Meister, und mit diesem Kusse ist der Tod des Gerechten besiegelt. Das will hier verstanden sein.

Das Motiv »Mitha bi-Neschika«, des Todes im Kusse, wird hier verhüllt, entstellt und gewissermaßen grausam karikiert angedeutet. Der Gerechte stirbt nach jüdisch-haggadischer Vorstellung im Kusse: im Kusse Gottes. Diese Vorstellung knüpft sich an den Tod des Mose, den einsamen Bergtod. Gott küßt dem Mose die Seele fort. Nicht der Todesengel mit seinen Schrecken naht sich dem Gerechten, sondern Gott, der Vater, neigt sich herab, küßt seinen Sohn und nimmt ihm im Kusse die Seele, die er ihm gegeben.

Im Kusse des Judas ist etwas von dieser Vorstellung des Todes im Kusse, der den Gerechten vorbehalten ist, angedeutet. Mit diesem Kuß ist das Schicksal Jesu besiegelt. Gott, der sich auch des Satans und auch des dunklen Jüngers zu seinem Heilsplane bedient, sendet dem Todgeweihten den Kuß als ERKENNUNGSZEICHEN. Der Kuß des Judas ist nicht nur für die Häscher das Zeichen, er ist es, so verstanden, auch für Jesus selbst.

Jesus wendet sich an den abgefallenen Jünger: »Dazu bist du gekommen, MEIN FREUND« (Matth. 26, 50). Jetzt erfüllt er selbst die Bergpredigt wörtlich: »Ich aber sage euch, liebet eure Feinde!« Jetzt nennt er den Feind »mein Freund«. Nicht mehr nur Jünger, nicht mehr nur das distanzierte Verhältnis von Meister und Schüler: mein Freund! Gerade in dieser Stunde. Das Johannes-Evangelium meint, daß im Augenblick, da Jesus sich zu erkennen gibt, alle zu Boden stürzen. Das wird von keinem anderen Evangelium bezeugt, aber es mag wohl Judas gewesen sein, der in die Knie brach – er, noch BEVOR der Apostel Thomas anbetend niedersank – und überwältigt war von der Gelassenheit, der Ruhe und der vergebenden Liebe des Lehrers, der ihn jetzt, in dieser Minute, »mein Freund« nennt.

Petrus und wohl einige andere Jünger meinen, daß man Widerstand leisten soll, ziehen das Schwert. Nach einer Version wird dabei sogar dem Malchus, dem Knecht des Hohenpriesters, ein Ohr abgehauen. Jesus heilt die Wunde sofort. Daß es sich hier um Legende handelt, ist offenbar; Legende, die nicht zu Ende gedacht ist, denn der Angreifer oder der aktiven Widerstand leistende Petrus wäre ja sofort mit verhaftet worden, was nicht geschieht. Er kann dem verhafteten Jesus sogar folgen und wird nur mehrfach gefragt, ob er nicht zur Schar der Galiläer gehört, die Jesus gefolgt sind, was er wiederholt kräftig leugnet. Nein, Petrus hat keinen Widerstand geleistet, sondern sofort das Hasenpanier ergriffen, wie alle anderen Jünger auch. Jetzt, da sie erwarten müssen, daß der gesalbte König, der Mann, den sie für den Messias, den Retter, hielten, sich in seiner von Gott verliehenen Macht entfalten müßte, geschieht nichts Außergewöhnliches: Er wird verhaftet und abgeführt.

»Ehe der Hahn gekräht hat, wirst du mich dreimal verleugnet haben« (Matth. 26, 34), sagt Jesus noch zu Petrus, der so lauthals seine unverbrüchliche Treue zu dem Meister bekannt hat. Der Hahn wird das Symbol. Warum? Könnte Jesus nicht einfach sagen: Ehe es Morgen wird, wirst du mich dreimal verraten haben? Aber er wählt das Gleichnis vom Hahn, denn damit wird auf eine liturgische Formel angespielt, die erste Benediktion im Morgengebet: »Gelobt seist du, Herr unser Gott, König der Welt, der dem Hahn (Sekhwi) die Vernunft verliehen hat, zwischen Tag und Nacht zu unterscheiden.«

Der Hahn hat die Einsicht, zwischen Tag und Nacht, und damit wohl auch zwischen Licht und Finsternis im Sinne von Qumran, zu unterscheiden: du aber nicht, Petrus, Schimon Bar-

Jona, den ich für die Säule meiner Gemeinde gehalten habe, für ihren Felsengrund. Welche Ironie liegt in diesem Wort vom Hahn!

Der Verhaftete wehrt sich nicht. Er meint nur sachgemäß, daß man ihn doch ohne weiteres im Tempelvorhof hätte verhaften können, wo er öffentlich lehrte. Aber gerade das sollte vermieden werden. Nur kein Aufsehen erregen. Bei Nacht und heimlich sollte Jesus verhaftet werden, da seine Anhängerschaft unter der Bevölkerung Jerusalems und den Festpilgern zu groß war.

Er wird zunächst in den Palast des amtierenden Hohepriesters Kaiphas abgeführt, wo nun das nächtliche Verhör vor sich geht, die VORVERHANDLUNG zum PROZESS vor dem Prokurator Pontius Pilatus.

Mit Jesus von Nazareth wurde kurzer Prozeß gemacht. Aber dieser kurze Prozeß erwies sich als der langwierigste der Weltgeschichte. Der Prozeß Jesu ist sicher der größte und folgenreichste Prozeß, wenn es sich auch nur um ein überaus kurzes Verfahren gehandelt haben mag.

Als im Jahre 1948 der Staat Israel gegründet wurde, liefen bei dem ersten Obergerichtspräsidenten des jungen Staates, Dr. M. Smoira, in seiner Kanzlei in Jerusalem mehrere Anträge christlicher Theologen aus allen Ländern der Welt ein, die eine Revision des Prozesses Jesu nach fast zweitausend Jahren beantragten. Einer der ersten, der einen solchen Antrag einreichte, war ein holländischer Ingenieur Robbé Groskamp.

Der Gedanke der Antragsteller war: Erst jetzt hat das jüdische Volk wieder eine eigene souveräne Gerichtsbarkeit, und daher ist nun die Stunde gekommen, den Prozeß gegen Jesus von Nazareth einer gültigen Revision zu unterziehen. Der Rechtsgelehrte Dr. Smoira beschäftigte sich eingehend mit diesen Anträgen, konnte ihnen aber nicht stattgeben, da alle prozessualen Unterlagen für eine solche Revision fehlen und uns nur die tendenziösen Berichte in den Evangelien (Mark. 14, 53–15, 19; Matth. 26, 57–27, 30; Luk. 22, 66–23, 31; Joh. 18, 12–19, 14; die Aufzählung kann hier und dort erweitert und variiert werden) erhalten geblieben sind. Die Berichte in den Evangelien sind zu widersprechend, als daß sie für eine Prozeßrevision ausreichen würden. Was außerhalb der Evangelien über den Prozeß hier und dort in talmudischen Quellen verlautet (und von Joseph Klausner in seinem ›Jesus von Nazareth‹ 1930 zusammengestellt wurde), hat keinerlei prozeßerheblichen Wert.

Wenn der Jurist auch nicht ein klares Bild rekonstruieren kann, das für eine Wiederaufnahme dieses folgenreichsten Prozesses der Weltgeschichte ausreichen würde, so kann doch der Historiker manches eruieren, was gleichsam zwischen den Zeilen der Evangelien steht. Das ist in den letzten Jahrzehnten auch tatsächlich geschehen. Nachdem Jahrhunderte lang sich nur Theologen mit dem Prozeß Jesu beschäftigt haben, traten später, eigentlich erst gegen Ende des 18. und im 19. Jahrhundert, die Historiker in ihre Rechte, und erst in jüngster Vergangenheit beginnen nun auch die Juristen sich mit diesem Prozeß zu beschäftigen, unter ihnen Chaim Cohen, Richter am Appellationshof in Jerusalem, der anläßlich des fünften Todestages von Gerichtspräsident Dr. Smoira, im Oktober 1966, an der Hebräischen Universität in Jerusalem vor Juristen eine rechtswissenschaftliche Vorlesung über den Prozeß Jesu gehalten hat, auf die wir noch zu sprechen kommen werden.

In den letzten Jahren sind zwei große Werke über den Prozeß Jesu erschienen: das 1951 in erster, 1955 bereits in zweiter Auflage vorliegende Werk des Jesuiten Josef Blinzler, ›Der Prozeß Jesu‹, und das Werk des jüdischen Juristen und Historikers Paul Winter ›On the Trial of Jesus‹, 1961.

Blinzler geht davon aus, daß die Hauptschuld an der Verurteilung Jesu zweifellos den Juden anzulasten sei: »Eindeutig wird die Schuldfrage entschieden. Die Hauptverantwortung liegt auf jüdischer Seite.« Demgegenüber stellt Paul Winter fest, daß »von einer Strafverhandlung gegen Jesus durch die jüdische Gerichtsbehörde keine Rede war«. Winter versucht nachzuweisen, daß nach einer Fassung des Prozeßberichtes, auf der Markus fußt, gar kein jüdisches Gerichtsverfahren gegen Jesus stattgefunden hat.

Eine ähnliche Haltung nahm Oberrichter Cohen in seiner erwähnten Gedächtnisvorlesung ein. Er vertrat die Ansicht, daß der Hohepriester Kaiphas vor der Verhandlung gegen Jesus von Nazareth, die vor dem Prokurator Pontius Pilatus stattfand, noch einen letzten Versuch unternommen habe, Jesus dazu zu bewegen, seine Selbstproklamation als »König der Juden« zurückzunehmen. Nachdem dies nicht gelang und der Angeklagte mit den jüdischen Behörden nicht kooperierte, blieb Kaiphas nichts anderes übrig, als Jesus den Römern auszuliefern.

Damit erfolgt eine Art Ehrenrettung des Kaiphas und des Synhedrions. Eine Ehrenrettung ganz anderer Art für denselben (Joseph?) Kaiphas unternahm der Erlanger Neutestamentler Ethelbert Stauffer in seinem eigenwilligen Buch: ›Jesus, Gestalt und Geschichte‹, 1957: »Das Todesurteil des Großen Synhedriums über Jesus war kein Justizmord, sondern juristisch vollkommen in Ordnung. Die Sabbathverletzungen Jesu waren so massiv und demonstrativ, seine sonstigen Verstöße gegen die Thora so provokativ wie nur möglich. Unter diesen Umständen mußten seine ›Machttaten, Wunder und Zeichen‹ nach Deut. 13, 1 ff. als pseudoprophetische Verführungskünste gebrandmarkt werden (Mark. 3, 22).«

Im Privatgespräch sagte mir Stauffer einmal: »Ich bin wohl heute der einzige Mensch, der für eine Ehrenrettung des Kaiphas eintritt.« Diese Ehrenrettung scheint mir aber fraglicher Art zu sein, da Kaiphas im Lichte der Exegese Stauffers als grimmiger Großinquisitor erscheint, der freilich formal fast ganz korrekt bleibt. Die Verstöße gegen das Thora-Gesetz, die Stauffer angibt, finden sich aber nirgends in den Prozeßberichten der Evangelien als Anklagepunkte gegen Jesus von Nazareth.

Aus der schier unübersehbaren Fülle von alten und neuen Werken über den Prozeß Jesu haben wir hier nur einige jüngere Arbeiten von besonderer Bedeutung erwähnt, um die verschiedenen Typen der Darstellung zu illustrieren. Blinzler vertritt mit viel Gelehrsamkeit und Umsicht die dogmatische These von der Hauptschuld der Juden am Kreuze. Winter geht bewußt oder unbewußt den Weg der jüdischen Apologeten, die die Schuld der Juden an der Verurteilung Jesu vermindern, wenn nicht annullieren wollten. Auch Chaim Cohen bewegt sich mit seinem Revozierungsversuch des Kaiphas gegenüber Jesus auf denselben Bahnen, während Stauffer hier den Konflikt von Thora-Glauben gegenüber dem neuen Evangelium konstatieren will.

Mir scheint, daß alle diese Deutungsversuche den Quellen zu sehr Gewalt antun. Der Prozeß gegen Jesus von Nazareth war ein politischer Prozeß. Es ging dabei um die legitime Frage der Erhaltung des bedrohten jüdischen Volkes in seinem von den Römern besetzten und unterdrückten Lande.

Es gibt einen wissenschaftlichen Dogmatismus, der den Blick auf diese Erkenntnis versperrt. Dieser Dogmatismus besteht darin, daß man das vierte Evangelium als geschichtlich irrelevant streicht. Man blickt fasziniert auf den sogenannten Ur-Markus, von dem Matthäus abgeschrieben haben soll, läßt hier und dort noch die Erweiterungen des Lukas gelten, klammert Johannes aber von vornherein aus. Der Prozeß Jesu aber erhält seine Aufhellung gerade vom Johannes-Evangelium her. Hier findet sich die wahre Motivierung in dem Worte des Kaiphas (Joh. 11, 50): »Es ist uns besser, ein Mensch sterbe für das Volk, denn daß das ganze Volk verderbe.« Kaiphas wiederholt dieses Argument (Joh. 18, 14) nochmals bei der Voruntersuchung.

Wenn wir uns die Situation vor Augen führen, in der das unterdrückte jüdische Volk in seinem besetzten Vaterlande seufzte, wird es uns verständlich, daß die verantwortlichen Kreise alles daransetzten, einen Unruhestifter wie Jesus von Nazareth, dem das Volk zulief, darunter auch politische Aktivisten vom Schlage des Judas Ischarioth, unschädlich zu machen.

Kaiphas und die Seinen wußten, mit wem sie es bei Pontius

Pilatus zu tun hatten. König Agrippa I. nannte Pilatus einen »unbeweglichen, grausamen und bösen Menschen«, wie uns Philo von Alexandrien überliefert; und durch Josephus wissen wir, daß er unbewaffnete jüdische Pilger und ebenso auch Samariter niedermetzeln ließ.

Aber auch das Neue Testament selbst, das vor allem im Johannes-Evangelium versucht, Pilatus zu entlasten, da die ersten Christen nach der Trennung von den Juden mit der römischen Staatsmacht in ein erträgliches Verhältnis gelangen wollten, kann nicht umhin, den grausamen Charakter des Prokurators zu konstatieren. Luk. 13, 1 berichtet: »Es waren aber zu der Zeit etliche dabei, die erzählten ihm (Jesus) von den Galiläern, deren Blut Pilatus mit ihrem Opfer vermischt hatte.« Diese Notiz hat sich in den Evangeliumstext sozusagen eingeschlichen und ist, wie Fritz Rienecker in seinem Lukas-Kommentar (›Wuppertaler Studienbibel‹, 1959, S. 328), bemerkt, »nicht in der weltlichen Geschichte bekannt«. Es hat sich offenbar darum gehandelt, daß eine galiläische Pilgergruppe an einem der Wallfahrtsfeste in Jerusalem von den Legionären des Pilatus niedergemacht wurde, vermutlich weil sie gegen die Aufstellung der Kaiserbilder oder römischer Hoheitszeichen im Tempel protestierte. Kaiphas und die Seinen hatten dieses warnende Beispiel eines Pogroms gegen Galiläer vor Augen, als sie sich dazu entschlossen, einen neuen Aufwiegler aus Galiläa dingfest und unschädlich zu machen.

Kaiphas, der amtierende Hohepriester, und die Mitglieder des Synhedrions wären aber keine Juden und Schriftgelehrten gewesen, »Thora-Juristen«, wie Stauffer zu sagen pflegt, wenn sie nun einfach ohne jegliches Verhör den Galiläer den Römern ausgeliefert hätten. Sie suchten nach formalen Gründen, um eine Auslieferung Jesu nicht nur politisch, sondern auch halachisch (religionsgesetzlich) zu rechtfertigen.

Wir können im Prozeß Jesu verschiedene Phasen unterscheiden, wobei wir alle vier Evangelien gleichmäßig zu Rate ziehen müssen. Unmittelbar nach der Verhaftung in Gethsemane wird Jesus zuerst zu einer Voruntersuchung dem Hannas, dem Schwiegervater des amtierenden Hohenpriesters Kaiphas, vorgeführt (Joh. 18, 13–15). Hannas ist bereits durch seinen Schwiegersohn auf die öffentliche Gefahr hingewiesen worden, die Jesus darstellt. Als Einzelrichter führt Hannas nun die Voruntersuchung auf breiter Grundlage durch und fragt Jesus nach seiner Lehre und seinen Jüngern, wobei er sich offenbar bereits auf ein Zeugnis des Johannes (?) zu stützen vermag. Ich neige dazu anzunehmen, daß diese Voruntersuchung tatsächlich durch Hannas erfolgte, der dann den Angeklagten dem Gericht übergab, das unter Vorsitz des amtierenden Hohenpriesters die drei Anklagepunkte formuliert:

a) Tempelschändung (Mark. 14, 57–58). Die scharfen Worte Jesu gegen den Tempel, der in seinen Augen würdig war, niedergerissen zu werden, und an dessen Stelle er selbst in drei Tagen einen wahren Tempel aufbauen wollte, wurden von der Anklage besonders ernst genommen. Man muß hier verstehen, daß die Sadduzäer, die Partei des Hohenpriesters, die die Majorität im Synhedrion bildeten, gegen Verunglimpfungen des Tempels allergisch geworden waren, obwohl in der scharfen Tempelrede des Propheten Jeremia (Jer. 7, 4ff.) bereits ein klassisches Vorbild da war. Es gab einen doppelten Grund für diese Allergie: erstens das Überhandnehmen der Synagogen in dieser Zeit, die dem zentralen Kult im Tempel den Rang abliefen. Das sah die Priesterschaft nicht gerne, da der Gottesdienst der Synagogen laizistisch war und blieb. Die Synagoge als Ort der Anbetung Gottes im Geist und in der Wahrheit, als Stätte des Wortgottesdienstes anstelle des sakralen Opferdienstes im Heiligtum, war bereits in den Tempel selbst eingedrungen, in welchem es schon eine Synagoge gab. Zweitens hatte die Sekte von Qumran mit dem Tempel in Jerusalem völlig gebrochen, und Jesus stand offenbar in gewissen Beziehungen zu dieser zwar ursprünglich sadduzäischen Sekte, die aber mit der herrschenden Priesterdynastie gebrochen hatte.

b) Steuerverweigerung gegenüber der kaiserlichen Regierung (Luk. 23, 2). Wir haben bei der Behandlung der Episode vom Zinsgroschen darauf hingewiesen, daß hier ein Anklagepunkt gegen Jesus im Prozeß konstruiert wurde. Er wich zwar der Falle aus, die ihm gestellt worden war, aber offenbar fanden sich doch Zeugen, die Jesu ausweichende Antwort im Sinne einer Steuerverweigerung interpretierten. Hier handelt es sich bereits um ein politisches Motiv, das wichtig ist für die als nötig vorgesehene Auslieferung an Pontius Pilatus.

c) Das dritte Motiv stellt das Hauptmotiv für die innerjüdische Abwicklung des Falles dar: die angemaßte Messianität: »Bist du der Messias, der Sohn des Hochgelobten?« (Luk. 22, 66–68) Diese Frage stellt Kaiphas selbst als die entscheidende (Mark. 14, 61). Nach Matth. 26, 63 und 64 wird die Szene noch deutlicher. Hier fragt Kaiphas nicht einfach, sondern BESCHWÖRT den Angeklagten: »Bist du der Messias, der Sohn Gottes?«

Bei dieser Fragestellung muß es auffallen, daß der Messias hier immer der Sohn des Hochgelobten, der Sohn Gottes, genannt wird. Das ist nicht im Sinne des späteren christlichen Dogmas vom eingeborenen Sohn Gottes zu verstehen, sondern im Sinne des Königtums. Nach dem Krönungspsalm (2, 7) spricht Gott ja zum König in der Stunde seiner Krönung: »Du bist mein Sohn, heute habe ich dich gezeugt.« Wenn der König der Juden den Thron besteigt, gilt er sozusagen als neu gezeugter Sohn Gottes. Diese Auffassung wird auch in dem Königs-Psalm 89, 27–30 bezeugt. Wenn Jesus sich als König der Juden deklariert, so also auch in diesem Sinne als Sohn Gottes. Deshalb weicht Jesus an dieser Stelle (Matth. 26, 64) aus und bezeichnet sich bewußt als MENSCHENSOHN.

Auf die Frage: »Bist du der König der Juden? Bist du der Messias?« antwortet Jesus ausweichend mit dem berühmten »Atha amartha« – du sagst es. Man kann diese Antwort durch verschiedene Betonung verschieden interpretieren: DU sagst es; oder: du SAGST es. Auch Pilatus gegenüber wendet Jesus diese Taktik an.*

Nach der Voruntersuchung durch Hannas wird Jesus dem Synhedrion zu einem Vorprozeß in nächtlicher Sitzung vorgeführt, wobei die Zeugenaussagen unzureichend sind. Man sucht nach einem triftigen Grund, um den gefährlichen Aufwiegler dem Römer überantworten zu können, aber die strengen prozessualen Vorschriften, wie sie im Traktat Sanhedrin im Talmud überliefert sind, machen die nicht übereinstimmenden Zeugenaussagen (Mark. 14, 53–65) hinfällig. Man hat nun viel darüber geschrieben, vorwiegend von jüdischer Seite, daß die Prozeßberichte der Evangelien schon deshalb unglaubwürdig seien, weil das dort geschilderte Verfahren der jüdischen Prozeßordnung widerspreche. Ich schließe mich diesem Argument keineswegs an. Menschen unseres Jahrhunderts haben so viele politische Prozesse im Westen und Osten Europas und später in Afrika und Asien, ebenso in Amerika als Zeitgenossen miterlebt, daß diese Art der Beweisführung nicht mehr verfängt. Politische Prozesse, die aus Gründen der Staatsraison geführt werden, werden nicht immer nach allen Paragraphen der Prozeßordnung abgewickelt. Hinzu kommt, daß die Kodifizierung der Prozeßordnung weit später erfolgte, zu einer Zeit, als man bereits auf die selbständige Gerichtsbarkeit zurückblickte. Im Traktat Sanhedrin wird uns

* Diese ausweichend-zweideutige Formel ist auch im Talmud bezeugt, z. B. pluralisch: »Ihr sagt es« (b. Pessachim 3b).

die ideale Prozeßordnung gezeigt, die aber keineswegs immer durchgeführt wurde. Gerade die Clique um Hannas und Kaiphas hat im Talmud selbst scharfe Kritik erfahren: »Über die Leute ihresgleichen sprach Abba Schaul Ben-Bothnith, im Namen des Abba Joseph Ben-Chanin: Wehe mir vor der Familie Boethos, wehe mir vor ihren Knütteln (das sind die bei der Verhaftung Jesu erwähnten Stangen); wehe mir vor der Familie HANNAS, wehe mir vor ihrem Getuschel. Sie selbst waren Hohepriester, ihre Schwiegersöhne waren Tempelherren, und ihre Diener schlugen das Volk mit Stöcken« (b. Pessachim 57a).

Daß bei einer solchen Clique, die um jeden Preis an der Macht zu bleiben gedachte, nicht alle Finessen der Prozeßordnung eingehalten wurden, wenn es um Sein oder Nichtsein ging, liegt auf der Hand.

Es wurde eingewendet, daß zwei äußere Bedingungen bei dem Verfahren gegen Jesus von Nazareth von den jüdischen Behörden außer acht gelassen wurden: Die Verhandlung fand des Nachts statt und im Amtspalaste des Kaiphas, an den sich wohl auch die Wohnung seines Schwiegervaters anschloß. Nach den Prozeßvorschriften konnte aber eine rechtskräftige Verhandlung, noch dazu in einem Todesprozeß, nur am Tage und in der Quadernhalle des Tempels, dem offiziellen Sitz des Gerichtshofes, stattfinden. Schließlich galt ein Todesurteil, das einstimmig gefällt wurde, nicht als rechtskräftig, da man mit Voreingenommenheit des Gerichtes rechnen mußte.

Was nun die Verhandlung des Nachts anlangt, so sind sich die Evangelien selbst dieses Umstandes bewußt. Nach Mark. 15, 1–19 ziehen die Sadduzäer, die Partei des Hohenpriesters, die Pharisäer, die Partei der Schriftgelehrten, erst nach der nächtlichen Beratung am MORGEN heran; ähnlich bei Matth. 27, 1–2. Wir gewinnen also den Eindruck, daß nach der Voruntersuchung bei Hannas der Vorprozeß im Kreise der sadduzäischen Clique stattgefunden hat. Am Morgen, sobald es der Prozeßordnung nach möglich war, wurden die pharisäischen Mitglieder des Synhedrions kooptiert, so daß es zu einer Vollsitzung von einundsiebzig Richtern zusammentreten konnte, und der Beschluß wurde gefaßt, Jesus an Pilatus auszuliefern. Damit war die Klippe einer nächtlichen Verurteilung umgangen.

Was nun den Ort des Synhedrions in der Lischkath-Ha-Gasith, der Quadernhalle, anlangt, so bemerkt Chaim Cohen hierzu, daß das Synhedrion bereits vierzig Jahre vor der Zerstörung des Tempels (im Jahre 70 n. Chr.) die Quadernhalle im

Tempel verlassen und sich in ein Provisorium zurückgezogen habe, das »Chanuth« genannt wird. Cohen selbst hält diese Angabe zwar für historisch fraglich, ich aber glaube, daß man zumindest daraus ersehen kann, daß um die fragliche Zeit Sitzungen AUCH außerhalb der Quadernhalle stattfanden, zumal wenn ein Vollzug des Todesurteils gar nicht geplant war, sondern nur eine Auslieferung an die römische Besatzungsmacht. Wieweit die Juden damals kein Recht auf peinliche Gerichtsbarkeit mehr hatten, ist fraglich. Die Evangelien bezeugen dies zwar, aber andererseits wissen wir, daß noch NACH der Hinrichtung Jesu die Steinigung des Stephanus stattgefunden hat. Ob es sich hier um eine Art Lynchjustiz gehandelt hat, scheint mir mehr als fraglich. Selbst wenn kein formales Recht zur Ausführung von Todesurteilen mehr bestanden hat, wurden solche doch zuweilen vollzogen, ohne daß die Römer sich sonderlich darüber aufregten, wenn Juden mit Juden nach ihrem Gesetz verfuhren.

Im Falle des Jesus von Nazareth aber war die Auslieferung an Rom beabsichtigt, um damit dem gefährlichen und grausamen Pontius Pilatus jeden Vorwand zum Einschreiten gegen den Tempel und die Bevölkerung Jerusalems nebst der Pilgermenge zum Passah-Feste zu nehmen.

Der einheitliche Beschluß ist daher für das Synhedrion auch tragbar gewesen, da es sich ja nur um die AUSLIEFERUNG eines staatsgefährlichen Aufwieglers handelte.

Jesus von Nazareth verteidigt sich in seinem Auftreten vor dem Synhedrion nicht. Er weiß, daß man ihm nicht glauben wird, und er zieht es daher vor, ausschließlich darauf zu verweisen, daß er öffentlich und nicht im geheimen gelehrt habe und daher weitere Recherchen überflüssig seien. Jesus von Nazareth hat sich während seiner Lehrtätigkeit eigentlich nicht als Messias proklamiert, wie wir mehrmals betont haben. Jetzt aber hält er es für unter seiner Würde, sich vor seinen geschworenen Feinden damit zu verteidigen. Dieselbe Haltung wird er einige Stunden später Pontius Pilatus gegenüber einnehmen.

Der Hohepriester Kaiphas zerreißt sein Untergewand in dem Augenblick, da Jesus auf seiner Königswürde beharrt. Chaim Cohen will das im Sinne des Trauerbrauches deuten; der Leidtragende hat nach jüdischem Brauch sein Gewand zu zerreißen oder einzureißen. Es mag sein, daß diese Geste auch so zu deuten ist, wenngleich nach dem Texte der Evangelien diese Gebärde das Entsetzen über die Gotteslästerung des Angeklagten ausdrücken soll. Jedenfalls kommt diesem Zerreißen noch eine andere symbolische Bedeutung zu. Erzähltechnisch soll das Zerreißen der Gewänder des Hohenpriesters dem Zerreißen des Vorhangs vor dem Allerheiligsten in der Stunde der Kreuzigung vorangehen (Matth. 27, 51).

Jedenfalls ist damit die Verbindung zwischen Jesus und seinem Volk zerrissen und die Übergabe an Pontius Pilatus beschlossen.

Mit dieser Übergabe beginnt die zweite oder, genaugenommen, die vierte Phase des Verfahrens. Die zweite insofern, als der Prozeß nun von der innerjüdischen Sphäre in die jüdisch-römische Sphäre überführt wird; die vierte Phase, wenn wir das innerjüdische Verfahren in drei Abschnitte gliedern:

a) Voruntersuchung durch Hannas,

b) nächtlicher Vorprozeß unter Kaiphas,

c) Vollsitzung des Synhedrions unter Einschluß der Pharisäer in den ersten Morgenstunden.

Die Nacht der Entscheidung ist vorüber. Für Jesus von Nazareth und seine Jünger war es die Passah-Nacht. Für Kaiphas und die Seinen war es die Nacht vor dem Passah-Mahl, die im Zeichen der Bedikath Chamez, dem Ausräumen des Sauerteiges vor dem Feste, steht. Das Neue Testament selbst deutet (1. Kor. 5, 7–8) dieses Ausräumen des Sauerteigs in einem theologischen Übertragungssinne eines Ausräumens des Sauerteiges des Herzens, der sündigen Gedanken und Vorurteile. Für das Synhedrion aber war dieser Prozeß ein Aufsuchen und Ausräumen eines gefährlichen Sauerteiges – Bedikath Chamez = Untersuchung des Gesäuerten, und Bitul Chamez = Vernichtung des Sauerteiges. Dieses Passah-Motiv ist implicite hier gegeben.

Die entscheidende Phase in der Verhandlung gegen Jesus von Nazareth beginnt mit der Vorführung vor Pontius Pilatus. Ihm gegenüber wird das Motiv der angemaßten Königswürde Jesu als ausschlaggebend angegeben, wobei merkwürdigerweise die Frage der Steuerverweigerung nicht mehr besonders erwähnt wird. Die Anmaßung des Königstitels bedeutet eine Majestätsbeleidigung des Kaisers gemäß der Lex Julia, dem geltenden Recht. Auf dieses Verbrechen stand die grausamste aller Todesstrafen, die Kreuzigung.

Das Verhör vor Pilatus beschränkt sich auf die Königsfrage. Wieder zieht es Jesus vor, meistens zu schweigen und vorwiegend nur mit dem zweideutigen »Du sagst es« zu antworten. Die Bemühungen der Evangelien, Pilatus zu entlasten, sind offensichtlich. In diese Motivreihe gehört der legendäre Traum der Frau des Pilatus (Matth. 27, 19) und vor allem die berühmte

Handwaschung des Pilatus (Matth. 27, 24). Sie ist schon deshalb unglaubwürdig, weil derselbe Pilatus, der zu Jesus sagt: »Bin ich denn ein Jude?«, wohl kaum eine Anspielung auf ein Bibelwort: »Ich wasche meine Hände in Reinheit« (Ps. 26, 6 und 73, 13) vorgenommen haben wird.

Am tiefsten sieht den Antagonismus zwischen Jesus und Pilatus gerade Johannes, der doch nun alles daran setzt, Pilatus zu rehabilitieren und ihn nur als gefügiges Werkzeug der nach der Kreuzigung schreienden Juden darzustellen. Auf die zusammenfassende Bemerkung des Pilatus: »So bist du dennoch ein König?« antwortet Jesus sein »Du sagst es« und fügt nun hinzu: »Ich bin dazu geboren und in die Welt gekommen, daß ich für die Wahrheit zeugen soll. Wer aus der Wahrheit ist, der hört meine Stimme«, und darauf antwortet Pilatus: »Was ist Wahrheit?« (Joh. 18, 37–38)

In dieser Pilatus-Frage: Was ist Wahrheit? tut sich der Abgrund auf zwischen Jesus und seinem Richter. In dem Verfahren zwischen Jesus und Kaiphas steht Glaube gegen Glaube, geht es, trotz aller politischen Unterströmungen, um Glaubensentscheidungen. In dem Gespräch mit Pilatus aber gibt es keine gemeinsame Sprache. Pilatus fragt nicht nach der Wahrheit, sondern stellt die Wahrheit in Frage. Für ihn gibt es keine Wahrheit, sondern nur Macht. Wer Macht hat, ist im Recht und damit im Besitz der gültigen Wahrheit: Wahrheit ist – was Rom nützt.

Im Laufe des Verhörs erfährt Pilatus, daß Jesus ein Galiläer ist, und da sein eigentlicher Landesfürst, Herodes Antipas, anläßlich des Passah-Festes in Jerusalem weilt, überstellt Pilatus den angeklagten Galiläer seinem Fürsten. Damit tritt der Prozeß in eine weitere Phase ein, wenngleich es sich auch hier nur um ein ZWISCHENSPIEL handelt. Herodes hat von seinem berühmten oder berüchtigten Untertanen Jesus von Nazareth bereits viel gehört und möchte diesen gefährlichen Mann, der ihn bekanntlich als »Fuchs« bezeichnet hat, nun gerne auch persönlich kennenlernen. Aber es kommt zu keiner Aussprache. Jesus ist den jüdischen Richtern gegenüber wortkarg, er verstummt fast völlig vor Pilatus, zu dem Kollaborateur Herodes aber sagt er nicht ein Wort.

Es ist zu wenig beachtet worden, daß nach dieser verfehlten Begegnung, Herodes Jesus in ein weißes Gewand gehüllt an Pilatus zurückschickt (Luk. 23, 11). Diese Geste soll zusammen gesehen werden mit dem roten Mantel, den die Söldner des Pilatus (Mark. 15, 17) Jesus bei der Verspottung und Geißelung anlegen. Die Texte erwähnen, daß Jesus vor der Kreuzigung dann wieder seine eigenen Kleider anlegen durfte. Dieser dreifache Gewandwechsel (ob er nun stattgefunden hat oder nicht) will erzählerisch auf den SÜHNETOD Jesu hinweisen, der anstelle des großen Versöhnungstages (Jom Kippur) tritt. Nach dem Ritual des Versöhnungstages (Lev. 16, 4 und 24) wechselt der Hohepriester, der die Versöhnung vollzieht, den weißen Leinenrock mit den eigenen Kleidern. Nach der Mischna Joma VII, 3 handelt es sich aber tatsächlich um drei verschiedene Kult-Gewänder: »Hatte er (der Hohepriester) in Byssusgewändern vorgelesen, so wusch er Hände und Füße, zog sich aus, tauchte unter ... und man brachte ihm die goldenen Gewänder. Er legte sie an und wusch Hände und Füße, dann ging er hinaus und richtete seinen Bock ... Hierauf wusch er Hände und Füße, zog sich aus, tauchte unter, und man holte ihm die weißen Gewänder.« (Erst nach Beendigung des Rituals legte er wieder seine eigenen Kleider an.)

Für die Evangelien ist der große Versöhnungstag durch das Opfer von Golgatha aufgehoben. Jesus wird als der HOHEPRIESTER gesehen, und darauf soll offenbar dieser GEWANDWECHSEL hinweisen. Das weiße Kleid des Herodes erweist Jesus in den Augen seiner Jünger als den wahren Hohepriester; der rote Spottmantel als den wahren König. Das ist auch eine Antwort an Qumran. Dort unterschied man noch einen priesterlichen und einen königlichen Messias, worauf der Hebräerbrief im Neuen Testament anspielt. Das weiße Gewand des Herodes und der rote Mantel der Legionäre sollen Jesus als den hohepriesterlichen und königlichen Messias zeigen, sein eigenes, einfaches Gewand aber stellt ihn dann als den leidenden Messias dar.

Nachdem Jesus von Herodes Antipas an Pilatus zurücküberstellt ist, bemerkt Lukas 23, 12: »An diesem Tage wurden Pilatus und Herodes Freunde miteinander, denn zuvor waren sie einander Feinde.« Hier kann man von Vereinigung durch den Feind hindurch sprechen. Die rivalisierenden, um die Gunst des Cäsars buhlenden Gegner Pilatus und Herodes werden durch den gemeinsamen Antipoden Jesus von Nazareth zu Freunden. So kann es der Historiker sehen; für die Evangelien klingt hier aber bereits der Epheser-Brief an (2, 14): »Denn er ist unser Friede, der aus beiden eines hat gemacht und hat abgebrochen den Zaun, der dazwischen war, nämlich die Feindschaft, indem er durch sein Fleisch wegnahm die Feindschaft.«

Hier ist freilich von dem Zaun des Gesetzes zwischen Juden und Heiden die Rede, aber auch die Feindschaft zwischen dem

Römer Pilatus und dem Halbjuden Herodes Antipas wird durch Jesus hinweggenommen. Das will diese Notiz des Lukas sagen. Die geschworenen Feinde Jesu sind die ersten, die durch ihn versöhnt werden.

In diesem Sinne ist auch die Barabbas-Episode, die sich nun anschließt, zu verstehen. Barabbas, ein politischer Gefangener, des Aufruhrs und des Mordes bezichtigt, wird durch Pilatus im Rahmen einer Fest-Amnestie freigegeben, während er Jesus zum Tode am Kreuz bestimmt (Mark. 15, 6ff.; Matth. 27, 15ff.; Luk. 23, 18ff.; Joh. 18, 39f.). Nach den uns überlieferten Evangelien-Texten erklärt sich Pilatus bereit, einen Angeklagten, Jesus oder Barabbas, im Rahmen der Amnestie vor dem Passah-Feste freizugeben. Die Menge entscheidet sich für die Begnadigung des Barabbas, während Pilatus immer wieder versucht, freilich mit unverkennbar ironischen Untertönen, den Juden ihren »König« zurückzustellen. Sie wollen diesen »König« aber nicht mehr sehen und verlangen seine Beseitigung.

Um diese Barabbas-Perikope gibt es ein großes exegetisches Rätselraten. Die Frage der Geschichtlichkeit des hier geschilderten Vorganges ist kaum zu beantworten. Vor allem ergibt sich zunächst das Problem des sogenannten Privilegium Paschale, eben jener Freigabe eines Verurteilten zum Passah-Feste, die geschichtlich quellenmäßig nicht bezeugt ist. (Paul Winter widmet in seinem Buche ›On the Trial of Jesus‹ dem Privilegium Paschale ein ganzes Kapitel.) Die Evangelientexte sprechen von diesem Privilegium wie von einer allgemein bekannten Sache, wovon aber gar nicht die Rede sein kann. Es liegt hier aber auch eine innere Schwierigkeit in der Erzählung selbst vor. Wenn tatsächlich der Hauptgrund für die Beseitigung Jesu in der Befürchtung der führenden jüdischen Schicht lag, daß hier ein Aufrührer die Volksgemeinschaft in Gefahr bringen kann, ist es kaum einzusehen, warum dieselbe Führungsschicht an der Freigabe eines anderen Aufrührers und Aktivisten, eben jenes Barabbas, interessiert gewesen sein soll.

Nach einigen Handschriften des Matthäus-Evangeliums (27, 16f.) war der volle Name des Barabbas – und hier mag sich vielleicht eine Möglichkeit der Deutung dieser Episode eröffnen als eine soteriologische Abwandlung des Talion-Rechtes, Auge um Auge, Zahn um Zahn –: JESUS Barabbas. Hier möchte man sagen: JESUS UM JESUS. Der unschuldige Jesus wird an Stelle des schuldigen Jesus geopfert. Ein Gedanke dieser Art ist in einem späteren jüdischen Ritual enthalten, dem sogenannten Kappara-

Ritus, wobei sich der Beter am Tage vor dem Versöhnungstag einen Hahn um den Kopf schlägt und ihn für seine Sünden opfert. Hier liegt ein analoges Wortspiel vor: Gever tachath Gever. – Ein Mann um einen Mann, denn im Hebräischen kann man das Wort »Gever« sowohl für Hahn als auch für Mann verwenden.

»Jesus um Jesus« ist also der tiefere Sinn der Barabbas-Episode, und Barabbas ist so gesehen der Erstling der Erlösung durch den Opfertod Jesu. (Dieser Auffassung gab der schwedische Dichter Pår Lagerkvist in seinem Roman ›Barabbas‹ 1950 Ausdruck.)

Einer späteren Redaktion schien es aber anstößig, daß ein »Straßenräuber«, wie Barabbas abfällig und wohl unzutreffend genannt wird, den Namen Jesus führen sollte, und mit dieser Ehrfurcht vor dem Namen Jesu, der nunmehr als Heilsname aufgefaßt wurde (Philipper 2, 9–10), war eine Scheu verbunden, andere Personen, insbesondere negativ dargestellte, so zu benennen. Der Name Jesus (Jeschu oder Jeschua) war allgemein gebräuchlich. Man denke nur an Jesus Sirach, den Verfasser des apokryphen Weisheitsbuches. Auch im Neuen Testament ist uns ein weiterer Jesus bezeugt, der Gehilfe des Paulus (Kol. 4, 11), der in einem Briefgruß erwähnt wird. Dort wird sein Name Jesus in Justus abgewandelt: »und Jesus, der da heißt Justus.« Offenbar hat man es in der christlichen Gemeinde aus Scheu vor dem Heilsnamen Jesu vermieden, weiterhin andere Personen so zu nennen, und wo sie bereits so hießen, wurden sie umbenannt wie besagter Justus. Bei Barabbas wurde einfach der Vorname gestrichen – und damit allerdings auch die Pointe der ursprünglichen Erzählung.

Ich kann aber nicht so weit gehen wie Herbert Landau in seinem Essay ›Jesus in jüdischer Sicht‹ (in ›Jesusbilder‹, 1966, S. 311f.). Landau hält Barabbas nur für den Titel Jesu, Bar-Rabban, und denkt hier an eine erzählerische Transfiguration, offenbar nicht ohne apologetische Absicht. Nach dieser Auffassung hätte das Volk eben tatsächlich die Freigabe Jesu gefordert; aber davon kann nach dem ganzen Geiste der Erzählung in allen vier Versionen nicht die Rede sein.

Wohl aber erhebt sich nun eine ganz andere Frage: Nach den evangelischen Berichten verlangt das Volk die Freigabe des Barabbas und die Verurteilung Jesu. Pilatus wird als zögernd und schwach dargestellt, er findet keine Schuld an Jesus, aber er will sich auch mit dem Volk und seiner Führung nicht überwerfen und gibt schließlich nach. Es ist oft und oft darauf hingewiesen worden, daß diese Darstellung nicht überzeugend wirkt, daß hier vielmehr, wie schon erwähnt, das Bestreben der jungen Christengemeinde, mit der römischen Staatsmacht in ein erträgliches Verhältnis zu gelangen, sich in diesem Berichte spiegelt.

Zwei Parteien also: Rom und Jerusalem. In dieser Version fehlt aber ein dritter Faktor, nämlich die Jüngerschaft Jesu, die doch eine »Chavura«, eine in sich mehr oder weniger geschlossene Gemeinschaft dargestellt hat. Diesen Begriff der Chavura müssen wir hier exemplifizieren. Es hätten sich innerhalb der Volksmenge zwei Parteien bilden müssen: die Chavura des Jesus von Nazareth und die Chavura des Barabbas. Offenbar aber hatte nur Barabbas stimmkräftige Anhänger, entschlossene Leute, die es wagten, von dem römischen Prokurator die Freigabe ihres Parteigängers zu verlangen, während sich die Jünger Jesu bereits verflüchtigt hatten. Der Verrat des Petrus, der so ausführlich geschildert wird, ist dafür nur ein Zeichen. So wie Petrus Jesus verraten hat, haben auch alle anderen Jünger ihn verraten, offenbar auch der Lieblingsjünger Johannes, der bei der Voruntersuchung sogar zeitweilig anwesend war (Joh. 18, 15), ohne daß wir irgend etwas über einen Verteidigungsversuch des Johannes zugunsten Jesu hören. Der einzige Verräter, der sich mannhaft benimmt, ist Judas. Er wird von Reue ergriffen und zieht die Konsequenz; er begeht Selbstmord.

Petrus, der seinen Herrn dreimal verraten hat, weint zwar bitterlich darüber, läßt sich dann aber später als Haupt der Jesus-Gemeinde verehren.

Die Anhänger des Barabbas stehen zu ihrem Genossen in der Stunde der Gefahr. Die Anhänger Jesu, die offenbar sehr zahlreich waren, wagten das nicht. All das mußte einer späteren christlichen Geschichtsschreibung (wenn dieser Ausdruck für die Evangelien auch nicht ganz passend ist) peinlich sein, so daß die uns vorliegende Bearbeitung unabweisbar wurde.

Wenn sich auch aus der Volksmenge, die sich vor der Residenz des Pontius Pilatus versammelt hat und aus Gründen der rituellen Reinheit vor dem Passah-Feste das Amtsgebäude des Heiden nicht betritt, kein Ruf zur Rettung Jesu mehr erhebt, so gellt doch nach Matth. 27, 25 der grauenvolle Ruf zum Himmel: »SEIN BLUT KOMME ÜBER UNS UND UNSERE KINDER.« Der Text fährt fort: »Da gab er ihnen Barabbas frei, Jesus aber ließ er auspeitschen und dann zur Kreuzigung führen.« Diese Selbstverfluchung einer aufgeputschten Menge in einer Stunde politischer

Massenhysterie wurde zu einem weltgeschichtlichen Verhängnis für das jüdische Volk. Nur allzu gern hat dieses in den Evangelien nur einmal bezeugte Wort grauenvolle Resonanz durch die Jahrhunderte hindurch gefunden. Gestützt auf diese angebliche Selbstverfluchung, sind Gewalttaten und Morde an Juden ohne Zahl von sogenannten Christen begangen worden. Es wird sich nicht mehr ausmachen lassen, ob dieser Schrei jemals wirklich ausgestoßen wurde. Ich halte es jedenfalls für möglich, obwohl die Formulierung ungewöhnlich ist. (2. Sam. 1, 16 ist uns eine ähnliche Formel in dem Vermächtnis Davids bekannt, aber in zweiter Person: »Dein Blut auf dein Haupt, denn dein Mund hat wider dich selbst geredet: Ich habe den Messias des Herrn getötet.«) Es liegt nahe, daß hier eine Anspielung auf diesen alttestamentlichen Text in der sogenannten Selbstverfluchung der Juden intendiert ist.

Theologisch gesehen, wird die Selbstverfluchung des Volkes, wenn sie jemals geschehen ist, durch das Gebet Jesu am Kreuze »Vater vergib ihnen, denn sie wissen nicht, was sie tun« (Luk. 23, 34) aufgehoben; aufgehoben im doppelten Sinne der Annullierung der Rechtskräftigkeit und der Erhebung zum Gebet. Darüber hinaus müßte für das christliche Verständnis in dieser angeblichen Selbstverfluchung ein heilbringender Faktor enthalten sein. Während das Blut Abels von der Erde um Vergeltung schreit (Gen. 4, 10), reinigt das Blut Jesu, nach dem Glauben seiner Gemeinde, von allen Sünden. Die so reich ausgebaute Blut-Jesu-Theologie hat sich aber erst in allerjüngster Zeit dieses Satzes erinnert und ihn in ihrem Sinne positiv zu deuten versucht. Selbst wenn aber tatsächlich einige wilde Schreier oder von der Clique des Hohenpriesters abhängige und bezahlte Kreaturen einen solchen Schrei ausgestoßen haben sollten, könnte dieser Ausbruch des organisierten Volkszornes noch nicht einmal den Juden Jerusalems in toto und den Festpilgern aus dem übrigen Lande und der Diaspora zur Last gelegt werden, noch weniger der Masse der Juden im übrigen Lande, die von den Vorgängen nicht die geringste Ahnung hatten, bestimmt nicht den Gemeinden von Alexandrien bis Rom, und am allerwenigsten den Juden späterer Generationen. Und doch hat hier die Kirche eine Kolektivschuld konstruiert und aus ihr Jahrhunderte lang einen Rechtstitel zur Diskriminierung der Juden, ja zu ihrer Vertreibung und teilweisen Vernichtung abgeleitet. Ob diese verhängnisvolle Selbstverfluchung jemals erfolgt ist, kann nicht mehr festgestellt werden, daß sie aber wirksam wurde, ist um so deutlicher zu erweisen. Primär zeigt sich hier, daß die Kirche Christi das Gebot der Feindesliebe niemals wirklich vernommen hat.

In dem Verfahren vor Pilatus wird durch die evangelische Berichterstattung der Eindruck eines Antagonismus zwischen Jesus und »den Juden« erzeugt. Hier handelt es sich natürlich um eine nachträgliche Darstellung im heidenchristlichen Sinne, denn Jesus von Nazareth ist ja als jüdischer Patriot angeklagt, der sich als »König der Juden« bezeichnet haben soll. Hier liegt das Verbrechen, das zum Tode führt, wie später der Titulus, die Aufschrift am Kreuze, erweisen wird, die den Schuldgrund der Kreuzigung anzugeben hatte. Nach dem im Jahre 8 v. Chr. proklamierten Recht des Augustus stand die Todesstrafe auf jede derartige Majestätsbeleidigung. Hier haben wir wohl auch den Grund dafür, daß sich »die Juden« weigerten, die Todesstrafe an Jesus selbst zu vollziehen, obwohl ihnen das von Pilatus angeboten worden sei (Joh. 19, 6).

»Die Juden« sind in dieser ganzen Affäre nicht einheitlich zu sehen. Es gibt tatsächlich die geschworenen Feinde Jesu, vor allem in der Clique um den regierenden Hohenpriester; es gibt die besorgten, aber weniger aktiven pharisäischen Schriftgelehrten; und es gibt schließlich die Anhänger Jesu, die allerdings offenbar wenig Zivilcourage zeigten und in der Stunde der Gefahr versagten. Es gibt aber vor allem auch die überwältigende Masse der Juden, die praktisch mit diesem Schnellverfahren nichts zu tun hatte. Der tendenziöse Bericht in den Evangelien will aber den Eindruck erwecken, als ob »die Juden« insgesamt geschworene Feinde Jesu gewesen wären. Trotzdem muß dann berichtet werden, daß es sogar führende Juden gab, die sich zumindest für ein würdiges Begräbnis des Hingerichteten einsetzten.

Das ganze Verfahren ging so in überstürzter Eile vor sich unter dem Druck des anbrechenden Festes und des Sabbath. (Hier war der kalendarisch häufige Fall gegeben, daß der erste Tag des Passah-Festes ein Sabbath war, dies nach der offiziellen Datierung der Tempelbehörde, so daß die Schlachtung des Passah-Lammes im Tempelvorhof etwas früher erfolgen mußte als an einem anderen Tage.) Bei dem Tempo dieses Verfahrens war es gar nicht möglich, daß die verstreute jüdische Anhängerschaft Jesu informiert worden war. Und das war auch die Absicht der Drahtzieher der Clique. Es wäre ja naheliegend gewesen, daß Kaiphas und die Seinen mit der Übergabe Jesu an Pilatus bis nach dem Passah-Feste gewartet und den Gefangenen während der

Festwoche in Schutzhaft gehalten hätten. Das wäre auch sicher geschehen, wenn Jesus unter der jüdischen Volksmasse nicht so viele Anhänger gehabt hätte. So aber fürchtete die Clique, daß sich die Kunde von der Verhaftung Jesu unter dem Volke und den Festpilgern sehr rasch herumsprechen würde, daß sich Widerstand formieren und eine Gegenaktion erfolgen könnte. Hier war vorzubeugen durch Schaffung eines fait accompli. Die Hast ist eben daraus zu erklären, daß »die Juden« in dieser Sache keineswegs einig waren, sondern der Haufe des einfachen Volkes, die Am-Haarez-Klasse, auf seiten Jesu stand, so daß die jüdischen Kollaborateure den Römer Pilatus tatsächlich zur Eile antreiben mußten.

Pilatus übergibt Jesus der römischen Soldateska zur Geißelung, offenbar sogar zweimal. Nun versagen alle pro-römischen Retuschen der Evangeliums-Redaktion. Man sieht die von Haß und Hohn getriebenen römischen Legionäre, die den »König der Juden« verspotten, die in Jesus sein ganzes rechtloses, geschlagenes jüdisches Volk verspotten. Sie werfen ihm einen roten Offiziersmantel um, so wie die Legionen ihrem Feldherrn einen Purpurmantel zuwarfen und ihn so zu ihrem Cäsar erkoren.

In diesem Zusammenhang ist ein talmudisches Gleichnis, das im Namen des Amoräers Levi (allerdings aus dem dritten nachchristlichen Jahrhundert) berichtet wird, von Bedeutung: »Einem Feldherrn warfen seine Legionen den Purpurmantel zu. Was tat er? Er erließ die rückständigen Steuern, verbrannte die Schuldurkunden, führte die Legionen hinaus, und dieser Tag wird der Anfang seiner Herrschaft genannt. So tat Gott, als Israel mit erhobener Hand ihm huldigte. Er erließ ihnen den Rest der Knechtschaft, vernichtete die Urkunde hierüber, führte sie aus Ägypten heraus, und von da an zählte der Beginn seiner Herrschaft.«

Wenn dieser Midrasch auch erst relativ spät berichtet wird, so mag er doch, oder ähnliche Vorstellungen, hinter dem Bericht über die Verspottung Jesu durch die Legionäre stehen. Sie werfen ihm den roten Mantel zu, und damit wird er ihr »Cäsar«, und sie huldigen ihm. Was bedeutet aber diese Ernennung? Im Sinne des angeführten Midrasch bedeutet das den Erlaß der rückständigen Steuern, das Verbrennen der Schuldurkunden, das Herausführen in die Freiheit. Das will hier nun theologisch aufgefaßt sein. Durch die Krönung Jesu mit der Dornenkrone und die Bekleidung mit dem Purpurmantel beginnt der neue Äon, in welchem alle Schuld erlassen wird, eben durch den Opfergang dieses machtlosen »Cäsar«.

Den Hinweis auf einen Midrasch halte ich deshalb für legitim, weil ja gerade bei diesen Sätzen der Geißelung, Verspottung, Dornenkrönung ued Bekleidung Jesu mit dem Purpurmantel niemand von der Urgemeinde anwesend war. Es ist durchaus möglich, daß etwas von den Vorgängen in dem Folterkeller später in die Öffentlichkeit gedrungen ist. Nach den Berichten soll Jesus ja auch in diesem Offiziersmantel noch einmal der Menge vorgeführt worden sein. Aber die Berichte sind soviel späteren Datums, daß ihre midraschische Interpretation durchaus in Betracht gezogen werden kann, zumal ja gerade in der Passionsgeschichte das ERFÜLLUNGSMOMENT – Menschensohn, Knecht Gottes – dominiert.

Es ist »der König der Juden«, der nun von Pilatus zur Kreuzigung übergeben wird. Immer wieder wird mit unverkennbar antisemitischen Untertönen von Pilatus dem Volke sein König vorgeführt, wobei wir uns den leicht angeekelten Römer nur allzu gut vorstellen können. Diese Karikatur eines Königs – das ist der neue jüdische König. Es nützt der Clique nichts, daß sie sich von Jesus so radikal wie nur möglich distanziert. Aus der imperialistischen Perspektive des Pilatus gehören sie zusammen, die Ankläger und der Angeklagte, diese »Juden unter sich«, deren innere Konflikte für den Repräsentanten Roms unwesentlich bleiben. Rom hat so viele Juden ans Kreuz geschlagen, daß der Holzbestand des Landes Israel nicht ausreichte. Im Jüdischen Kriege sollen fünfhundert Juden pro Tag gekreuzigt worden sein. Für den Römer Pilatus war es ganz unwesentlich, ob ein Jude mehr oder weniger am Kreuze hing.

Anatole France hat in seiner Novelle ›Der Statthalter von Judäa‹ die Situation wohl intuitiv richtig erfaßt. Zum Ende seiner Novelle bringt er den Dialog des alten, in Rom pensionierten Pontius Pilatus mit seinem Freunde Lamia, der ihm von einer Geliebten erzählt, die ihn verlassen hat: »›Ein paar Monate später erfuhr ich zufällig, daß sie sich einer kleinen Zahl von Männern und Frauen angeschlossen hatte, die einem jungen Galiläer folgten, der umherzog und Wunder tat. Er war aus Nazareth. Später wurde er wegen irgendeines Verbrechens gekreuzigt. Ich weiß nicht mehr, was es war. Erinnerst du dich noch an diesen Mann, Pilatus?‹

Pontius Pilatus runzelte die Brauen, er fuhr mit der Hand über die Stirn, als ob er sich auf etwas zu besinnen suchte. Dann, nach einer kurzen Pause, murmelte er: ›Jesus? Jesus? – Aus Nazareth? – Nein, ich erinnere mich nicht mehr.‹«

Der Dichter sagt hier mehr, als der Historiker sagen könnte und der Theologe sagen möchte. Er sagt die Wahrheit über den Mann, der fragte: Was ist Wahrheit?

Die Tragödie des Lebens Jesu nähert sich nun ihrem Höhepunkt. Das christliche Credo hat den Sachverhalt schlicht und einfach in die Worte zusammengefaßt: »Passus sub Pontio Pilato. Crucifixus, mortuus et sepultus ...« Damit wird gesagt, daß Pontius Pilatus der Hauptverantwortliche für die Kreuzigung Jesu war und blieb, sosehr eine spätere Darstellung in den Evangelien den Prokurator zu entlasten suchte und ihn als Werkzeug in der Hand der jüdischen Führung zeichnete.

Die Todesstrafe der Kreuzigung war keine jüdische, sondern eine römische Hinrichtungsart, die grausamste und schrecklichste, die das Altertum kannte. Die vier Todesstrafen, die das jüdische Recht kannte, waren hingegen: die Steinigung, das Verbrennen, die Enthauptung und die Erdrosselung.

Die Mischna im Traktat Sanhedrin VII beschäftigt sich ausführlich mit diesen Formen des Hinrichtungsvollzuges und detailliert die Verbrechen, die mit den verschiedenen Todesarten geahndet wurden.

Nach Vollzug der Todesstrafe wurde der Hingerichtete an einem Pfahl aufgehängt und dadurch zur Schau gestellt. Nach den religionsgesetzlichen Vorschriften bezog sich das nur auf Gotteslästerer und Götzendiener männlichen Geschlechts. Die Leiche des Gehenkten mußte bis zum Abend wieder abgenommen und bestattet werden, eine Vorschrift, die bei der Kreuzigung Jesu streng eingehalten wurde.

Die Vorstellung, daß der Gehenkte vor Sonnenuntergang abgenommen werden mußte, ist uralt und findet sich bereits im Buch Josua 8, 29 und 10, 27 bezeugt, wo ausdrücklich betont wird, daß auch die gehenkten feindlichen Könige vor Sonnenuntergang vom Baum oder Galgen abgenommen wurden. Auch die erschütternde Geschichte der Nebenfrau Sauls, Rizpa Bath-Aja (2. Sam. 21, 8ff.), gehört in diesen Zusammenhang, der zeigt, daß der nichtbestattete Gehenkte als besonderer Fluch galt. Die diesbezügliche Vorschrift findet sich Deut. 21, 22–23: »Wenn sich jemand verfehlt hat und ist das Todesurteil über ihn gefällt und er ist hingerichtet worden und du hast ihn an einem Holz aufgehängt, so darf sein Leichnam nicht über Nacht an dem Holz hängen. Du mußt ihn noch am gleichen Tage begraben, DENN EIN GEHENKTER IST EIN FLUCH GOTTES. Du darfst dein Land, das dir JHWH, dein Gott, zum Erbbesitz gibt, nicht verunreinigen.«

Zu dieser Bestimmung bemerkt Gerhard von Rad in seinem Kommentar zum Deuteronomium 1964: »Die Verordnung über den Leichnam eines Gehenkten ... geht von der sehr altertümlichen Vorstellung aus, daß das Land vor ritueller Verunreinigung zu schützen sei. Unter diesem Gesichtspunkt muß die übliche Zurschaustellung des Leichnams zeitlich begrenzt werden. Der die Bestimmung erklärende Begründungssatz in Vers 23 argumentiert mit einer Vorstellung, die allgemein verbreitet gewesen sein muß: Die Leiche eines Hingerichteten bedroht die kultische Reinheit des Landes, könnte also Störungen in seinen Erträgnissen zur Folge haben.«

Der Gehenkte ist ein Fluch Gottes, und gerade dieses Schicksal ereilt nun den Mann, der als Heilbringer von seiner Gemeinde verehrt wurde. Die Paradoxie des Christentums kulminiert an diesem Punkt. Die Uminterpretation dieses Sachverhaltes wird zur Kraft der Frohen Botschaft, die das Entsetzliche in eine Heilsverkündigung wandelt: »Christus aber hat uns erlöst von dem Fluch des Gesetzes, da er ward ein Fluch für uns, denn es steht geschrieben: Verflucht ist jedermann, der am Holze hängt« (Galater 3, 13).

Zwischen der archaischen Auffassung des Deuteronomiums und der paulinischen soteriologischen Interpretation steht die des späteren Judentums, wie sie etwa im Raschi-Kommentar zur Stelle zum Ausdruck kommt: »Denn ein Fluch Gottes ist der Gehenkte; es ist eine Geringschätzung des Königs, denn der Mensch ist in SEINEM Ebenbild erschaffen und die Söhne Israels sind SEINE Kinder. Das gleicht Zwillingsbrüdern, die einander ähnlich sind. Der eine wird König und der andere als Räuber ergriffen und gehenkt. Wer den Gehenkten sieht, sagt: Der König ist aufgehängt. Darum befiehlt der König, daß man ihn abnehme« (b. Sanhedrin 46b).

Wir sehen also, wie der Fluch des Gehenkten mannigfaltigen Interpretationswandlungen ausgesetzt war.

Wenn die Kreuzigungsstrafe auch im hebräischen Recht nicht vorgesehen ist, so war sie doch in Palästina längst vor der Kreuzigung Jesu nur allzu bekannt. In diesem Zusammenhange ist an die Stelle Esra 6, 11 zu erinnern. Es handelt sich hier um ein Edikt des persischen Großkönigs Darius um 519 v. Chr. zum Wiederaufbau des Tempels in Jerusalem. Wer sich nicht daran beteiligen wollte, dem wurde eine furchtbare Strafe angedroht: »Es ist von mir Befehl gegeben worden, daß, wenn irgend jemand den Erlaß übertritt, man einen Balken aus seinem Hause reißen und ihn gepfählt daran heften soll ...« Durch persischen Einfluß kannte man also schon ein halbes Jahrtausend vor Jesus zumindest die Androhung der Kreuzesstrafe in Palästina. Allerdings handelt es sich hier nur um eine Androhung; wir haben keinen Beweis dafür, daß diese grauenvolle Hinrichtungsart damals tatsächlich im biblischen Lande praktiziert wurde.

Auch von dem Hasmonäerkönig Alexander Jannai (103–76 v. Chr.) wird überliefert, daß er achtzig jüdische Bürger kreuzigen ließ. Die Rollenfunde vom Toten Meer liefern dafür einen indirekten Hinweis und betonen zugleich, daß die Kreuzigung als ungebräuchlich und skandalös galt. Im sogenannten Nachum-Kommentar der Rollen von Qumran ist von einem »Löwen« die Rede, der seine Opfer kreuzigte, »was nie in Israel geschah«.

Oberrichter Chaim Cohen hat in seiner Jerusalemer Vorlesung über den Strafvollzug an Jesus von Nazareth im Januar 1964 darauf hingewiesen, daß das Wort »Zalov« = kreuzigen in den aramäischen Texten der rabbinischen Literatur ungenau verwendet wird und zuweilen für Erhängen Anwendung findet. Es gibt Stellen, in welchen die Kreuzigung als Erhängung »ke Derech ha-Malchuth« (nach der Weise des Imperiums) bezeichnet wird. Die alte Rechtsliteratur der Rabbinen setzt auch Erwürgen und Erhängen gleich.

Es ist nun bemerkenswert, daß die von uns angeführte Stelle vom Fluche des Gehenkten im aramäischen Targum (Übersetzung des Jonathan Ben-Usiel) mit »denn ein Fluch ist der Gekreuzigte« übersetzt wird, wobei wiederum Hängen und Kreuzigen identifiziert werden.

Von den vier Todesstrafen des hebräischen Rechtes wird die vierte, Erdrosselung, im aramäischen Targum zum Buche Ruth (1, 17) durch Kreuzigung wiedergegeben, wobei zu berücksichtigen ist, daß Erdrosselung und Erhängung an sich identifiziert wurden. Diese auffallenden Ungenauigkeiten erklären sich, nach Chaim Cohen, relativ leicht daraus, daß die Todesstrafe bei den Juden längst nicht mehr praktiziert wurde, als die angeführten rabbinischen Autoren schrieben. Andererseits darf man das kodifizierte Recht nicht immer mit der Strafpraxis gleichsetzen.

Jesus von Nazareth wird also nach der Geißelung durch die römische Soldateska zum Richtplatz geführt und muß selbst sein Kreuz tragen. Der Anblick des kreuztragenden Verurteilten ist in das jüdische Bewußtsein tief eingedrungen, was aus einer Stelle im Midrasch Rabba zu Gen. 22, 6 ersichtlich ist: »Da nahm Abraham das Holz zum Ganzopfer und bürdete es seinem Sohn Isaak auf ...« Hierzu bemerkt nun der Midrasch: »Wie einer, der sein Kreuz auf die Schulter lädt.« Isaak, der sein Holz zum Opferaltar auf Moria trägt, wird hier im Bilde des Kreuztragenden gesehen. Man muß darin nicht unbedingt eine Anspielung auf die Passion Jesu sehen, da der kreuztragende Jude ja zu einer Massenerscheinung geworden war. (Die genaue Datierung dieser Midrasch-Stelle war mir nicht möglich; aber sie ist nach-christlich.)

Nach der Version des Markus (15, 21) nötigen die römischen Soldaten des Exekutionskommandos einen vom Felde heimkehrenden Bauern, Simon von Kyrene, Jesus das Kreuz abzunehmen und für ihn zu tragen. Wir lesen zwar nicht, daß Jesus unter der Last des Kreuzes zusammengebrochen ist; es ist dies aber anzunehmen, da sonst die Nötigung des Simon nicht begründet wäre. Allerdings können wir erzählungstechnisch hier einen Hinweis auf das Wort Jesu »und wer nicht sein Kreuz auf sich nimmt und mir nachfolgt, ist meiner nicht wert« (Matth. 10, 38) sehen. Dabei sind Ursache und Wirkung nicht ganz klar: Entstand das Wort von der Nachfolge im Zeichen des Kreuzes aus der Episode des Simon von Kyrene, oder wird diese Episode eingeführt, um ein Wort Jesu sinnfällig zu illustrieren? Ich neige zu letzterer Auffassung, da die Simon-Episode schwach bezeugt und nicht ausdrücklich begründet ist. Es entspricht ganz dem Stil der Passionsgeschichte, daß für alle späteren Theologumena bestimmte Paradigmen gegeben werden: Pilatus und Herodes als die ersten in Christus Versöhnten; Barabbas als der erste durch Christi stellvertretendes Leiden Erkaufte und Simon von Kyrene als der erste in der Imitatio Christi ihm Nachfolgende.

Jedenfalls enthält die Notiz über Simon von Kyrene aber auch einen sachlichen Hinweis darauf, daß der Gang zur Richtstätte noch am vollen Werktag erfolgte. Simon kehrt freilich schon in den Morgenstunden vom Felde zurück, denn nun ist »Erev-Pessach«, der Rüsttag zum Passah-Feste, dessen erster Tag auf einen Sabbath fiel, so daß doppelte Weihe über dem mit dem Abend beginnenden Tag lag.

Die Evangelien-Texte betonen nun, daß die Exekution in großer Eile vor sich ging, da es der Rüsttag zum Sabbath war, und lassen in diesem Zusammenhange die Erwähnung des Passah-Festes in den Hintergrund treten. Das hat nicht zuletzt halachische Gründe, da die religionsgesetzlichen Vorschriften für den Sabbath noch strenger sind als die für den Feiertag.

Die Hinrichtungsstätte wird Golgatha genannt, was vom hebräischen »Gulgoleth«, Schädel, herkommt. Daher der Name: Schädelstätte: »Kraniou topos«. Die Ableitung aber von dort etwa herumliegenden Totenschädeln ist ganz abwegig, da dies den kultischen Reinheitsvorschriften des jüdischen Gesetzes ins Gesicht geschlagen hätte. Vielmehr müssen wir hier an einen erhöhten Felsenort denken, der die Form eines Schädels aufweist. Wenn die Archäologen auch manche Bedenken gegen das sogenannte Gordon-Gartengrab auf dem Golgatha-Felsen gegenüber dem Damaskustor in der Altstadt von Jerusalem angemeldet haben, so scheint mir doch zumindest vieles dafür zu sprechen, daß wir uns Golgatha in dieser Art vorzustellen haben. Oft weilte ich im Schatten des Damaskustores und blickte in der untergehenden Sonne auf diesen Felsen, der Golgatha sein könnte und tatsächlich wie ein kahler Schädel mit Augenhöhlen wirkt. – Noch weniger wahrscheinlich ist die Lokalisierung Golgathas in der heutigen Grabeskirche in der Jerusalemer Altstadt. Aber über diese vielumstrittene Frage, ob dieser Platz innerhalb oder außerhalb der Stadtmauern zur Zeit Jesu lag, kann hier nicht gesprochen werden. Diese Frage muß den Archäologen überlassen bleiben, während sich unser Blick auf den leidenden Mann richtet, der der Erfüllung seines furchtbaren Schicksals entgegenwankt.

Der Lukas-Text, der die Rolle der Frauen immer unterstreicht, berichtet von der Klage der Töchter Jerusalems über den zur Richtstätte Geführten. Es handelt sich dabei nicht um einen individuellen Vorgang, sondern um einen Brauch, der in einer Baraita berichtet wird: »Wer abgeführt wird, um hingerichtet zu werden, dem reicht man einen Becher Weins mit Weihrauch, um seine Sinne zu benebeln. Die ehrbaren Frauen Jerusalems pflegten diese freigebig zu spenden und darzubringen« (b. Sanhedrin 43 a). Dieser Brauch wird auch bei Mark. 15, 23 erwähnt, mit dem Vermerk, daß Jesus dieses Narkotikum zurückgewiesen hat, ebenso wie er nach Lukas die Klageweiber abweist.

Die Kreuzigung geht nun in der üblichen Weise vor sich, wobei die Vorstellung des Annagelns nicht unbedingt festgehalten werden muß. Es spricht vieles dafür, daß die Verurteilten mit Stricken ans Kreuz gebunden wurden, aber auch diese Form ist noch grausam genug.

Jesus wird zwischen zwei Mitverurteilten gekreuzigt, die als Räuber oder Mörder bezeichnet werden, offenbar bewaffnete Räuber, denn nur auf bewaffneten Raub stand die Todesstrafe.

Vermutlich handelt es sich hier aber um Aufständische in der Art des Barabbas. Es ist nicht angegeben, daß an den Kreuzen dieser sogenannten Schächer eine Aufschrift mit der Begründung ihrer Bestrafung angebracht worden sei, wohl aber wird das ausdrücklich vom Kreuze Jesu berichtet. Die deutlichste Version bietet hier Johannes 19, 19: »Pilatus aber schrieb einen Titulus und setzte ihn auf das Kreuz und war geschrieben: Jesus von Nazareth, König der Juden.« Das ist das berühmte I.N.R.I., Jesus Nazarenus Rex Judaeorum. Diese Aufschrift wurde in den drei Landessprachen Hebräisch, Griechisch und Lateinisch angebracht. Die lateinische Abkürzung ist in der I.N.R.I.-Formel geläufig, aber wenn wir hier die hebräische Aufschrift rekonstruieren, könnte sich daraus eine bewußte Anspielung auf das Tetragramm, den vierbuchstabigen Gottesnamen JHWH, ergeben: Jeschu Hanozri W(u)melech Hajehudim. Wieder verbirgt sich unter einer fremdsprachigen Form die hebräische Absicht; hier bestimmt nicht des Pilatus, sondern des Erzählers bzw. der ebionitisch-judenchristlichen Urtradition.

Die Clique protestiert gegen diesen Titulus, vielleicht nicht nur, weil hier die Königswürde Jesu – wenn auch ironisch – proklamiert ist, sondern weil auch die Entweihung des Tetragramms damit verbunden ist. Pilatus aber weist sie mit den Worten ab: »Was ich geschrieben habe, habe ich geschrieben« (Joh. 19, 22). Der Vorgang erinnert an das Buch Esther 8, 8: »Denn die Schriften, die in des Königs Namen geschrieben und mit des Königs Namen versiegelt wurden, durfte niemand widerrufen.« An dieser Stelle im Esther-Buche handelt es sich um ein Rettungs-Dekret für die Juden, und so wurde von der Urgemeinde der Titulus verstanden.

Zwischen Jesus und seinen Mitgekreuzigten kommt es zu einem kurzen Dialog. Nach einer Version verspotten sie ihn beide, was psychologisch nur allzu verständlich wäre. Die Berichte politischer Gefangener aus Konzentrationslagern haben immer wieder gezeigt, daß der Intellektuelle dem besonderen Spott und Haß seiner primitiven Mitgefangenen und Leidensgefährten ausgesetzt ist, die als letzten Triumph in der namenlosen Erniedrigung die Gleichstellung des Höheren mit sich selbst empfinden. Nach Lukas 23, 39–43 allerdings erkennt der eine Schächer die Würde seines Leidensgefährten Jesus von Nazareth. Offenbar ist es Jesu Gebet: »Mein Vater, vergib ihnen, denn sie wissen nicht, was sie tun«, dieser Ausdruck vergebender

Liebe im Augenblick furchtbarster Qual, der seinen Eindruck auf den anderen Mann am Kreuze nicht verfehlt. Er bittet Jesus: »Gedenke mein, wenn du in dein Reich kommst«, worauf Jesus die berühmte Antwort gibt: »Wahrlich, ich sage dir: Heute wirst du mit mir im Paradiese sein.«

Trotz der Einwendungen, die z.B. Fritz Rienecker in seinem Kommentar ›Das Evangelium des Lukas‹, 1959, Wuppertaler Studienbibel, S. 530, macht, neige ich doch dazu, hier zu lesen: »Amen, ich sage dir heute, du wirst mit mir im Paradiese sein.« Das würde bedeuten, daß hier eine Verheißung auf längere Sicht im Sinne eines Lebens nach der Auferstehung gemacht ist. Die Vorstellung, daß Jesus noch am selben Tage im Paradiese weilt, während er doch nach dem Glauben der Gemeinde erst am dritten Tage auferstanden und noch später gen Himmel gefahren sein soll, ist in sich kaum haltbar. Allerdings bietet unsere Lesart philologische Schwierigkeiten, die aber vielleicht auf spätere Überarbeitungen zurückzuführen sind.

Wir haben im ersten Teil der Passionsgeschichte wiederholt darauf hingewiesen, daß es sich hier um einen Midrasch zum Buch Sacharja handelt. Nun, im zweiten und letzten Teil der Tragödie, haben wir es offenbar mit einem weiteren Midrasch zum 22. Psalm zu tun, der mit dem furchtbarsten aller Klagerufe anhebt: »Mein Gott, mein Gott, warum hast du mich verlassen?« Dieses Wort wird uns als das letzte des Verzweifelten am Kreuze von Matthäus und Markus überliefert.

Im Sinne dieses Midrasch zum 22. Psalm ist auch die Kleiderverteilung Jesu unter dem Kreuz (Ps. 22, 19): »Sie teilen meine Kleider unter sich, und über meine Gewänder werden sie das Los werfen« zu verstehen. Es war tatsächlich das Recht des Exekutionskommandos, die Kleider des Verurteilten als Beute zu behalten. Der ungenähte Leibrock Jesu (Joh. 19, 23) ist unschwer als ein Tallith, ein Gebetsmantel, zu identifizieren. Nach der halachischen Vorschrift muß ein derartiger Mantel, wie er noch heute in der Synagoge getragen wird, viereckig und aus EINEM Stück und mit den Schaufäden (Num. 15, 37–41 und Deut. 22, 12) versehen sein.

Schließen sich die Vorgänge hier an Ps. 22, 2; 9 (?) und 19 deutlich an, so kehrt die Erzählung wieder zum Sacharja-Midrasch (Sach. 12, 10) zurück, zu der Stelle, auf die Johannes 19, 37 expressis verbis anspielt: »Sie werden den sehen, in welchen sie gestochen haben.« Dies wird hier auf den Lanzenstich in die Seite Jesu bezogen, durch den der Tod festgestellt werden sollte, aber diese Stelle hat auch zu der Sacharja-Tradition entscheidend beigetragen.

Unter dem Kreuze stehen Gaffer aller Art, wie das bei öffentlichen Hinrichtungen nicht anders zu erwarten war. In diese anonyme Masse haben sich auch Anhänger Jesu gemischt. Lukas erwähnt wiederum die Frauen, die unter dem Kreuze standen. Von den elf verbliebenen Jüngern des engeren Kreises ist nicht die Rede; nach der Darstellung des Johannes war der Jünger, den Jesus liebhatte, vermutlich Johannes, unter dem Kreuze zu sehen (Joh. 19, 26). Außerdem werden hier die Mutter Jesu, eine Tante und Maria Magdalena erwähnt, und es kommt zu der merkwürdigen Anrede Jesu an seine Mutter: »Weib, siehe, das ist dein Sohn« und an den Jünger: »Siehe, das ist deine Mutter.«

Die distanzierte Anrede an die Mutter noch in der letzten schmerzensvollsten Stunde des Martyriums schließt sich an die Anrede auf der Hochzeit zu Kana zu Beginn der öffentlichen Wirksamkeit Jesu an und zeigt noch einmal das problematische Verhältnis Jesu zu seiner Mutter realistisch auf. Daß er dennoch für die Zurückbleibende sorgt, indem er sie der Obhut des einzigen verbliebenen Jüngers empfiehlt, spricht nicht dagegen.

Der am Kreuze Verschmachtende begehrt noch einmal zu trinken, und nun wird ihm ein Schwamm mit Essig auf einer Ysopstaude gereicht, worin wir bereits eine Anspielung auf den letzten, den fünften Becher, den Becher der Qual, gesehen haben. Auch auf den Zusammenhang dieses Vorganges mit dem Ysop der ersten Passah-Nacht in Ägypten haben wir verwiesen, was insofern im Sinne des Johannes-Evangeliums ist, als nun hier ausdrücklich Jesus als Passah-Lamm gesehen wird, »dem die Beine nicht gebrochen werden durften« (Joh. 19, 36 bezugnehmend auf Ex. 12, 46).

Es sind uns DREI LETZTE WORTE JESU AM KREUZE überliefert: Nach Matth. 27, 46 und Mark. 15, 34 stirbt er unter dem Ruf: »Eli, Eli, lama asabthani?« (Mein Gott, mein Gott, warum hast du mich verlassen?), also mit den Eingangsworten des 22. Psalms, die hier Ausdruck des grauenhaften Schweigens aller Glaubenshoffnung sind. An der Echtheit dieser Worte ist nicht zu zweifeln, denn sie fügen sich in keine christliche Dogmatik wirklich ein. Hier gellt der Aufschrei eines Menschen, dessen Glaube furchtbar zusammenbricht. Markus erwähnt ausdrücklich (15, 37), daß Jesus mit FURCHTBAREM GESCHREI verschied. Es müssen gellende Schreie gewesen sein, in denen nicht nur der physische Schmerz von unausdenkbarer Schärfe zum Ausdruck kam, sondern zugleich die tiefste Hoffnungslosigkeit der Gottverlassenheit. Vielleicht haben die Umstehenden, die spöttelnd meinten, er rufe den Elia (das Wortspiel ist hebräisch allerdings kaum möglich, denn »Eli, Eli« und »Elija« oder »Elijahu«, wie es meistens heißt, bilden keinen rechten Gleichklang), nicht so unrecht. Der Mann, der noch vor dem Synhedrion von der Erhöhung des Menschensohnes sprach, hat wohl wirklich bis zuletzt auf das Wunder gewartet, das nicht eintrat. Mußte er nicht an Daniel in der Löwengrube, an die drei Männer im Feuerofen, vor allem aber an den Engel denken, der Isaak auf Moria in der Stunde des Opfers bewahrt hat? Aber kein Engel gebietet dem Ablauf der Tragödie mehr Einhalt. Der Vergehende am Kreuze muß sich von Gott verlassen vorkommen, nachdem ihn die Menschen längst verlassen haben. Ob es wirklich das Psalmwort in seiner Urform oder in einer aramäischen Abwandlung war, ist unwichtig. Naheliegend ist, daß der Schmerzensruf der Verzweiflung in der Muttersprache, aramäisch, ausgestoßen wurde. Im Gegensatz zu Harris Birkenfeld, ›The Language of Jesus‹, Oslo 1954, scheint es mir fraglos, daß Jesus nur aramäisch gesprochen hat, und noch sein letzter Schrei gellte wohl in dieser Volkssprache: »Elohi, Elohi, lama sabachthani?«

Es ist auffällig, daß bei den Worten am Kreuze nicht das Glaubensbekenntnis: »Höre, Israel, der Herr unser Gott, der Herr ist Einer« (Deut. 6, 4) überliefert wird, das jeder Jude in der Sterbestunde spricht und das Jesus selbst zu den höchsten aller Gebote zählte. Mir scheint, daß dieses Nicht-Erwähnen des »Schma Jisrael« ein Ausdruck seiner absoluten Gottverlassenheit in dieser Stunde sein könnte.

Während Matthäus und Markus mit dem Aufschrei: »Mein Gott, mein Gott, warum hast du mich verlassen?« diesem Gefühl der furchtbaren Gottverlassenheit Ausdruck geben (wobei freilich nicht die Existenz Gottes in Frage gestellt ist: Der antike Jude stellt in der Stunde der Not die Frage an Gott; der moderne Mensch stellt Gott in Frage), überliefert uns Lukas (23, 46) das ergebenere Wort: »Vater, in deine Hände befehle ich meinen Geist« (Ps. 31, 6).

Lukas schreibt wohl aus noch größerem zeitlichen Abstand als Markus, der Matthäus zur Quelle gedient hat. Mit wachsendem Abstand werden die Worte Jesu am Kreuze mehr und mehr der Christologie angepaßt. Das späteste Evangelium, Johannes, überliefert uns daher: »Es ist vollbracht« (Joh. 19, 30). Besser ist wohl die Lesart, die Franz Sigge bringt: »Es ist erfüllt«, denn um

Erfüllung alttestamentlicher Verheißung geht es nun. Die Tragödie wird so exegetisch entschärft.

Es ist natürlich durchaus möglich, daß Jesus alle diese Worte am Kreuze gesprochen hat und vielleicht noch weit mehr. Die Unglücklichen hingen ja oft nicht nur wie Jesus stundenlang, sondern tagelang am Marterpfahl, und es sind uns Fälle bekannt, in denen ganze Reden vom Kreuze überliefert wurden.

Die Evangelisten hielten aber nur jeweils fest, was ihnen besonders buchenswert erschien, da sich die Berichte der neutestamentlichen Autoren ganz allgemein äußerster Konzentration befleißigen, von der mancher moderne Autor lernen könnte. Ohne zu harmonisieren, darf man wohl die drei letzten Worte Jesu am Kreuze zusammenfassen: erst das wilde Sich-Aufbäumen im Augenblicke der Gottverlassenheit; hier ist Jesus der neue Hiob. Dann aber das Sich-Ergeben in den Willen Gottes, nun ganz im »Schatten des Knechtes Gottes« des Deuterojesaja. Und schließlich: »Es ist erfüllt«; das ist das Wort des leidenden MESSIAS, der nicht identisch mit dem Knecht Gottes sein muß. (Traktat Sukka 52 a und b; jene Stellen, auf die wir bereits hingewiesen haben.)

Nachdem Jesus in relativ kurzer Zeit am Kreuze ausgelitten hatte, vermerkt der Schreiber eine Finsternis (Matth. 27, 45) und ein Erdbeben (Matth. 27, 51–54; Luk. 23, 45), denn das Evangelium kann sich kaum vorstellen, daß die Natur, die Schöpfung Gottes, zum Tode des Gottessohnes hätte schweigen sollen. Hier gehen die Berichte ins Sagenhafte und Legendäre über, und es ist schwer, noch einen historischen Kern zu eruieren.

Erich Zehren hat sich in seinem Buche ›Der gehenkte Gott‹, 1959, ausführlich mit der Frage der Finsternis nach der Kreuzigung beschäftigt: »Es gibt eine ganze Reihe von Nachrichten, die auf jene große Sonnenfinsternis des Jahres 29 n. Chr. hinweisen, die beim Tode Jesu sichtbar wurde. Auch stimmt sie mit der in den ersten drei Evangelien angegebenen Tageszeit – etwa von der sechsten bis zur neunten Stunde, nach heutiger Uhrzeit etwa von 12 bis 15 Uhr mittags – überein. Geht man also von dieser großen Sonnenfinsternis des Jahres 29 n. Chr. aus, so bestätigt sich auch noch ein weiteres: Im Lukas-Evangelium wird das fünfzehnte Jahr des römischen Kaisers Tiberius erwähnt, in dem der Täufer Johannes auftrat. Dieses fünfzehnte Jahr des Tiberius entspricht nach der heutigen Zeitrechnung dem Jahr 28/29 n. Chr. Die Zeit des öffentlichen Wirkens Jesu wird von den ersten drei Evangelien mit etwa einem Jahre nach der Taufe Jesu durch

Johannes angegeben, von einem Frühling bis zum nächsten. Demnach könnte Jesus noch im Jahre 29 n. Chr. – im Jahre der großen Sonnenfinsternis – gestorben sein. Damit stimmt auch die Nachricht des Kirchenvaters Irenaeus überein, der im zweiten Jahrhundert n. Chr. schrieb, Jesus habe nur ein Jahr lang gepredigt und sei im zwölften Monat (seiner Wirksamkeit; S. B. C.) gekreuzigt worden.

Nur eines stimmt bei allen diesen Angaben nicht: Die totale Sonnenfinsternis des Jahres 29 n. Chr. ereignete sich nicht an einem Rüsttag vor dem Passah-Fest ... sondern am 24. November des Jahres 29 n. Chr.« (S. 69/70)

Bedenkt man aber, daß Matthäus etwa um das Jahr 90 n. Chr. und Lukas etwa fünf Jahre früher geschrieben hat, also in einem Abstand von mehr als fünfzig Jahren vom Ereignis und in offenbar missionarischer Absicht, so liegt die Vermutung nahe, daß eine Sonnenfinsternis im Umkreise des Sterbedatums Jesu mit in den Bericht von seinem Tode einbezogen wurde. Das gilt auch für den Vermerk über das Erdbeben, in dessen Zusammenhang auch Gräber sich öffnen, Auferstehungen stattfinden (auf die aber sonst die Evangelien-Berichte nicht weiter eingehen) und der Vorhang im Allerheiligsten des Tempels zerrissen sein soll. Der Symbolgehalt dieser Angaben ist offenbar. Ein Stück Eschatologie soll hier vorausgenommen werden.

Der schlichte geschichtliche Bericht fährt hingegen damit fort, daß er das Begräbnis Jesu darstellt. Es sind zwei angesehene Bürger Jerusalems und Mitglieder des Synhedrions, die sich um die Bestattung Jesu verdient machten. Joseph von Arimathia, hebräisch wohl Joseph Haramathi, und (nach Johannes) Nikodemus, hebräisch Nakdimon, der in nächtlicher Heimlichkeit Jesus schon einmal aufgesucht hatte.

Mit besonderer Ausführlichkeit wird nun beschrieben, wie an dem Hingerichteten das Bestattungsritual vollzogen wurde: die Einhüllung der Leiche in Binden und Tücher unter Beigabe von balsamierenden Gewürzen. Diese Angaben sind um so beachtenswerter, da sie von der Erfüllungstendenz abweichen, die hier NICHT mehr das Bild des Knechtes Gottes festhält, von dem es heißt, daß er unter Verbrechern sein Grab gefunden habe (Jes. 53, 9). Ganz im Gegenteil zeigt sich hier, was auch bei Josephus überliefert ist (›De Bello Judaico‹ 4, 5, 2), daß politische Verbrecher, die von den Römern hingerichtet wurden, ein ehrenvolles Begräbnis erhalten konnten, das einem gewöhnlichen Verbrecher nicht zukam.

Der Text betont, daß das Grab im Erbbegräbnis des Joseph von Arimathia ein frisches Felsengrab war, in dem noch niemand vorher bestattet wurde. Schiebegräber dieser Art sind bis heute in Israel zahlreich erhalten und werden »Kuchim« genannt. In eine solche ausgehauene Felsennische wurde die Leiche gelegt. Nach einigen Jahren nahm man die Gebeine heraus, legte sie in ein Ossuarium, einen relativ kleinen Steinsarkophag, so daß ein und dasselbe Grab mehrfach benutzt werden konnte. (Dieser Brauch ist heute bei den Juden ganz in Vergessenheit geraten.) Man darf sich also das Grab Jesu nicht im Sinne eines aus der Erde ausgeschaufelten Grabes vorstellen, sondern als eine Nische in einer Felsengruft. In großer Eile wurde die Beisetzung vollzogen, damit sie noch vor Beginn des Sabbath und des gleichzeitigen Passah-Festes abgeschlossen war. DESHALB gingen die Frauen, die Jesus nahegestanden hatten, am Sonntag, dem ersten Zwischenfeiertag des Passah-Festes, wieder zum Begräbnisplatz, um noch einmal mit Hand anzulegen an der würdigen Bestattung ihres Meisters; aber sie fanden das Grab leer ...

Hier endet die Geschichte Jesu. Hier beginnt die Geschichte Christi. Die Jünger-Gemeinde deutete das Verschwinden des Leichnams Jesu im Sinne der Auferstehung. Die Auferstehung aber entzieht sich unserem Blick. So schreibt Günther Bornkamm: »Das Ereignis der Auferstehung Jesu Christi von den Toten, sein Leben und seine ewige Herrschaft sind der Geschichtswissenschaft entzogen. Sie kann sie nicht wie andere Geschehnisse der Vergangenheit ermitteln und ›dingfest‹ machen. Das letzte ihr erreichbare Datum der Geschichte ist der Osterglaube der ersten Jünger« (Günther Bornkamm, ›Jesus von Nazareth‹, 7. Aufl. 1965, S. 165). An die Tradition von der Auferstehung Jesu schlossen sich negative und rationalistische Deutungen aller Art. Die sogenannten »Toledoth Jeschu«, jene trübe Quelle, auf die wir schon hingewiesen haben, phantasiert davon, daß die Jünger den Leichnam Jesu gestohlen haben. Diese Ansicht vertrat auch H. S. Reimarus (1694–1768) in seinen ›Wolfenbütteler Fragmenten‹, die Lessing herausgegeben hat: ›Von dem Zwecke Jesu und seiner Jünger.‹ Die Fragmente über die Auferstehungsgeschichte wurden erstmals 1777 veröffentlicht und lösten einen Sturm der Entrüstung aus.

Immer und immer wieder tauchte andererseits die Vermutung vom geretteten Christus auf, der scheintot vom Kreuze genommen wurde und bald nach seiner Grablegung wieder erwachte. In jüngster Vergangenheit hat ein Buch von Hugh Schonfield, ›The

Passover Plot‹, 1965, gewisse Sensation gemacht. Im Jahre 1928 erregte Werner Hegemann mit seinem Buch ›Der gerettete Christus‹ Aufsehen. Mir liegt in sechster Auflage eine viel frühere Schrift vor, die dieselbe Tendenz verfolgt: ›Wichtige historische Enthüllungen über die wirkliche Todesart Jesu, nach einem alten, zu Alexandrien gefundenen Manuscripte, von einem Zeitgenossen Jesu aus dem heiligen Orden der Essäer‹, Leipzig 1849.

Es widerstrebt mir, mich mit diesen Theorien auseinanderzusetzen, denn hier steht Spekulation gegen Glaube. Die geschichtlich wirksame Auferstehung Christi hat erst in Damaskus stattgefunden, im Christus-Erlebnis des Paulus, das ganz in der Subjektivität dieser kontrastreichen und kontroversen Persönlichkeit wurzelt. Paulus hat im ersten Korintherbrief, im 15. Kapitel, den Glauben an die Auferstehung zum Schibboleth gemacht: »Ist aber Christus nicht auferweckt worden, so ist unsere Predigt leer, leer auch unser Glaube« (1. Kor. 15, 14). Die Auferstehung Jesu kann geschichtlich nicht erfaßt werden. Sie ist in den Evangelien selbst so unzulänglich bezeugt, daß von einem historischen Faktum nicht die Rede sein kann. Wir wissen also nichts darüber, was damals nach dem Tode Jesu geschehen ist; aber wir wissen, daß er immer wieder und wieder in der Seele von Menschen auferstanden ist, die ihm begegnet sind. Hier rühren wir an das Geheimnis der christlichen Seele, an dem niemand teilhat, der außerhalb dieses Mysteriums steht.

Nach Matth. 28, 19 und Mark. 16, 15 und 16 erteilt der Auferstandene seinen Jüngern den Befehl: »Darum gehet hin und lehret alle Völker und taufet sie im Namen des Vaters, des Sohnes und des Heiligen Geistes.«

Diese Stelle fehlt aber in ältesten Handschriften vor dem Konzil von Nicäa (325 n. Chr.), was nunmehr durch die Entdeckung von Professor Pines*, der 1966 in Istanbul ein judenchristliches Manuskript aus frühchristlicher Ära auffand, bestätigt wurde.**

Die Worte des Auferstandenen können nicht zu einer historischen Logiensammlung gerechnet werden, aber das heißt nicht,

* S. Pines, The Jewish Christians of the Early Centuries of Christianity According to a New Source, The Israel Academy of Sciences and Humanities Proceedings, Vol. II, No. 13, Jerus. 1966.

** Hans Kosmala hat in seiner Untersuchung ›The Conclusion of Matthew‹ in ›Annual of the Swedish Theological Institute‹ IV, 1965 S. 132ff. darauf hingewiesen, daß die hier erwähnte Stelle in ältesten Versionen keinen Taufbefehl enthält, sondern von der Gewinnung von Jüngern im Namen Jesu unter allen Völkern spricht, wobei die trinitarische Formel fortfällt. Diese Urversion wird von Eusebius zitiert.

daß sie für die Gemeinde daher weniger bedeutungsvoll wären. Sie bezeugen, wie Bultmann erkannt hat, nicht Jesus von Nazareth, sondern den erhöhten Kyrios, den Herrn, ja den Christos Pantokrator, den Weltherrscher.

Mit ihm haben wir nichts mehr zu tun. Er entzieht sich unserer Sicht. Noch einmal blicken wir auf den Juden Jeschua Ben-Joseph aus Nazareth, der verhöhnt und verlassen am Kreuze hängt. Das schmerzverzerrte Antlitz wird von einem Diadem aus Dornen gekrönt. Der gemarterte Leib blutet aus zahllosen Wunden. So sehen wir ihn noch einmal, den Juden am Kreuze. Seine Stimme dringt durch die Jahrhunderte: »Was ihr einem der Geringsten meiner Brüder getan, das habt ihr mir getan.«

Nachbemerkung

Das hier vorliegende Buch ist keine fachwissenschaftliche Arbeit. Es wendet sich aber gleichermaßen an den Theologen und an den Laien und will eine jüdische Sicht auf die Gestalt Jesu vermitteln. Hierbei sind natürlich die Ergebnisse der Leben-Jesu-Forschung verwendet, aber vor allem wurden auch neue Wege zu einer Deutung der Gestalt und Lehre Jesu eingeschlagen. Die Grundthese ist dabei, daß sozusagen unter der griechischen Decke der Evangelien sich eine hebräische Ur-Überlieferung aufzeigen läßt, denn Jesus und seine Jünger waren Juden, Ur- und Nur-Juden. Erst mit Paulus trat das hellenistische Diaspora-Judentum entscheidend in die Bildung des Kerygmas, des christlichen Überlieferungsgutes, ein.

Da es nicht meine Absicht war, eine fachwissenschaftliche Arbeit vorzulegen, habe ich bewußt auf einen großen wissenschaftlichen Apparat verzichtet. Deshalb bietet der Text kaum Fußnoten, was seine Lesbarkeit erleichtert. Die herangezogene Literatur ist daher im Text selbst vermerkt, jeweils nur mit dem Erscheinungsjahr, da dieses für die geistesgeschichtliche Situation etwas aussagt. Die wichtigsten Werke, aus denen ich geschöpft habe oder mit denen ich mich auseinandersetzen mußte, sind in einer knappgehaltenen Bibliographie aufgeführt. Natürlich wurde weit mehr Literatur zu Rate gezogen, aber dem Leser soll nicht eine verwirrende Fülle von Titeln geboten werden, sondern nur ein Hinweis auf grundlegende Veröffentlichungen verschiedener Richtung.

Die Hauptquelle für jede Darstellung Jesu bleibt das Neue Testament. In dem vorliegenden Buche wird das Neue Testament vorwiegend nach dem im Jahre 1956 vom Rat der Evangelischen Kirche in Deutschland revidierten Luther-Text zitiert. Manchmal wird auch auf die ältere Fassung zurückgegriffen. Daneben wurden zahlreiche neuere Übersetzungen benutzt, darunter die Zürcher Bibel (Fassung von 1931) sowie die Übersetzungen von Hans Bruns (1961), Franz Sigge (1958) und die Übersetzungen in Kommentaren zum Neuen Testament. Immer wieder wurde auch auf die hebräischen Übersetzungen des Neuen Testamentes von Franz Delitzsch und J. Salkinson Bezug genommen.

Für das Alte Testament wurde der vom Rat der Evangelischen

Kirche in Deutschland revidierte Luthertext von 1964 zugrunde gelegt. Daneben wurden aber auch jüdische Übersetzungen, vor allem die von Martin Buber und Franz Rosenzweig und die von H. Torczyner (Tur-Sinai), herangezogen. In manchen Fällen gab ich meine eigene Übersetzung.

Das Alte Testament wird in der üblichen Weise mit den geläufigen Abkürzungen zitiert, die fünf Bücher Mose nach ihren lateinischen Titeln: Genesis (Gen.), Exodus (Ex.), Leviticus (Lev.), Numeri (Num.) und Deuteronomium (Deut.). Das Neue Testament wird gemäß der in der Luther-Bibel üblichen Weise mit den gebräuchlichen Abkürzungen der Titel der einzelnen Bücher zitiert.

Belegstellen aus dem Talmud sind nach Lazarus Goldschmidt, ›Der babylonische Talmud‹, Berlin 1930ff., zitiert. Das bezieht sich nur auf den babylonischen Talmud; der jerusalemische Talmud liegt nicht in deutscher Übersetzung vor. Der Buchstabe »b« vor einem Talmud-Zitat bedeutet: babylonischer Talmud; der Buchstabe »j« bedeutet: jerusalemischer Talmud. Die Benennung und Abkürzung der Talmud-Traktate ist wohl nur dem Fachmann voll verständlich, jedoch kann sich jedermann über Wesen und Aufbau des Talmud, die Benennung und Anordnung seiner Traktate aus dem Buche von Reinhold Mayer: ›Der babylonische Talmud‹, München 1963 (Goldmanns Gelbe Taschenbücher 1330/31/32) orientieren. Wo andere rabbinische Literatur angeführt wird, ist sie im Texte erklärt.

Ich bin mir bewußt, daß dieses Buch Stückwerk geblieben ist. Eine vollständige Darstellung der Gestalt Jesu ist aber gar nicht möglich, da die Quellen hierzu nicht ausreichen. Das ist einer der wenigen Punkte, über die sich alle einig sind, die sich mit dem Problem der Darstellung Jesu befaßt haben.

In dem vorliegenden Buche sollte aber kein LEBEN Jesu gegeben werden, sondern nur ein BILD Jesu – in jüdischer Sicht. Ich habe nur so viel zur Darstellung gebracht, wie mir in jahrzehntelanger Beschäftigung mit diesem unerschöpflichen Thema sichtbar geworden ist. Vieles blieb dabei im Dunkel. Ich wollte aber nicht mehr geben, als ich empfangen habe.

Es scheint mir noch nötig, zu betonen, daß es sich hier um EINE jüdische Sicht der Gestalt Jesu handelt: um EINE, nicht um DIE jüdische Sicht Jesu. Der Jude steht immer in Gefahr, kollektivistisch mißverstanden zu werden. Die Äußerung eines Juden wird nur allzu häufig als Äußerung des Judentums aufgefaßt. Davon kann hier nicht die Rede sein. Ich spreche aus keiner anderen

Vollmacht als der der eigenen subjektiven Erkenntnis und des eigenen Gewissens. Keine Gruppe oder Institution im Judentum kann für meine Darstellung verantwortlich gemacht werden. Hier wird nur ein Zeugnis abgelegt von einer innerjüdischen Begegnung mit Jesus von Nazareth.

Ich weiß wohl, daß ich durch das Zeugnis von dieser Begegnung an viele christliche und jüdische Tabus gerührt habe; aber in dem Bestreben, die Gestalt des jüdischen Bruders Jesus von Nazareth, wie sie mir sichtbar geworden ist, darzustellen, mußte ich dieses Risiko auf mich nehmen. Möchte von diesem Buche gelten, was im Epilog zum Johannes-Evangelium vermerkt ist: »Wir wissen, daß sein Zeugnis wahrhaftig ist« (Joh. 21, 24), wahrhaftig in einem existentiellen Sinne – einer Begegnung.

Eine historisch einwandfreie Rekonstruktion von Fakten ist im Umkreise des Lebens Jesu nicht möglich, aber ein Zeugnis von dem, was uns darin heute jeweils aus der Perspektive der eigenen Existenz, hier einer jüdischen, sichtbar wird, ist möglich. Diese Möglichkeit, aber auch nicht mehr, wurde hier wahrgenommen.

Seit über zweieinhalb Jahrzehnten stehe ich aktiv im christlich-jüdischen Gespräch. Eine Reihe meiner Publikationen, darunter einige Bücher, dienen diesem Dialog. Die Mitte dieses Gespräches bildet, immer und immer wieder, die Gestalt Jesu. Immer und immer wieder wurde ich auf meine Sicht Jesu und meine Haltung gegenüber der Erscheinung Jesu hin gefragt. In dem vorliegenden Buche versuche ich darauf eine klare Antwort zu geben. Es ist meine Hoffnung, daß diese Antwort einen weiteren Beitrag zum Gelingen des christlich-jüdischen Gespräches bildet. Dieses Gespräch hat die Aufgabe, Fremdheit, Mißtrauen und Haß zwischen Juden und Christen abzubauen. Das kann nicht geschehen durch illusionäre Vorstellungen, die man sich von einander macht. Das kann nur geschehen durch klare Erkenntnis der beiden Positionen – in ihren unendlichen Variationen. Dazu ist es nötig, daß man den Wurzelgrund des anderen kennt. Hier hat sich ein Jude bemüht, den Wurzelgrund des Christentums, das Evangelium, kennenzulernen, und ist dabei auf ein kostbares Stück eigenen Ackers gestoßen. Möchte doch der Christ, der hinabsteigt zu den Quellen des Judentums, in ihnen die lebendigen Wasser erkennen, aus denen Jesus von Nazareth geschöpft hat.

Jerusalem, im Januar 1967 — Schalom Ben-Chorin

Nachwort zur fünften Auflage der Taschenbuchausgabe

Schon nach relativ kurzer Zeit wurde eine fünfte Auflage der dtv-Ausgabe dieses Buches nötig, was ein verheißungsvolles Zeichen für mich darstellt. Diese fünfte Auflage ist eigentlich eine neunte Auflage, denn das Buch ist in seiner ursprünglichen Gestalt in zwei Auflagen im Verlag Paul List, München, erschienen, sodann als List-Taschenbuch, und schließlich als Sonderausgabe der Evangelischen Buchgemeinde Stuttgart. Auch eine holländische Übersetzung fand weite Verbreitung. Eine französische und eine japanische Ausgabe sind in Vorbereitung. Leider hat das Buch den englisch-amerikanischen und den hebräischen Leserkreis noch nicht erreicht.

Als besondere Auszeichnung empfand ich es, daß in der Erklärung der deutschen Bischöfe ›Über das Verhältnis der Kirche zum Judentum‹ vom 28. April 1980 eine Passage aus diesem Buch, die mein brüderliches Verhältnis zur Gestalt Jesu umschreibt, zitiert wurde, als ein Beispiel dafür, daß auch jüdische Autoren heute Jesu »Jude-Sein« entdecken.

Nicht nur evangelische und katholische Theologen haben dieses Buch als Beitrag zum christlich-jüdischen Dialog akzeptiert und in Seminaren verwendet; Auszüge gingen auch in zahlreiche christliche Lehrbücher ein, was ich für besonders bedeutsam halte, denn es ist wichtig, daß bereits dem Schüler diese neue Sicht Jesu vermittelt wird.

Sicher gab es Leser, die sich in ihrem christlichen Glauben durch meine jüdische Darstellung der Gestalt Jesu verunsichert fühlten, aber die überwiegende Mehrheit der mich erreichenden Äußerungen bezeugten das Gegenteil: zahllose Christen versicherten mir mündlich und schriftlich, daß sie durch mein Buch ein tieferes, lebendiges Verhältnis zu Jesus von Nazareth gewannen.

Ganz allgemein gesprochen meine ich, daß der jüdische Beitrag zur Leben-Jesu-Forschung zur Verwirklichung Jesu beiträgt, ihn vor einer zu weit gehenden Spiritualisierung bewahrt und damit die Konturen des historischen Jesus wieder sichtbar macht, die vom christologischen Dogma, von Liturgie und Kunst oft verdunkelt wurden.

Durch die Wiedergewinnung dieser ursprünglichen Konturen kann auch einem Substanzverlust im westlichen Christentum entgegengesteuert werden, so daß der jüdische Beitrag nicht nur den interreligiösen Dialog befruchtet, sondern auch innerchristlich wirken kann.

Seit Erscheinen meines Buches im Jahre 1967 sind natürlich viele neue Arbeiten über Jesus von Nazareth vorgelegt worden, einiges auch von jüdischer Seite. Ich glaube aber nicht, daß sich dadurch das Grundanliegen meines Buches verändert hat.

In der Frage des Todesprozesses Jesu möchte ich auf die Studie von August Strobel ›Die Stunde der Wahrheit‹ (Tübingen 1980) hinweisen, die, soweit ich sehe, zum erstenmal klar herausarbeitet, daß in diesem Prozeß zwei Wahrheitsbegriffe, der des Kaiphas und der Jesu, konfrontiert werden.

Mit dieser Erkenntnis ist der alte Antagonismus von Recht und Unrecht im Prozeß Jesu überwunden. An seine Stelle tritt das Bewußtsein der Tragik der Begegnung des normativen Rechtes und des die Norm brechenden messianischen Sendungsbewußtseins, das, ohne erfüllt zu werden, in die Geschichte durch fast zwei Jahrtausende nachwirkt.

In meiner Darstellung habe ich versucht, beiden Seiten gerecht zu werden, ohne den geschichtlichen und heilsgeschichtlichen Konflikt entschärfen zu wollen.

Lange Zeit blieben mir die sogenannten Deuteworte bei der Einsetzung des Abendmahls unklar; vor allem das Trinken des Blutes ist eine Vorstellung, die in das Judentum Jesu nicht integrierbar scheint, da der Blutgenuß im Judentum streng verpönt ist (Gen. 9, 4; Lev. 3, 17; 17, 10–11; Deut. 12, 16, 23; Apg. 15, 20, 29).

Im Johannesevangelium 6, 60 wird das Ansinnen, Jesu Blut zu trinken als »harte Rede« zurückgewiesen, aber die Deuteworte bleiben beim Abendmahl unwidersprochen.

Ich gebe nun der Vermutung Ausdruck, daß hier durch die griechische Version eine Verfremdung eingetreten ist. Ursprünglich lag den Deuteworten die Formulierung »Bassar wa-Dam« (Fleisch und Blut) vor, die im Hebräischen die Leibhaftigkeit umschreibt, sogar im Gegensatz zur göttlichen Ewigkeit: »Bassar wa-Dam hajom odennu / u-machar ejnennu«.

»Fleisch und Blut noch heute / und morgen nicht mehr«, heißt es im Jerusalemischen Talmud, Traktat Sanhedrin 6 (Ende).

Jesus will in diesem Sinne sagen: Heute bin ich noch in Fleisch und Blut letztmalig unter euch und morgen schon nicht mehr.

Diese hebräische Redewendung und Redeweise wurde im griechischen Text nicht mehr erkannt, was unabsehbare Folgen hatte. Aus dieser Verwörtlichung eines hebräischen Idioms ist die Sakramentslehre entstanden, die dem hebräischen Denken völlig fremd ist.

Einen weiteren Vorschlag zur Ergänzung der Passionsgeschichte möchte ich zur Dornenkrone Jesu machen, für die es, so weit ich sehe, keinerlei historischen Anhalt gibt. Hier scheint mir der Anklang an einen Midrasch aus Exodus Rabba 2, 5 vorzuliegen: »Der Heilige, gelobt sei Er, sprach zu Mose: ›Fühlst du denn nicht, daß Ich mich in Schmerzen befinde, genau wie Israel sich in Schmerzen befindet? Merke es an dem Ort, aus dem Ich mit dir rede – aus den Dornen!‹ Wenn man so sagen könnte, teile ich Israels Leid.« (Zitiert nach: Jakob J. Petuchowski: Es lehrten unsere Meister. Freiburg 1979, S. 32.)

Der leidende Gott, wie Petuchowski diesen Midrasch überschreibt, spiegelt sich auch in dem mit Dornen gekrönten Christus.

Zum Aufbau der Evangelien möchte ich nachtragen, daß es mir nicht zufällig erscheint, daß bei den Synoptikern eine einjährige öffentliche Tätigkeit Jesu gegeben ist und im Johannesevangelium eine dreijährige.

Das entspricht den beiden Zyklen der Thora-Lesung. Nach dem Babylonischen Zyklus wird die ganze Thora (Pentateuch) in EINEM Jahr in der sabbathlichen Lesung bewältigt; nach dem älteren israelischen Zyklus in DREI Jahren.

Jesus als das fleischgewordene Wort ist die leibhaftige Thora und daher werden die beiden Zyklen in seiner öffentlichen Wirksamkeit reflektiert.

Wenn das Buch zum besseren Verständnis beider Positionen, der jüdischen und der christlichen, beiträgt, hat es seinen Zweck erfüllt.

Jerusalem, im Frühjahr 1982 — Schalom Ben-Chorin

Nachwort zur zehnten Auflage der Taschenbuchausgabe

Unverändert geht nun in zehnter Auflage mein Buch ›Bruder Jesus‹ in die Welt; inzwischen sind auch französische und italienische Ausgaben erschienen.

Wesentlich scheint mir, daß in letzter Zeit in drei Editionen ein ähnliches Anliegen, wie in meinem Buche, Ausdruck fand.

Ein altes Buch wurde der Vergessenheit entrissen: ›Die Bibel, der Talmud und das Evangelium‹ von Elias Soloweyczyk (Leipzig 1877, in Commission bei F. A. Brockhaus). Das mir vorliegende Titelblatt des alten Werkes trägt den verräterischen Stempel »Reichsinstitut für Geschichte des neuen Deutschlands«, einer Sammelstelle im Dritten Reich für geraubte jüdische Bibliotheken.

Rabbiner Elias Soloweyczyk hat sein Buch ursprünglich hebräisch unter dem Titel ›Kol Koré‹ (Stimme eines Rufers) verfaßt. Es erschien in französischer und deutscher Übersetzung und liegt nun wieder im hebräischen Original, stilistisch leicht überarbeitet, vor (Jerusalem 1985; Jerusalem Center for Biblical Studies and Research, P. O. B. 8017, Jerusalem 91080, Israel). Bei diesem Buch handelt es sich um das Werk eines orthodoxen Rabbiners, der vor rund 150 Jahren, in einer Einleitung, anhand der Dreizehn Glaubensartikel des Maimonides, die grundsätzliche Übereinstimmung des Neuen Testaments mit den Lehren des Judentums nachweisen wollte. Den Hauptteil des Buches bildet eine hebräische Version des Matthäusevangeliums mit einem rabbinischen Kommentar, der Parallelen aus Talmud und Midrasch zum Text des Evangeliums bietet. Der Verfasser war der Ansicht, daß dieser Text ursprünglich hebräisch verfaßt wurde.

Die zweite Neuerscheinung, auf die ich hinweisen möchte, ist die erste hebräische Ausgabe der Peschitta (NT), einer aramäischen Übersetzung, die gegen Ende des 3. Jahrhunderts der kanonische Text der syrischen Kirche wurde. Die Frage ist, ob es sich hier um eine Übersetzung des griechischen Textes des Neuen Testaments handelt, oder um die aramäische Urschrift. Für die letztere Auffassung spricht die Tatsache, daß Jesus und die Apostel aramäisch und nicht griechisch geprochen haben.

Nunmehr ist der aramäische Text ins Hebräische übersetzt worden: ›Peshitta Aramaic Text – With a Hebrew Translation‹

(Jerusalem 1986; Bible Society in Israel, P. O. B. 44, Jerusalem 91000, Israel). Der Redakteur dieser Ausgabe ist derselbe Gelehrte, der auch das Buch von Soloweyczyk bearbeitet hat, hier aber ungenannt blieb, J. Bar-Jeshaja in Ramat-Gan.

Im Sommer 1986 erschien ›Das Evangelium – ein jüdisches Buch?‹ von Alexander Ronai und Hedwig Wahle, eine Einführung in die jüdischen Wurzeln des Neuen Testaments (Herderbücherei 1298, Freiburg i. Br. 1986).

Ronai ist ein jüdischer Gelehrter aus Ungarn, Hedwig Wahle eine Wiener katholische Ordensschwester. In einer Art Dialog stellen sie jeweils die jüdische und die christliche (katholische) Sicht bestimmter Partien des Evangeliums dar. Wenn diese Publikation zuweilen auch unter Vereinfachungen und Ungenauigkeiten leidet, so kommt sie doch jenem Anliegen entgegen, das meinem Buche zugrunde liegt, der Heimholung Jesu in sein jüdisches Volk.

Jerusalem, im Sommer 1987 Schalom Ben-Chorin

Nachwort zur elften Auflage der Taschenbuchausgabe

Die vorweggenommene Parusie

In seinem Brief an die Epheser (2,14) schreibt Paulus: »Denn er ist unser Friede, der aus beiden *eines* hat gemacht und hat abgebrochen den Zaun, der dazwischen war, nämlich die Feindschaft ...«

Der Apostel spricht hier von Jesus von Nazareth, der den Zaun (des Gesetzes), der Juden und Nichtjuden von einander getrennt hat, abgebrochen habe, um so einen neuen Frieden zu stabilieren.

Es hat Jahrhunderte gedauert, bis sich Ansätze einer Erfüllung dieser Sicht ankündigen. Fast durch die ganze Kirchengeschichte hindurch erwies sich die Gestalt Jesu nicht als die des Friedensstifters zwischen Juden und Nichtjuden. Durch Interpretation, Dogmatisierung, Entstellung Jesu wurde sie gerade zum Gegenteil solchen Friedens umfunktioniert.

Erst heute bricht sich langsam bei Juden und Christen die Erkenntnis Bahn, daß der Jude Jesus sein Volk Israel mit seiner Gemeinde aus den Völkern zu versöhnen vermag. Es ist dies eine vorweggenommene Parusie, eine Wiederkunft Jesu, nun in sein Vaterhaus, aus dem ihn die Verfremdung durch Theologie und Kirche vertrieben hatte.

Jüdische Forscher und christliche Theologen versuchen nun gemeinsam, Schicht um Schicht des Palimpsestes abzuheben, um gleichsam die ursprünglichen Schriftzüge einer hebräischen Urschrift unter dem griechischen Text sichtbar zu machen.

Mein Buch ›Bruder Jesus‹ ist ein Beitrag zu einer solchen gemeinsamen Bemühung und will nicht als abschließendes Ergebnis, sondern als fortwirkender Denkanstoß gewertet werden.

Jerusalem, Februar 1988 Schalom Ben-Chorin

Kommentierte Bibliographie

In dieser knappen Übersicht und Auswahl sind nur einige besonders wesentliche Werke erwähnt, die in dem vorliegenden Buche Verwendung gefunden haben. Es wäre ein viel leichteres, »mit spottbilliger Gelehrsamkeit zu prunken« (Werfel) und hier Hunderte von Titeln anzuführen. Dem Theologen würde dadurch nichts Neues geboten, und der Laie würde verwirrt.

Deshalb wird hier nur versucht, das Augenmerk auf Arbeiten zu lenken, die unmittelbar – positiv oder negativ – für die hier gegebene Sicht Jesu entscheidend wurden, wobei eine kurze Charakterisierung dieser Arbeiten die Orientierung erleichtern soll.

Baeck, Leo: *Paulus, die Pharisäer und das Neue Testament.* Frankfurt am Main 1961, Ner-Tamid-Verlag.
Dieser Sammelband enthält die grundlegende Arbeit des liberalen Rabbiners Leo Baeck: ›Das Evangelium als Urkunde der jüdischen Glaubensgeschichte‹, die 1938 als Nr. 87 der Bücherei des Schocken-Verlags, Berlin, erschienen war. Baeck vertritt die These eines hebräischen Ur-Evangeliums, das er selbst rekonstruiert. (Ich folge dieser These nicht, glaube nur an eine ursprüngliche mündliche Überlieferung im Jüngerkreise.) Der Aufsatz ›Die Pharisäer‹, im selben Sammelbande enthalten, wurde erstmalig im Jahresbericht der Hochschule für die Wissenschaft des Judentums in Berlin, dann 1934 in der Schocken-Bücherei publiziert. Er trägt viel zur Korrektur des durch das Neue Testament verzeichneten Pharisäer-Bildes bei und setzt damit die Linie der Rehabilitierung der Pharisäer fort, die u. a. durch den englischen unitarischen Theologen R. Travers Herford in seinem Werke *The Pharisees* 1923 begonnen wurde.

Ben-Chorin, Schalom: *Jüdische Fragen um Jesus.* Enthalten in: Das Judentum im Ringen der Gegenwart. Hamburg 1965, Verlag Herbert Reich.
Ursprünglich als Vortrag im Süddeutschen Rundfunk 1961 gehalten, dann in dem Sammelband ›Juden, Christen, Deutsche‹, herausgegeben von Hans Jürgen Schultz, Stuttgart 1961, Kreuz-Verlag, erschienen. Dieser Versuch bildet die Keimzelle des hier vorliegenden Buches.

Ben-Chorin, Schalom: *Das Jesus-Bild im modernen Judentum.* Enthalten in: Im jüdisch-christlichen Gespräch. Berlin 1962, Käthe Vogt Verlag.
Die Untersuchung erschien ursprünglich in der ›Zeitschrift für Religions- und Geistesgeschichte‹, Verlag E. J. Brill, Leiden 1953, Heft 3, und wurde später erweitert. In dieser Zusammenstellung sind auch jüdische Arbeiten über Jesus zu finden, die in der hier vorliegenden Bibliographie nicht erwähnt werden können, so vor allem belletristische Werke wie die

Jesus-Romane von Schalom Asch, Max Brod, A. A. Kabak u. a. Auch Literatur in hebräischer, jiddischer, englischer, französischer und in anderen Sprachen wird angeführt, auf die in dieser Bibliographie verzichtet ist.

BLINZLER, JOSEF: *Der Prozeß Jesu.* Regensburg 1955, 2. Auflage, Verlag Friedrich Pustet.
Unter den katholischen Arbeiten der letzten Jahrzehnte über den Prozeß Jesu ist das Werk Blinzlers sicher von besonderer Bedeutung, obwohl der jesuitische Autor die Grundpositionen der traditionellen kirchlichen Theologie nicht verläßt. Das Große Synhedrium war nach Blinzler ein offensichtlich böswilliges Gremium, dessen Mitglieder in der entscheidenden Nachtsitzung nicht zum Zwecke der Rechtsfindung zusammentraten, sondern in der festen Absicht, Jesus eines todeswürdigen Verbrechens zu überführen. Das Urmotiv ihres Handelns war der »Unglaube«, der als »Schuld und Sünde« aufgefaßt wird. Für Blinzler bleibt es fraglich, ob man das Verharren im Thora-Glauben bei Menschen, an welche die Christus-Offenbarung unmittelbar ergangen ist, Glaube nennen kann. Es versteht sich von selbst, daß ein jüdischer Autor diese dogmatische Sicht Blinzlers in keiner Weise zu teilen vermag.

BORNKAMM, GÜNTHER: *Jesus von Nazareth.* Stuttgart 1965, 7. Auflage, W. Kohlhammer Verlag.
Diese wissenschaftliche Darstellung des Heidelberger Neutestamentlers bringt den heutigen Stand der kritischen Leben-Jesu-Forschung zum Ausdruck, wobei der oft einseitige Radikalismus Bultmanns zugunsten einer Rehistorisierung überwunden ist.

BUBER, MARTIN: *Zwei Glaubensweisen.* Zürich 1950, Manesse-Verlag.
Buber unterscheidet in diesem Werke die hebräische Emuna von der griechischen Pistis als zwei Grundtypen des Glaubens. Die Emuna ist das schlechthinnige sich Ausliefern des Menschen in die Hände des lebendigen Gottes, während die Pistis ein Glaube »daß« ist; ein Glaube, der bekennt, daß sich etwas so oder so verhält. Jesus ist für Buber die reinste Personifikation der Emuna, während er in Paulus den Vertreter der Pistis sieht.

BULTMANN, RUDOLF: *Jesus.* Tübingen 1926, Verlag J. C. B. Mohr. Taschenausgabe, Hamburg 1965, 2. Aufl., Siebenstern-Verlag.
Bultmanns »Jesus« bedeutet in der Geschichte der modernen evangelischen Theologie eine Wende vom historischen Jesus zum kerygmatischen Christus. Bultmann vernimmt die Verkündigung Jesu als Frage an die eigene Existenz: es geht ihm nicht darum, was Jesus *war,* sondern was Jesus *wollte;* der Akzent liegt also auf der Verkündigung Jesu, seiner Botschaft, die im Rückschluß aus dem Kerygma der Urgemeinde gewonnen wird.

BULTMANN, RUDOLF: *Jesus Christus und die Mythologie.* Hamburg 1964, Furche-Verlag.

Diese Zusammenfassung amerikanischer Gastvorlesungen des Marburger Theologen bietet eine Einführung in das Denken Bultmanns und erläutert seinen Mythos-Begriff: Mythos ist, für Bultmann, die Transzendenz in Raum (Weltbild) und Zeit (Eschatologie). Der Niederschlag dieser Auffassung findet sich auch im Neuen Testament, das Bultmann im Lichte der Bibelkritik darstellt.

BULTMANN, RUDOLF: *Neues Testament und Mythologie, das Problem der Entmythologisierung der neutestamentlichen Verkündigung.* Enthalten in: Kerygma und Mythos, Hamburg 1954, Verlag Herbert Reich, herausgeg. von H. W. Bartsch.
Dieser Essay Bultmanns, ursprünglich in der Zeit des zweiten Weltkrieges publiziert, leitete eine heute unübersehbare Diskussion ein, die unter dem Schlagwort »Entmythologisierung« zum Schlachtruf der Anhänger und Gegner Bultmanns wurde. Die Diskussion bewegte sich zunächst im protestantischen Raum, griff dann aber auch auf die katholische Theologie über. In einem Aufsatz: ›Jüdische Aspekte der Entmythologisierung des Neuen Testaments‹ (Schalom Ben-Chorin, ›Im jüdisch-christlichen Gespräch‹. Berlin 1962, Käthe Vogt Verlag) habe ich versucht, vom Judentum her zu Bultmanns Thesen Stellung zu nehmen; in der vorliegenden Darstellung Jesu wird der Gedanke der Entmythologisierung immer und immer wieder dankbar aufgegriffen.

CARMICHAEL, JOEL: *Leben und Tod des Jesus von Nazareth.* München 1965, Szczesny Verlag.
Dieses vieldiskutierte und überschätzte Werk stellt eine Popularisierung der Thesen von Robert Eisler dar: Jesus wird als jüdischer Bandenführer und Aufständischer gegen Rom gezeigt, der sich mit Waffengewalt in den Besitz des Tempels zu Jerusalem setzen wollte und an diesem Versuch scheiterte. Carmichael bleibt, wie sein bedeutender Vorgänger Eisler, den eigentlichen Beweis für diese umstürzende These schuldig.

DESCHNER, KARLHEINZ: *Jesusbilder in theologischer Sicht.* München 1966, Paul List Verlag.
Aus diesem wichtigen Sammelwerk, das Jesus-Bilder aller theologischen Richtungen vermittelt, wurde hier insbesondere herangezogen: HERBERT LANDAU: *Jesus in jüdischer Sicht.* Grundthesen Landaus, wie die Behauptung, daß die Rede und der Tod des Stephanus der Verhaftung Jesu *vorausgegangen* seien und daß Barabbas nur ein Titel Jesu »Bar-Rabban« gewesen sei, lehne ich allerdings ab, da sie nicht erweisbar sind. Interessant ist der Beitrag von HERMANN RASCHKE: *Der ungeschichtliche Jesus,* der zeigt, daß die These der Ungeschichtlichkeit Jesu noch immer nicht völlig erledigt ist. Ich lehne diese These als ganz unbegründet ab, teile aber Raschkes Auffassung darin, daß sich nach den Funden von Qumran ganz neue Perspektiven für die Sicht Jesu eröffnen, zum Beispiel in der Frage der Datierung des Letzten Abendmahls.

Eisler, Robert: *Iesus basileus ou basileusas.* Heidelberg 1929 bis 1930, Bd. I und II (vergriffen).
Der jüdische Historiker Eisler ging von der Grundthese aus, daß die historische Erscheinung Jesu vergessen sei, da die ursprüngliche Gestalt vom Christus-Bild des Paulus überlagert wurde. Jesus war ein nationaler jüdischer Messiaskönig, der als Aufrührer von den Römern verurteilt wurde. Er plante einen Exodus in die Wüste und seine anschließende Proklamation als König der Juden. Eislers Werk, das sich u. a. auf die altslawische Fassung des Flavius Josephus stützt, diente Joel Carmichael zur Vorlage. Eine vorzügliche Zusammenfassung der Thesen Eislers gibt Friedrich Pzillas in: *Jesusbilder* (a. a. O.).

Flusser, David: *Die konsequente Philologie und die Worte Jesu.* Enthalten in: Almanach auf das Jahr des Herrn 1963, Hamburg, Friedrich Wittig Verlag, S. 39–73.
Der Professor für Vergleichende Religionswissenschaft, der an der Hebräischen Universität in Jerusalem Neues Testament und Urchristentum liest, gibt hier eine leicht faßliche Einführung in die Methode der sich heute bildenden Jerusalemer Schule. Mit Bezug auf Epsteins Einleitung in die tanaitische Literatur behauptet Flusser, daß mit Ausnahme des Ährenausraufens am Sabbath in den Taten Jesu und seiner Schüler in den synoptischen Evangelien keinerlei Verstöße gegen die damalige jüdische Praxis zu verzeichnen sind, so daß sich die Gestalt Jesu in seine jüdische Umwelt nahtlos einfügt.

Flusser, David: *Jesus.* Reinbek bei Hamburg 1968, Rowohlt Taschenbuch Verlag.
Der Verfasser versucht im Gegensatz zu den meisten zeitgenössischen Autoren ein in sich geschlossenes Leben Jesu darzustellen, wobei die jüdischen Rückbezüge nachdrücklich zur Darstellung gelangen. Reiches, vor allem archäologisches Bildmaterial ergänzt die Darstellung, die den heutigen Stand der Leben-Jesu-Forschung umreißt und durch eine wertvolle Zeittafel komplettiert wird.

Grant, Frederick C.: *Antikes Judentum.* Frankfurt a. Main 1962, Ner-Tamid-Verlag.
Der Professor am Union Theological Seminary, New York, zeigt hier vorurteilsfrei die innigen Zusammenhänge zwischen dem Neuen Testament und dem Judentum seiner Umwelt auf und erschließt so den jüdischen Mutterboden der christlichen Überlieferung.

Klausner, Joseph: *Jesus von Nazareth.* Berlin 1934, Jüdischer Verlag.
Dieses Leben Jesu ist 1922 zum erstenmal in hebräischer Sprache erschienen und stellt den Beginn der modernen hebräischen Leben-Jesu-Forschung dar. Grundthese Klausners ist es, daß Jesu Lehre zwar durchaus jüdisch ist, aber zugleich unjüdische Keime enthalte, die zur Sprengung des nationalen Rahmens führten. Der besondere Wert dieses klassi-

schen Buches liegt in der Fülle des beigebrachten Materials aus Talmud und Midrasch und der mittelalterlichen »Toledoth Jeschu«-Literatur.

Lauterbach, Jacob Z.: *Jesus in the Talmud.* Enthalten in dem Sammelband des Verfassers: Rabbinic Essays. Cincinnati 1951, Hebrew Union College Press.
Der verewigte Professor für Talmud an der ältesten rabbinischen Lehranstalt der USA, dem Hebrew Union College in Cincinnati, stellt in dieser bedeutenden Arbeit talmudische Quellen zur Jesus-Tradition zusammen, die in dieser Übersichtlichkeit von keinem anderen Autor erreicht wurden. Das oft weit verstreute Material ist hier systematisch angeordnet.

Ludwig, Emil: *Der Menschensohn.* Berlin 1928, Ernst Rowohlt Verlag.
Der bekannte jüdische Biograph Emil Ludwig gab eine in sich geschlossene Darstellung Jesu als eines Propheten, eine Version, die ich ablehne. Dem Buche kommt kein wissenschaftlicher Wert zu, jedoch war es ein bahnbrechender Versuch von jüdischer Seite, die Gestalt Jesu in den Blick zu bekommen, wobei freilich der jüdische Interpret selbst vom Judentum bereits so weit entfernt war, daß ihm die Quellen des Judentums unzugänglich blieben.

Otto, Gert: *Glauben heute.* Ein Lesebuch zur evangelischen Theologie der Gegenwart. Hamburg 1965, Furche-Verlag.
Aus diesem wichtigen Sammelwerk wurden bei der vorliegenden Arbeit insbesondere herangezogen: Ernst Käsemann: *Das Problem des historischen Jesus,* und Herbert Braun: *Vom Verstehen des Neuen Testaments,* zwei Beiträge führender Neutestamentler, die in den gegenwärtigen Stand der Diskussion einführen.

Sandmel, Samuel: *A Jewish Understanding of the New Testament.* Cincinnati 1957, Hebrew Union College Press.
Der Professor für Bibel und hellenistische Literatur am Hebrew Union College in Cincinnati gibt hier eine Einführung in die Ideenwelt des Neuen Testaments vom Standpunkt des liberaljüdischen Theologen aus, wobei für meine vorliegende Arbeit insbesondere das 16. Kapitel ›The Historical Jesus‹ bedeutsam wurde, da Sandmel in Auseinandersetzung mit christlichen Interpretationen zu einer klaren jüdischen Sicht vordringt.

Schoeps, Hans Joachim: *Jesus.* Enthalten in: Gottheit und Menschheit, Die großen Religionsstifter und ihre Lehren, Stuttgart 1950, Steingrüben-Verlag.
Der Erlanger jüdische Professor für Religions- und Geistesgeschichte gibt hier eine objektive Darstellung der Gestalt Jesu, seines Lebens und seiner Lehre, seiner Stellung zum Gesetz und seines Selbstverständnisses als Menschensohn. Das Christus-Bild des Paulus beschließt diese knappe, vorzügliche Zusammenfassung.

Stauffer, Ethelbert: *Jesus, Gestalt und Geschichte.* Bern 1957, A. Francke-Verlag (Dalp Taschenbücher Bd. 32).
Der Erlanger evangelische Neutestamentler geht davon aus, daß gerade Mitteilungen, die in den christlichen Quellen positiv, in den jüdischen aber negativ gewertet werden, glaubwürdig seien. Nach Stauffer hielt Jesus sich selbst nicht für den Messias, sondern bezeichnete sich nur als den Menschensohn. Nicht die Naherwartung des Reiches ist das Zentrale seiner Botschaft (gegen Albert Schweitzer), sondern das Ich bin es (Ani hu) der theophanischen Existenz. Stauffer konstatiert den scharfen Gegensatz zwischen Jesus und der Thora Mosis. Erst spätere Überarbeitung habe diesen jesuanischen Konflikt in einen antirabbinischen (antipharisäischen) abgewandelt. Diese These teile ich nicht.

Strack, H. L. und Billerbeck, P.: *Kommentar zum Neuen Testament aus Talmud und Midrasch.* München 1922–1961, 6 Bde., Verlag C. H. Beck.
Dieses klassische Standardwerk von zwei deutschen evangelischen Theologen hat erstmalig die tiefe Verwandtschaft des Neuen Testaments mit der rabbinischen Literatur quellenmäßig dargestellt. Heute gilt dieses Werk immer noch als Handbuch der Studierenden, bedarf aber wohl doch der Überholung und Ergänzung, da es noch weit mehr Parallelen gibt, als die gelehrten Verfasser aufzuzeigen vermochten. Das Werk hat aber bahnbrechend gewirkt und leitete eine neue Phase in der Erschließung des Primärverständnisses des N. T. ein. Es ist vorwiegend die Leistung von P. Billerbeck gewesen, während Strack mehr seinen berühmten Namen dazu gab. In den letzten Jahren nach dem zweiten Weltkriege sind nur noch zwei Registerbände zu dem großangelegten Werk erschienen, während der Inhalt unverändert blieb.

Vermes, G.: *Jesus the Jew.* New York 1973, McMillan Publ.
Der Hauptwert dieses kenntnisreichen Buches eines aus dem Judentum stammenden Autors liegt in der Erschließung rabbinischer Quellen, die sich weder im Werke Klausners noch in dem ›Kommentar zum Neuen Testament aus Talmud und Midrasch‹ von Strack-Billerbeck finden. Durch diese Erweiterung werden neue Aspekte von Jesu Judesein sichtbar gemacht.

Winter, Paul: *On the Trial of Jesus.* Berlin 1961, Verlag Walter de Gruyter, Studia Judaica, Vol. I.
Der gelehrte jüdische Autor, der als Jurist und Historiker, Kenner des römischen und des talmudischen Rechtes, an den Prozeß Jesu herangeht, verficht die These, daß Jesus niemals von einem ordentlichen jüdischen Gericht abgeurteilt wurde und von einem Prozeß Jesu eigentlich nur in dem Verfahren vor Pontius Pilatus die Rede sein könne. Gewisse apologetische Tendenzen, vielleicht unbewußter Art, sind dem wichtigen Werk nicht abzusprechen.

ZAHRNT, HEINZ: *Es begann mit Jesus von Nazareth. Die Frage nach dem historischen Jesus.* Stuttgart 1960, Kreuz-Verlag.
Der Verfasser, evangelischer Theologe und Publizist, gibt eine leicht faßliche Übersicht über die Leben-Jesu-Forschung bis auf unsere Zeit, wobei insbesondere auch in dem klassischen Werk von ALBERT SCHWEITZER: *Geschichte der Leben-Jesu-Forschung* noch nicht berücksichtigte neuere Entwicklungen der dialektischen Theologie (Karl Barth) und die formgeschichtliche Methode sowie die kerygmatische Theologie (Rudolf Bultmann) zur Darstellung gelangen. Obwohl es weit gründlichere Darstellungen dieses geistesgeschichtlichen Prozesses gibt, sei auf dieses leicht lesbare Buch nachdrücklich hingewiesen.

ZAHRNT, HEINZ: *Die Sache mit Gott.* Die protestantische Theologie im 20. Jahrhundert. München 1967, R. Piper & Co. Verlag.
Im 8. Kapitel: ›Die Wiederentdeckung des historischen Jesus‹ gibt der Verfasser eine Darstellung der heutigen Problemlage im »nachbultmannschen Zeitalter«.

ZEHREN, ERICH: *Der gehenkte Gott.* Berlin 1959, F. A. Herbig Verlagsbuchhandlung.
Mit einer schier erdrückenden Fülle von Material versucht der Autor die Geschichte Jesu in die Reihe der antiken Astralmythen einzubauen: Niemals hätte, nach seiner Meinung, die Kreuzigung Jesu die Welt erschüttern können, wäre nicht am Todestage eine Mondfinsternis eingetreten, die sich genau bestimmen läßt. Erst dadurch wurde Jesus von Nazareth als Christus erkennbar, da hier die Übertragung uralter mythischer Vorstellungen auf die Gestalt des Gekreuzigten von Golgatha vorgenommen wurde. (Wenn ich auch die Grundthese keineswegs teilen kann, so verdanke ich doch Zehren manche wichtigen Anregungen und Hinweise.)

Literatur über Qumran

Die Forschungen über *die Rollenfunde von Qumran* haben eine Fülle von Literatur gezeitigt, von der hier nur wenige, auch dem Laien leicht zugängliche Werke erwähnt werden. Da in der hier vorliegenden Bibliographie fast nur deutschsprachige Literatur verzeichnet ist, konnte auf die bahnbrechenden Arbeiten der Jerusalemer Professoren SUKENIK und YADIN nicht eingegangen werden. Ihre Arbeiten liegen nur hebräisch und englisch vor, sind aber in den hier angeführten populären Werken berücksichtigt und zitiert.

ALLEGRO, JOHN M.: *Die Botschaft vom Toten Meer.* Das Geheimnis der Schriftrollen. Frankfurt am Main 1957, Fischer-Bücherei.
Unter den Qumran-Forschern erfreut sich Allegro der größten Popularität, jedoch sind seine Thesen äußerst gewagt, vor allem seine Sicht des »Lehrers der Gerechtigkeit« als Vorläufer Jesu ist nicht überzeugend, zumal der Verfasser, ein englischer Archäologe, die Kreuzigung des More-Zeddek aus den Texten nicht wirklich erweisen kann.

FLUSSER, DAVID: *Qumran und die Zwölf.* Leiden 1965, »Unitation«.
Hier handelt es sich um den Versuch, die Organisation der Jüngerschaft Jesu im Zusammenhang mit den Ordenstraditionen von Qumran zu sehen.

KOSMALA, HANS: *Hebräer – Essener – Christen.* Studien zur Vorgeschichte der frühchristlichen Verkündigung. Leiden 1959, Verlag E. J. Brill.
Der Direktor des Schwedischen Theologischen Institutes in Jerusalem hat hier im Zusammenhang mit der Qumran-Forschung Einblicke vermittelt, die in meiner Arbeit vor allem in der Darstellung des Letzten Abendmahls eingehend herangezogen wurden, insbesondere Kap. 7 ›Für viele‹, wie aus dem Text meines Buches ersichtlich ist.

LOHSE, EDUARD: *Die Texte aus Qumran.* Hebräisch und Deutsch, München 1964, Kösel-Verlag.
Dieser Sammelband des Göttinger evangelischen Neutestamentlers gibt in hebräischem punktiertem Text mit fortlaufender deutscher Übersetzung eine gute Übersicht über die wichtigsten bisher edierten Rollenfun de von Qumran mit ausführlichen Literaturangaben.

SCHUBERT, KURT: *Die Gemeinde vom Toten Meer.* Ihre Entstehung und ihre Lehren. München 1958, Ernst Reinhardt Verlag.
Der Wiener katholische Judaist faßt hier die bis vor rund zehn Jahren vorliegenden Forschungsergebnisse zusammen und bietet in einem Anhang Literatur, geordnet nach Erscheinungsjahren, und eine Zusammenstellung der Textausgaben.

UNNIK, WILLEM CORNELIS VAN: *Evangelien aus dem Nilsand.* Frankfurt am Main 1960, Verlag Heinrich Scheffler. Mit Beiträgen von Joh. B. Bauer und Walter Till.
Nicht weniger wichtig als die Funde von Qumran sind für unsere Betrachtungsweise die Funde von Nag Hammadi in Ober-Ägypten: 49 koptische, in Leder gehüllte Handschriften auf Papyrus einer gnostischen Sekte. U. a. wird hier das sogenannte Thomas-Evangelium geboten, das ich – wie andere apokryphe Evangelientexte – hier und dort mitberücksichtigt habe.

Register der Bibelstellen

Altes Testament

Personenregister

Humbert Fink
Ich bin der Herr der Welt
Friedrich II., der Staufer.
Eine Biographie.
320 Seiten mit Namen- und Ortsregister,
Leinen.

Kaiser Friedrich II., König von Sizilien und Jerusalem (1194–1250), dieser „vollständigste und genialste Mensch seines Jahrhunderts" (Gregorovius), ist noch heute eine von Mythen und Legenden umwobene Figur.

Für viele seiner Zeitgenossen war der große Staufer der leibhaftige Antichrist – ein Ketzer und Freigeist, über den die Päpste immer wieder ihren Bann verhängen, ja ihn schließlich für abgesetzt erklären. Friedrich hingegen läßt sich als Friedensfürst und Heilsbringer verherrlichen. Für die einen ist er der „wunderbare Verwandler der Welt", für die anderen der „Schrecken der Welt".

Humbert Finks Porträt dieses weit über sein Jahrhundert hinausweisenden Fürsten ist eine Umkreisung: Die Politik hat Vorrang; aber auch die Kulturgeschichte und die Physiognomik des Herrschers kommen nicht zu kurz.

List Verlag

Zum Thema Philosophie

Willy Hochkeppel:
War Epikur ein
Epikureer?
Aktuelle
Weisheitslehren der
Antike
dtv 10360

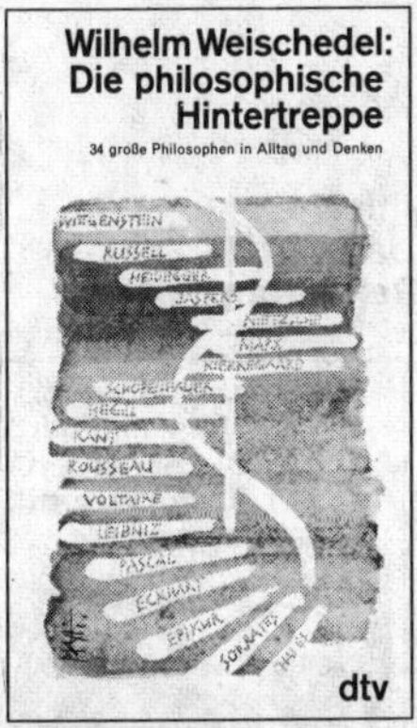

Wilhelm Weischedel:
Die philosophische
Hintertreppe
34 große Philosophen in
Alltag und Denken
dtv 1119

Karl Jaspers:
Was ist Philosophie?
Ein Lesebuch
dtv 1575

Aristoteles:
Die Nikomachische
Ethik
Hrsg. v. Olof Gigon
dtv 2146
Politik
Hrsg. v. Olof Gigon
dtv 2136
Vom Himmel · Von der
Seele · Von der Dichtkunst
Übertragen und eingeleitet v. Olof Gigon
dtv 2161

Marcus Tullius Cicero:
Gespräche in Tusculum
(Tusculanae Disputationes)
lateinisch-deutsch
Eingeleitet u. neu übersetzt v. Karl Büchner
dtv 6130
Meisterreden
dtv 2183

Epikur:
Von der Überwindung
der Furcht
Katechismus · Lehrbriefe · Spruchsammlung · Fragmente
dtv 2164

Klassische Texte der
Staatsphilosophie
Hrsg. v. Norbert Hoerster
dtv 4455

Klassiker des
philosophischen
Denkens
Hrsg. v. Norbert Hoerster
2 Bde. dtv 4386/4387

Erich Jantsch:
Die Selbstorganisation
des Universums
Vom Urknall zum
menschlichen Geist
dtv 4397